# A Reforma da PREVIDÊNCIA na visão dos Advogados Públicos

Coordenadores:

**FREDERICO AMADO**
**FERNANDO MACIEL**
**RODRIGO ARAÚJO RIBEIRO**

# A Reforma da PREVIDÊNCIA na visão dos Advogados Públicos

Autores:
- Andre Studart Leitão
- Alexandre César Diniz Morais Lima
- Alex Pereira Franco • Davi Monteiro Diniz
- Frederico Amado • Hermes Arrais Alencar
- Marcelo Barroso Lima Brito de Campos
- Marcus Vinicius Rodrigues Lima
- Marina Brito Battilani • Mario Augusto Carboni
- Maurício Maia • Miguel Horvath Júnior • Rodrigo Araújo Ribeiro
- Társis Nametala Sarlo Jorge • Thaísa Juliana Sousa Ribeiro
- Victor de Ozêda Alla Bernardino • Zélia Luiza Pierdoná

2023

EDITORA *Jus*PODIVM
www.editorajuspodivm.com.br

EDITORA *Jus*PODIVM
www.editorajuspodivm.com.br

Rua Canuto Saraiva, 131 – Mooca – CEP: 03113-010 – São Paulo – São Paulo
Tel: (11) 3582.5757
• Contato: https://www.editorajuspodivm.com.br/central-de-relacionamento



**Diagramação:** Luiz Fernando Romeu *(lfnando_38@hotmail.com)*

**Capa:** Maitê Coelho *(maitescoelho@yahoo.com.br)*

R332 A reforma da previdência na visão dos advogados públicos / coordenado por Frederico Amado, Fernando Maciel e Rodrigo Araújo Ribeiro - São Paulo: Editora JusPodivm, 2023.
304 p.

Inclui Bibliografia
Vários autores
ISBN: 978-85-442-4494-4

1. Direito Previdenciário. 2. Advogados Públicos. 3. Previdência Social. I. Amado, Frederico. II. Maciel, Fernando. III. Ribeiro, Rodrigo Araújo. IV. Título.

CDD 341.6

BIBLIOTECÁRIA RESPONSÁVEL

Ana Carolina Ribeiro Mois – CRB7 – RJ 007348/0

# PREFÁCIO

É com honra e alegria que escrevo este texto.

Com efeito, vejo nesse conjunto de estudos que, em boa hora, é dado agora à estampa, o labor intelectual de certo grupo de pessoas arregimentadas do que poderia ser classificado como ideário comum, consubstanciado no escopo da proteção social como dos melhores instrumentos de que dispõe a humanidade para fomentar o bem-estar, este que chegou a ser o fim último do Estado construído ao longo do breve século XX, como bem o denominou certo autor.

Igualmente comungo desse ideário, mas não posso deixar de apontar as inumeráveis dificuldades com que se depara tão impressionante quanto difícil empreitada.

Eis que, como se sabe, o mote reformista veio para ficar e não se pode esperar que tenha sido esgotado com a promulgação da recente Emenda Constitucional.

E não é de hoje que o mote se instaurou. Mal promulgada a primeira reforma, no dia 15 de dezembro de 1998 e já no dia 16 reputado economista cobrava a implantação da reforma. Qual delas, poder-se-ia perguntar.

Deveras, vieram outras, em 2003 (Emenda 41) e em 2005 (Emenda 47), esta última, aliás, que tramitou quase simultaneamente com a anterior. E veio a 70, como remendo da 41 e a 103.

Como explicar que a segurança jurídica que se espera da Constituição tenha sido denegada de modo tão cabal?

Estou convencido que o assunto não se encerra por aqui porque o modelo está desconforme com a realidade. Ficou em mora com os fatos, como dizia alguém a propósito do vetusto Código Comercial de 1850.

A suma da problemática que não foi enfrentada pode ser examinada em dois documentos sem os quais nenhuma reforma digna desse nome poderia prosperar. São já nossos antigos conhecidos.

O primeiro, datado de 1984, *La Securitè sociale a l`Horizon 2000*, produzido pela elite dos especialistas do tema a pedido da Organização Internacional do Trabalho que toca na questão essencial e ainda não resolvida do custeio.

O segundo, de dez anos depois, é o célebre *Averting the Old Age Crisis: Policies to Protect the Old and Promote Growth*, gerado pelo Banco Mundial, que esquematizou a modelo de pilares, igualmente jamais implantado em sua totalidade.

Em suma, a reforma decorre da crise – que RIO NOGUEIRA considerava não apenas moral, como financeira – do modelo.

Modelo cujos fundamentos fáticos jamais se concretizaram no mundo fenomênico: incremento da natalidade e pleno emprego.

Tinha-se como pactuado que a geração presente financiaria o plano de proteção da geração futura.

Já antevisto profeticamente por José Guilherme Merquior, o conflito intergeracional se instaurou, ainda que implícito, quando os casais resolveram reduzir o número de filhos e que nesse grupo futuro menor, ainda que todos tivessem emprego, não teria como financiar o grupo antecedente.

Também não dá para considerar a proteção social como algo isolado da realidade econômica. Este dado fora bem percebido por De Ferrari: a seguridade social nada mais é do que uma economia bem organizada.

E, até quando haverá crescimento econômico? Os recursos do planeta não são inesgostáveis...

A atoarda das reformas sempre começa com a catilinária sobre o suposto déficit previdenciário.

E nem mesmo esse item é levado a sério por que jamais foi apresentada auditoria idônea e aceitável sobre os números: quanto entrou; quanto deixou de entrar; quem deixou de aportar (notadamente o Estado) e quanto e por quanto tempo ocorreram desvios.

Tampouco se cuidou de elaborar indexador idôneo para o reajustamento das prestações, cujo incompreensível atrelamento ao salário-mínimo já fora banido e foi retomado sem maiores reflexões.

Tenho insistido em dois pontos essenciais.

Não haverá verdadeira reforma sem que haja a unificação do regime básico – o assim chamado regime geral de previdência social – apto a proteger a todos os trabalhadores, espinha dorsal da Emenda 20 que, bem o sabemos todos, jamais foi levado a sério.

E, o segundo ponto, não menos importante do que o primeiro. A qualificação do regime geral como básico na acepção literal do termo, vale dizer, como o compreenderam as Normas Mínimas da OIT, de 1952, capaz de satisfazer as necessidades básicas de todos.

E regimes complementares dependentes de financiamento específico e voluntário dos participantes.

Eis a apertadíssima achega que me pareceu oportuno trazer a esta obra, tão fecunda, mas ao mesmo tempo dilargada na temática, o que tornaria impossível análise pontual e genérica dos inumeráveis aspectos que os ilustres autores, com acuidade e profundidade, houveram por bem abordar.

Que a proteção social no Brasil ganhe sempre mais em efetividade, é o que todos esperamos.

**Wagner Balera**

# SUMÁRIO

# 4

# 1

# BENEFÍCIO DE PENSÃO POR MORTE: DA MICRORREFORMA INSTITUÍDA PELA MP Nº 664/2014 À MACRORREFORMA PROMOVIDA PELA EMENDA CONSTITUCIONAL Nº 103/2019. EM BUSCA DO EQUILÍBRIO ENTRE PROTEÇÃO SOCIAL E SUSTENTABILIDADE DOS REGIMES DE PREVIDÊNCIA SOCIAL

*Alex Pereira Franco*[1]



1. Procurador Federal. Mestre em Direito pela Universidade de Itaúna – UIT. Pós-Graduado em Direito Previdenciário pela Pontifícia Universidade Católica de Minas Gerais – PUC-MG. Pós-Graduado em Direito Público pela Universidade de Brasília – UNB. Pós-Graduado em Direito Tributário pela Universidade Gama Filho – UGA.

664/2014 e a reforma promovida pela EC nº 103/2019 – 2. O benefício de pensão por morte após as microrreformas infralegais iniciadas pela mp nº 664/2014 e a reforma promovida pela EC nº 103/2019 – 3. Conclusão – Referências.

## INTRODUÇÃO

A transição demográfica fez com que países do mundo inteiro reformassem suas legislações previdenciárias, não sendo diferente o ocorrido na República Federativa do Brasil. No caso brasileiro, havia ainda uma agravante, que era o alto gasto relativo à Previdência Social quando comparado com inúmeros outros países que possuem uma população idosa mais numerosa, além do crescente déficit da Previdência Social.

Com o fim do bônus demográfico se aproximando, as despesas previdenciárias iriam continuar a crescer, minando a sustentabilidade do sistema previdenciário brasileiro, razão pela qual tornou-se imperativo que reformas paramétricas fossem realizadas, acabando com regras regressivas, que iam de encontro ao caráter redistributivo da Seguridade Social, além de recalibrar regras por demais benévolas que pressionavam os gastos previdenciários, enquadrando-se o benefício de pensão por morte nessa última categoria.

Nesse contexto, vieram as microrreformas infraconstitucionais do benefício de pensão por morte a partir do ano de 2014, com a publicação da MP nº 664/2014, até culminar com as mudanças promovidas pela Emenda Constitucional nº 103/2019, que alterou significativamente esse benefício.

Sendo assim, como objetivo geral, no item 1, o presente estudo analisará os fatores que levaram o Brasil a ser considerado um país que continha regras extremante frouxas e caridosas relativamente ao benefício de pensão por morte, o que gerou a necessidade de uma reconfiguração desse benefício.

Já como objetivo específico, no item 2, serão investigadas as reformas realizadas no benefício de pensão por morte a partir do ano de 2014 e, especificamente, se as alterações promovidas pela EC nº 103/2019 provocaram retrocesso social, sendo, portanto, reputadas como inconstitucionais, por ferirem o artigo 60, § 4º, IV, da CR/88; ou se serão apontadas como transformações que efetivarão os princípios da distributividade e da seletividade da Seguridade Social, bem como o princípio do equilíbrio econômico e atuarial da Previdência Social, preservando a existência dos sistemas previdenciários para as atuais e para as futuras gerações. Por fim, serão apresentadas as conclusões obtidas neste estudo.

O método utilizado para o desenvolvimento deste artigo foi o dedutivo, por meio de estudos bibliográficos, quais sejam livros, artigos científicos, jurisprudências, submetidos a uma análise crítica.

## 1. O ESTADO DA ARTE DO BENEFÍCIO DE PENSÃO POR MORTE EM MOMENTO ANTERIOR ÀS MICRORREFORMAS INICIADAS PELA MP Nº 664/2014 E A REFORMA PROMOVIDA PELA EC Nº 103/2019

O benefício de pensão por morte era alvo de constantes críticas de estudiosos do tema por entenderem que as regras desse benefício eram bastante frouxas em comparação com o cenário mundial. Tafner (2012, p. 149) explica que o Brasil era o único país que praticamente não impunha nenhuma condição de qualificação para o recebimento do benefício de pensão por morte. Não havia exigência de idade mínima, de carência, de casamento, de dependência econômica, além de ser permitido o acúmulo com outro benefício previdenciário e de renda do trabalho, bem como se tratava de um auxílio vitalício.

Ansiliero, Costanzi e Pereira (2014, p. 97), convergindo com Tafner, verificaram que as regras relativas à pensão por morte no Brasil eram bastante flexíveis, impondo poucas restrições aos dependentes dos segurados falecidos. Em um universo de 132 países pesquisados, por meio de dados compilados pela Associação Internacional de Seguridade Social (AISS) e pela Organização Internacional do Trabalho (OIT), o Brasil se destacava pela ausência de condicionantes para a concessão e para a manutenção desse benefício.

Esses pesquisadores constataram que a maioria dos países pesquisados (78%) exige uma carência mínima para a obtenção do benefício de pensão por morte ou limitam a reposição máxima total da renda familiar a uma parcela do valor de referência, além do seu valor máximo variar de acordo com o número de dependentes. Para 76,5% dos países, existem requisitos e restrições para cônjuges e para equiparados receberem esse benefício. Para filhos e para equiparados, esse índice sobe para 83,3% (ANSILIERO; COSTANZI; PEREIRA, 2014, p. 100-101).

Com relação a cônjuges e a companheiros, a maioria dos países não exige idade mínima para obtenção do benefício (57,6%), o mesmo parâmetro se aplica com relação ao tempo mínimo de casamento (67,4%) e à comprovação de dependência econômica (82,6%). Já para 55,3% dos países, a contração de novo matrimônio ou de nova união estável é causa para cessação do benefício de pensão por morte (ANSILIERO; COSTANZI; PEREIRA, 2014, p. 100-101).

No que tange à pensão para os filhos, 83,3% dos Estados impõem uma idade máxima para a cessação do benefício (ANSILIERO; COSTANZI; PEREIRA, 2014, p. 100-101). Quanto às restrições à acumulação da pensão por morte com outros benefícios da Previdência Social, vários países aderem a tal prática. Já a proibição de recebimento da pensão com a remuneração do trabalho não é adotada pela maioria dos países analisados, pois pode-se ter como consequência a limitação do acesso da mulher ao mercado de trabalho, tendo em vista ser o público feminino o maior beneficiário desse tipo de pensão (ANSILIERO; COSTANZI; PEREIRA, 2014, p. 103).

Nesse contexto, Tafner (2012, p. 149) informa, em seu estudo, que 17% das pessoas que recebem pensão no Brasil também recebem aposentadoria e 22% acumulam-na com renda do trabalho; e outras 5% recebem pensão, aposentadoria e trabalham.

Comparando apenas com países da América Latina e do Caribe, Ansiliero, Costanzi e Pereira (2014, p. 107) afirmam que as regras brasileiras para concessão do benefício de pensão por morte permaneciam bastante flexíveis. Somente o Brasil e a República Dominicana não possuíam carência como requisito para a obtenção do benefício de pensão por morte. Da mesma forma, quase a totalidade desses países cessa a pensão do cônjuge ou do companheiro que venha a contrair novas núpcias ou união estável. A limitação de cumulação com outro benefício previdenciário também ocorre na maioria dos países. Desses dezoito países, nove têm restrições para a acumulação da pensão com benefício próprio, dentre elas, a que limita o valor total global recebido a título de benefício de pensão por morte e benefício próprio ao teto de pagamento da previdência para um benefício. Quanto à exigência de condicionantes para a taxa de reposição do valor das pensões, somente o Brasil não as adotava.

Eis o estado da arte do benefício de pensão por morte até a publicação da MP nº 664/2014, posteriormente transformada na Lei nº 13.135/2015. Tais fatos, aliados ao déficit crescente da Previdência Social, colocavam em xeque sua sustentabilidade intergeracional, levando-se à necessidade de uma reconfiguração desse sistema, excluindo normas regressivas nele contidas e recalibrando institutos tidos como frouxos ou exageradamente benévolos.

Diante desse cenário, o legislador reformador buscou balancear o equilíbrio econômico e atuarial do sistema de Previdência Social com a devida proteção social, único modo dos sistemas de previdência continuarem viáveis por várias gerações. Foi nesse contexto, portanto, que as reformas infraconstitucionais e constitucionais vieram a promover modificações no benefício de pensão por morte, como será demonstrado a seguir.

## 2. O BENEFÍCIO DE PENSÃO POR MORTE APÓS AS MICRORREFORMAS INFRALEGAIS INICIADAS PELA MP Nº 664/2014 E A REFORMA PROMOVIDA PELA EC Nº 103/2019

O Brasil, no ano de 2014, com a publicação da MP nº 664/2014, posteriormente convertida na Lei nº 13.135/2015, promoveu alterações infraconstitucionais no benefício de pensão por morte. Essa lei não instituiu carência para obtenção do referido benefício, não modificou seus critérios de cálculo, bem como não gerou alterações importantes quanto aos requisitos para filhos e para equiparados obterem esse benefício, mas acrescentou algumas condicionantes importantes para cônjuges e para companheiros.

Assim, caso o óbito do segurado instituidor da pensão tenha ocorrido antes de ele completar dezoito contribuições mensais ou se seu casamento ou união estável tiver iniciado antes de dois anos do seu óbito, a pensão cessará após quatro meses para o cônjuge supérstite ou para o companheiro, salvo se o falecimento ocorrer em virtude de acidente de qualquer natureza ou por doença profissional ou do trabalho.

A referida norma tem como fundamento contrabalancear a ausência de carência para a obtenção do referido benefício; além disso, em casos de casamento ou união estável com menos de dois anos a contar da data do óbito, o cônjuge ou o companheiro sobrevivente tem menos probabilidade de ter desenvolvido uma situação fática na qual sua subsistência dependa exclusivamente do cônjuge ou do companheiro que veio a óbito.

Ultrapassado o prazo de contribuição acima mencionado e o tempo de casamento ou união estável superior a dois anos, ou sendo o óbito em virtude de acidente de qualquer natureza ou doença profissional ou do trabalho, o benefício cessará para o cônjuge ou para o companheiro supérstite nos seguintes prazos:

| Idade Beneficiário | Tempo de Percepção do Benefício Para Cônjuge ou Companheiro(a) |
|---|---|
| Menor de 21 anos | 03 anos |
| Entre 21 e 26 anos | 06 anos |
| Entre 27 e 29 anos | 10 anos |
| Entre 30 e 40 anos | 15 anos |
| Entre 41 a 43 anos | 20 anos |
| Após os 44 anos | Vitalícia |

Para a formulação dos prazos acima relacionados, foi levado em consideração o fato de que quanto mais nova é uma pessoa, maior capacidade física e mental possui para prover o próprio sustento, para buscar qualificação e requalificação profissional, evitando a geração de despesas previdenciárias com quem está em idade produtiva, podendo prover a própria manutenção. Ademais, "permitem ao mesmo tempo, o recebimento de renda por certo período para que criem as condições necessárias ao desenvolvimento de atividade produtiva", conforme exposto na exposição de motivos da MP nº 664/2014.

Frise-se ainda que os referidos prazos somente se aplicam a cônjuges e a companheiros. Portanto, essas mudanças são consideradas totalmente equânimes. Nota-se, assim, que o país saiu da inércia com relação ao estabelecimento de condicionantes para a percepção do benefício de pensão por morte, mesmo que de forma tímida.

No ano de 2019, a Lei nº 13.846, fruto da conversão da Medida Provisória nº 871/2019, trouxe novas alterações infraconstitucionais no benefício de pensão por morte. A primeira modificação se deu em relação à comprovação da união estável e à dependência econômica.

O § 5º, do artigo 16, da Lei nº 8.213/91, inserido pelas respectivas espécies normativas, passou a exigir início de prova material contemporânea aos fatos, produzida em período não superior a vinte e quatro meses anteriores à data do óbito, não sendo admitida a prova exclusivamente testemunhal, exceto na ocorrência de força maior ou caso fortuito, para comprovação da união estável e da dependência econômica.

Assim, a partir da publicação da Medida Provisória nº 871/2019, não é mais permitida a comprovação da união estável ou da dependência econômica com base em prova exclusivamente testemunhal, ou início de prova material (documental) produzida em prazo superior a vinte e quatro meses anteriores à data do óbito do segurado instituidor do benefício de pensão por morte.

Nesse caso, trata-se de medida salutar, que procura reproduzir a realidade fática vivida em período contemporâneo ao óbito do segurado instituidor da pensão, para evitar fraudes praticadas com base unicamente na prova testemunhal.

O prazo limite de dois anos anteriores ao óbito do instituidor do benefício para a validade da prova material não é desarrazoado, ainda mais levando-se em conta a realidade atual, em que as pessoas possuem uma grande quantidade de cadastros. Ademais, o rol de documentos citado no artigo 22 do Decreto nº 3.048/99 é extenso e exemplificado.

Alguns podem entender que seria melhor o legislador ter fixado um prazo de trinta e seis ou cinquenta meses, contudo, o prazo de vinte e quatro meses está dentro do limite de discricionariedade do legislador ordinário, não tendo o condão de ferir o núcleo essencial do benefício de pensão por morte.

Foi acrescido ainda o § 1º ao artigo 74 da Lei nº 8.213/91, prevendo que ocorre a perda do direito à pensão por morte quando o dependente do instituidor da pensão for autor, coautor ou partícipe de homicídio doloso, ou por tentativa desse crime contra a pessoa do segurado instituidor da pensão, ressalvados os casos dos dependentes absolutamente incapazes e os inimputáveis.

A referida penalidade somente terá aplicação após condenação criminal transitada em julgado. Não obstante, caso existam fundados indícios de autoria ou de participação de dependentes nos crimes acima mencionados, será possível a suspensão provisória de suas respectivas cotas partes no benefício de pensão por morte, mediante processo administrativo próprio, respeitados a ampla defesa e o contraditório, e serão restituídas, em caso de absolvição, todas as parcelas corrigidas desde a data da suspensão, bem como a reativação imediata do benefício.

Outra modificação importante trazida pela Lei nº13.846/2019 foi a alteração do prazo de percepção do benefício de pensão por morte do dependente de ex-cônjuge, ex-companheiro ou ex-companheira que, à época do falecimento do instituidor da pensão, estivesse recebendo pensão alimentícia temporária em razão de decisão judicial.

Nesse caso, o benefício previdenciário de pensão por morte será pago pelo prazo remanescente que o instituidor da pensão estava obrigado a pagar a pensão alimentícia ao ex-cônjuge, companheiro ou companheira, salvo nos casos em que incidam outras hipóteses de cancelamento do benefício em período de prazo inferior.

Tal norma está em consonância com os objetivos da Previdência Social. Se o ex-cônjuge ou ex-companheiro estava recebendo pensão alimentícia temporária é pelo fato de que após esse período já não mais seria dependente do instituidor do benefício, podendo prover o próprio sustento, não havendo motivos para onerar o fundo previdenciário nessa hipótese.

Uma novidade trazida pela referida lei foi a possibilidade de um suposto dependente filho do instituidor do benefício que tenha ajuizado ação judicial para fins de reconhecimento de paternidade poder habilitar provisoriamente o requerimento de pensão por morte, para fins de rateio dos valores com outros dependentes, hipótese em que sua cota parte será calculada e separada das demais, ficando sobrestado seu pagamento até a decisão final da demanda de reconhecimento de paternidade. Sendo ela julgada procedente, o novo dependente receberá sua cota parte desde a data da sua habilitação provisória. Sendo ela julgada improcedente, os valores acautelados pela previdência serão revertidos aos demais dependentes.

No ano de 2019, foi publicada a EC nº 103, que trouxe mudanças significativas no benefício de pensão por morte, mormente, no que tange à fórmula de cálculo do seu valor, à cumulação com outros benefícios previdenciários e aos critérios de reversão das cotas de pensão.

Ao contrário do que ocorria na PEC nº 287/2016, as mudanças geradas pela Emenda Constitucional nº 103/2019 não podem ser tachadas de inconstitucionais, provocando retrocesso social, tendo em vista que, mesmo sendo bastante robustas, não restou atingido o núcleo essencial do benefício de pensão por morte; bem como existem duas diferenças significativas entre o que continha na PEC nº 287/2016, que acabou não aprovada, e o que trouxe a EC nº 103/2019. Esse esclarecimento é necessário para deixar claro ao leitor que não houve mudança de entendimento quanto ao que expus no livro intitulado "Reforma da Previdência Social: O Estado Contemporâneo e a Reconfiguração do Sistema Previdenciário" (FRANCO, 2019, p. 160-166). O que ocorreu foi que a EC nº 103/2019, apesar de trazer alterações importantes no instituto da pensão por morte, trouxe regras mais amenas se comparadas as que já existiam na PEC nº 287/2016. Tais diferenciações serão analisadas ao final deste tópico. Antes, serão demonstradas as alterações promovidas no benefício de pensão por morte pela EC nº 103/2019.

Essa Emenda Constitucional reintroduziu o sistema das chamadas cotas de pensão. O artigo 23 da EC nº 103/2019 estipula que o valor da pensão por morte será equivalente a uma cota familiar de cinquenta por cento do valor da aposentadoria recebida pelo segurado ou daquela a que ele teria direito se fosse aposentado por incapacidade permanente na data do óbito, acrescido de cotas de dez pontos percentuais por dependente, até o máximo de cem por cento.

Em outras palavras, se um segurado falece e possuiu dois dependentes válidos perante a Previdência Social, o valor do benefício de pensão por morte será o equivalente a 70% (50% referente ao valor da cota familiar, mais 10% por cada dependente) do valor da aposentadoria recebida pelo segurado instituidor da pensão ou daquela a que ele teria direito se fosse aposentado por incapacidade permanente na data do óbito.

As cotas de pensão não são novidades no sistema previdenciário brasileiro. Elas estiveram presentes na Lei Orgânica da Previdência Social, LOPS, Lei nº 3.807, de 26 de agosto de 1960, sendo mantidas pela

Lei nº 8.213/91, somente cessando com a entrada em vigor da Lei nº 9.032/1995, que as extinguiu.

O fundamento constitucional das chamadas cotas de pensão reside no princípio da seletividade da Seguridade Social e no princípio do equilíbrio econômico e financeiro da Previdência Social.

Para efeito de explicação, conforme expõe Tafner e Nery (2019, p. 83), na inexistência das chamadas cotas de pensão, com o óbito do segurado e a percepção da pensão por morte pelos dependentes no regime jurídico em vigor anterior à EC nº 103/2019, a renda per capita do grupo familiar do segurado aumentaria.

Por exemplo, se o segurado estivesse aposentado por invalidez, recebendo a quantia de R$ 2.100,00, fosse casado e tivesse um filho, a renda per capita do seu grupo familiar seria de R$ 700,00, caso nenhum dos seus dependentes estivesse trabalhando, ou recebendo algum benefício assistencial ou previdenciário.

Com a morte do segurado, a pensão paga aos dependentes, no regime anterior à EC nº 103/2019, seria no importe de R$ 2.100,00, ou seja, a renda per capita familiar seria o montante de R$ 1.050,00. Ora, se a Previdência Social vinha e vem passando por dificuldades econômicas e atuariais, casos como os acima mencionados deveriam sofrer uma adequação.

O legislador, ao prever uma cota de pensão familiar básica de 50% do valor do benefício de aposentadoria que o segurado instituidor da pensão recebia à época do seu falecimento ou da que teria direito se fosse aposentado por incapacidade permanente na data do seu óbito, ponderou que independentemente do número de dependentes, existem despesas que não se alteram demasiadamente com o óbito do instituidor do benefício, tais como: pagamento de aluguel, taxas básicas de água, de luz, IPTU, dentre outras.

Lado outro, ao instituir as cotas de pensão, também se considerou que, quanto maior o número de dependentes do segurado, mais elevado se tornam as despesas do grupo familiar. Além dos gastos básicos citados acima, há ainda o acréscimo nos gastos com água, luz, alimentação, vestuário e transporte, por exemplo.

Portanto, a instituição das cotas de pensão é totalmente lógica e equânime, tomando como base a formulação de uma política pública previdenciária que deve levar em conta os princípios acima mencionados.

Buscou-se um equilíbrio entre a manutenção de um patamar de renda básica similar ao que o grupo familiar dispunha quando o segurado instituidor do benefício estava em vida, bem como o princípio da seletividade da Seguridade Social cumulado com o princípio do equilíbrio financeiro e atuarial da Previdência Social.

Se alguma crítica pode ser feita quanto ao valor do benefício de pensão por morte após a EC nº 103/2019, certamente não poderá ser imputada às cotas de pensão, mas sim à apuração do salário de benefício dessa espécie de benefício previdenciário.

Isso porque quanto à nova fórmula de cálculo dos benefícios previdenciários, o constituinte derivado, ao fixar sua regra geral de apuração no artigo 26 da EC n. 103/2019, 60% da média das contribuições do segurado desde a competência 07/1994, acrescida de 2% para cada ano que ultrapassar 20 anos de contribuição para os homens e 15 anos de contribuição para as mulheres, deixou de observar a distinção realizada pela doutrina entre benefícios programáveis e não programáveis.

A regra constante no citado artigo é mais adequada para os benefícios programáveis, que o segurado possui algum planejamento sobre eles, sendo que para os benefícios não programáveis, seria mais adequada uma regra que levasse em consideração a ausência de previsibilidade que o segurado possui quanto à ocorrência do fato gerador.

Assim, para os benefícios não programáveis, tais como a pensão por morte, o legislador poderia ter optado por um percentual inicial maior a incidir sobre o salário de benefício. Ao invés do cálculo do valor do benefício iniciar com o percentual de 60% do valor da média das contribuições que o segurado verteu para a previdência a partir da competência 07/1994, acrescido de dois pontos percentuais para cada ano de contribuição que supere os vinte anos de contribuição no caso dos homens, e quinze anos no caso das mulheres, poderia ter decidido por iniciar com o percentual de 70 ou 80%, acrescido de um percentual de um por cento para cada ano de contribuição que supere os vinte anos de contribuição no caso dos homens; e os quinze anos de contribuição, no caso das mulheres, por exemplo.

Contudo, apesar da crítica acima, não houve nenhuma inconstitucionalidade na forma estipulada de apuração do valor do benefício de pensão por morte pelo legislador. Uma questão é se entender que não fora utilizada a melhor técnica, o que é bem diverso de dizer que a utilizada é inconstitucional.

Outra mudança inserida pela EC nº 103/2019 foi fixar que as cotas de pensão por dependente cessarão com a perda dessa qualidade e não serão reversíveis aos demais dependentes, preservando o valor de 100% da pensão por morte quando o número de dependentes for igual ou superior a cinco.

Essa regra também leva em consideração o critério renda per capita dos dependentes. Na ausência dessa regra, à medida que alguns dependentes fossem perdendo essa qualidade, v.g., quando um filho do instituidor da pensão completasse vinte e um anos de idade e não fosse inválido, o valor do benefício de pensão por morte não alteraria, o que aumentaria o valor da cota que cada dependente passaria a receber.

O constituinte derivado sopesou a peculiaridade da existência de dependentes inválidos ou com deficiência intelectual, mental ou grave, dando tratamento diversificado para essas situações. Nesses casos, o valor do benefício de pensão por morte será o equivalente a 100% da aposentadoria que o segurado recebia na data do seu óbito ou da que teria direito se fosse aposentado por incapacidade permanente na data em que faleceu, até o valor máximo do valor dos benefícios do RGPS. No caso do RPPS, o montante que superar o teto do RGPS será incrementado de uma cota familiar de 50% acrescida de cotas de dez pontos percentuais por dependente, até o máximo de 100% (cem por cento). Em todas as situações, quando não houver mais dependentes inválidos ou com deficiência intelectual, mental ou grave, o valor da pensão será recalculado, utilizando a regra geral para cálculo desse benefício.

Outro tema que a EC nº 103/2019 buscou solucionar foi a questão do recebimento de pensão por morte pelo menor sob guarda. Para os óbitos ocorridos a partir da EC nº 103/2019, terão direito à pensão por morte somente o enteado e o menor tutelado, desde que comprovada a dependência econômica.

A principal razão dessa mudança trazida pela EC nº 103/2019 foi acabar com a possibilidade de o menor sob guarda poder receber o benefício de pensão por morte em razão do falecimento do seu guardião. Até a edição da Lei nº 9.528/1997, o menor sob guarda figurava no artigo 16, § 2º, da Lei nº 8.213/91, como dependente do seu guardião.

Posteriormente, percebeu-se o elevado número de pensões por morte que estavam sendo concedidos a menores sob guarda, principalmente àqueles que passavam a receber o benefício de pensão por morte por estarem sob a guarda dos avós, mesmo tendo os pais vivos, com saúde, trabalhando e em pleno exercício do seu poder familiar, configurando-se, assim, uma clara fraude aos objetivos da Seguridade Social.

Nesse contexto, a Lei nº 9.528/97 alterou a redação do § 2º, do artigo 16, da Lei nº 8.213/91, passando a prever que somente o enteado e o menor tutelado seriam dependentes para fins previdenciários, desde que comprovada sua dependência econômica para com o instituidor da pensão. Realmente, não havia fundamento jurídico razoável para que um menor, tendo os pais vivos, no pleno exercício do poder familiar, fosse considerado dependente de terceiros, pelo fato de estarem sob sua guarda.

O poder familiar consiste na responsabilidade dos pais para gerir a criação e a educação dos filhos, para prover seu sustento, para dar autorização para se mudarem para município diverso, dentre outros poderes, conforme dispõem o artigo 1.634 do Código Civil c/c e o artigo 22 do Estatuto da Criança e do Adolescente (ECA), Lei nº 8.069/1990.

Já quando a criança ou adolescente encontra-se no regime de tutela, é porque seus pais faleceram, ou se encontram juridicamente ausentes, ou perderam o poder familiar. Dentre alguns dos deveres dos tutores estão: dirigir a educação do tutelado, defendê-lo e prestar-lhe alimentos, assim como adimplir os demais deveres que normalmente cabem aos pais; acrescenta-se a esses deveres, ouvir a opinião do menor, se este já contar com doze anos de idade. Portanto, resta claro que existe uma grande diferença entre a tutela e a guarda.

Assim, estando os pais em pleno exercício do seu poder familiar, não havia motivos para que seus filhos fossem considerados dependentes para fins previdenciários de alguém que estivesse com sua guarda.

Não obstante, em razão do disposto no artigo 33, § 3º, do ECA, que diz que: "a guarda confere à criança ou adolescente a condição de dependente, para todos os fins e efeitos de direito, inclusive previdenciários", duas correntes se formaram sobre o tema.

A primeira advogando a tese de que com a mudança promovida na Lei nº 8.213/91 pela Lei nº 9.528/97, o § 3º, do art. 33, do ECA, havia sido revogado, tendo em vista que lei posterior revoga a anterior, e, por se tratar a Lei nº 8.213/91 de uma Lei específica sobre direito previdenciário, prevalece sobre lei geral.

A segunda corrente defendia a manutenção em vigor da norma contida no ECA, tendo em vista se tratar de uma lei especial de proteção à criança e ao adolescente, que deve prevalecer sobre a lei geral previdenciária, cumulado com o fato de que o artigo 227 da Constituição da República Federativa do Brasil estabelecer prioridade absoluta à criança e ao adolescente, razão pela qual o estabelecido pelo ECA seria o que melhor materializa o que está contido na CR/88.

Durante muitos anos, prevaleceu no Superior Tribunal de Justiça a primeira corrente, vide REsp nº 642.915/RS.

Não obstante, no julgamento do REsp nº 1.411.258/RS, submetido ao rito de julgamento dos recursos repetitivos, o Superior Tribunal de Justiça modificou sua orientação, passando a agasalhar a tese que defende a prevalência das disposições contidas no ECA. Agora, com a nova redação contida na EC nº 103/2019, não há mais como advogar a tese de prevalência do disposto no Estatuto da Criança e do Adolescente, tendo em vista que norma constitucional, de hierarquia superior, passou a disciplinar a matéria, bem como a norma contida na EC nº 103/2019 é posterior à norma contida no artigo 227 da CR/88, sendo ambas de mesmo nível, além de que a norma contida na EC 103/2019 trata-se de norma específica de direito previdenciário, que prevalece sobre a norma geral contida no artigo 227 da CR/88.

Outra mudança substancial ocorrida no benefício de pensão por morte foi quanto à possibilidade de sua cumulação com outros benefícios previdenciários. O referido tema é tratado no artigo 24 da Emenda Constitucional nº 103/2019. Esse artigo, no seu *caput,* veda a cumulação de mais de uma pensão por morte deixada por cônjuge ou companheiro no âmbito do mesmo regime de Previdência Social, ressalvadas as pensões decorrentes de cargos acumuláveis na forma do art. 37 da Constituição Federal.

Curiosamente, a EC nº 103/2019 não veda a percepção de dois benefícios de pensão por morte, dentro do mesmo regime de previdência, quando um for oriundo de cônjuge ou companheiro, e o outro de filho (a). Não há vedação também para percepção de dois benefícios de pensão oriundos de filhos diversos. Teria sido mais lógico que a referida EC simplesmente impedisse a cumulação de mais de um benefício de pensão por morte dentro do mesmo regime de Previdência Social, salvo quando decorrentes de cargos acumuláveis, sem falar expressamente em cônjuge ou em companheiro, o que deixou abertas portas para a cumulação nos casos expostos acima. Já o § 1º desse artigo estipula outras hipóteses em que é permitida a cumulação de pensão com outros benefícios previdenciários:

> Art. 24. É vedada a acumulação de mais de uma pensão por morte deixada por cônjuge ou companheiro, no âmbito do mesmo regime de previdência social, ressalvadas as pensões do mesmo instituidor decorrentes do exercício de cargos acumuláveis na forma do art. 37 da Constituição Federal.
>
> § 1º Será admitida, nos termos do § 2º, a acumulação de:
>
> I – pensão por morte deixada por cônjuge ou companheiro de um regime de Previdência Social com pensão por morte concedida por outro regime de Previdência Social ou com pensões decorrentes das atividades militares de que tratam os arts. 42 e 142 da Constituição Federal;
>
> II – pensão por morte deixada por cônjuge ou companheiro de um regime de Previdência Social com aposentadoria concedida no âmbito do Regime Geral de Previdência Social ou de regime próprio de Previdência Social ou com proventos de inatividade decorrentes das atividades militares de que tratam os arts. 42 e 142 da Constituição Federal; ou
>
> III – pensões decorrentes das atividades militares de que tratam os arts. 42 e 142 da Constituição Federal com aposentadoria concedida no âmbito do Regime Geral de Previdência Social ou de regime próprio de Previdência Social.

Contudo, nas hipóteses de acumulação previstas no § 1º, do artigo 24, da EC nº 103/2019, o beneficiário não receberá todos os benefícios na sua totalidade. Ele poderá optar pelo recebimento integral do benefício mais vantajoso, e uma parte de cada um dos demais benefícios, apurada cumulativamente, por faixa, na seguinte forma:

| Percentual | Faixas: |
|---|---|
| 60% | > 01 SM e ≤ 02 SM |
| 40% | > 02 SM e ≤ 03 SM |
| 20% | > 03 SM e ≤ 04 SM |
| 10% | > 04 SM |

É preciso deixar claro que essa tabela é progressiva e por faixa. Como exemplo dessa situação, tem-se: a pessoa que optasse por receber o maior benefício, que fosse no importe de R$ 6.000,00, e o outro benefício a que teria direito fosse no valor de R$ 5.225,00; esse segundo benefício seria calculado em conformidade com as faixas acima mencionadas e teria o montante de R$ 2.704,10, o que equivale a uma redução efetiva do segundo benefício da ordem de 48,25% (base de cálculo: ano de 2022). Vejam o cálculo que originou esse valor:

| Faixas em salários mínimos | Percentual pago | Valor devido por faixa |
|---|---|---|
| Até um salário mínimo (R$ 1.212,00) | 100% | R$ 1.212,00 |
| > de 01 (RS 1.212,00) até 02 (R$ 2.424,00) | 60% | R$ 727,20 |
| > de 02 (R$ 2.424,00) até 03 (R$ 3.636,00) | 40% | R$ 484,80 |
| > de 03 (R$ 3.636,00) até 04 (R$ 4.848,00) | 20% | R$ 242,40 |
| > de 04 (R$ 4.848,00) | 10% | R$ 37,70 |
| Total | | R$ 2.704,10 |

Uma leitura apressada do referido artigo poderia fazer com que se interpretasse que, como o segundo benefício é no importe de R$ 5.225,00, portanto, superior a quatro salários-mínimos, seu valor corresponderia a 10% da quantia, perfazendo R$ 522,50. Não é isto que diz a EC nº 103/2019.

Uma regra de constitucionalidade bem duvidosa sobre pensão por morte, mas que pela EC nº 103/2019 somente será aplicada às pensões oriundas dos RPPS's, é a constante no § 7º, do art. 40, da CR/88, que diz o seguinte:

> Art. 40.
>
> [...]
>
> § 7º Observado o disposto no § 2.º do artigo 201, quando se tratar de única fonte de renda formal auferida pelo dependente, o benefício de pensão por morte será concedido nos termos de lei do respectivo ente federativo, a qual tratará de forma diferenciada a hipótese de morte dos servidores de que trata o § 4.º-B decorrente de agressão física sofrida no exercício ou em razão da função.

Essa norma permite que a pensão por morte oriunda de RPPS possa ser inferior ao salário-mínimo, desde que o dependente tenha alguma renda formal, tal como salário ou um benefício previdenciário. Não há norma semelhante para as pensões oriundas do RGPS, motivo pelo qual essa regra terá sua constitucionalidade questionada em razão de ofensa ao princípio da isonomia. Nesse contexto, o STF, na ADI nº 3.128/DF, já declarou normas previdenciárias que tratavam de situações semelhantes inconstitucionais em razão de ofensa ao princípio da isonomia.

Conforme expõe Amado (2020, p. 89-90), norma semelhante fora retirada do RGPS na tramitação da PEC que originou a EC nº 103/2019, gerando uma evidente quebra de isonomia. Além da sua constitucionalidade duvidosa e da ausência de equidade, a norma poderá ter o condão de empurrar várias pessoas para a informalidade, para não terem o valor de sua pensão fixado em valor abaixo do mínimo legal, o que afetaria o financiamento da Previdência Social, tendo em vista que umas das suas principais fontes de custeio é justamente a contribuição sobre a folha de salários.

A parte final do § 7º, do art. 40, da CR/88, também é muito infeliz. Segundo a norma constitucional, o valor do benefício de pensão por morte oriundo do RPPS será calculado de forma diferenciada quando o falecimento do instituidor da pensão ocorrer em razão de agressão sofrida no exercício ou em razão da sua função exercida, nos casos dos servidores públicos que sejam agentes da polícia federal, agentes socioeducativos federal, policiais civis do Distrito Federal, policiais federais, policiais rodoviários federais, policiais ferroviários federais e policiais da Câmara dos Deputados e do Senado.

Até que a lei federal discipline a forma diferenciada da pensão desses agentes públicos, vigorará a regra contida no art. 10 da EC nº 103/2019, que prevê que a pensão será vitalícia para o cônjuge ou o companheiro supérstite, e seu valor será o equivalente ao cargo que o instituidor da pensão ocupava quando veio a óbito.

No caso dos Estados e Municípios, esses entes federativos terão que realizar alterações nas suas respectivas legislações, não se aplicando a regra contida na norma comentada. Porém, há determinação expressa de que deve haver tratamento diferenciado para os agentes da segurança pública desses entes federados. A infelicidade/falta de isonomia da regra se encontra no fato que ela deveria ser aplicada a todos os agentes públicos que viessem a óbito em razão de agressão sofrida no exercício ou em consequência do exercício da função que exerciam.

Nesse sentido, se um auditor fiscal da Receita Federal do Brasil, um magistrado, um membro da AGU, um professor com vínculo estatutário com a União, um agente do IBAMA, por exemplo, vier a óbito nas situações expostas acima, sua pensão será calculada em conformidade com a regra geral. No entanto, se em situações semelhantes, o óbito for de um servidor de uma das carreiras de segurança pública citadas anteriormente, a pensão terá uma regra de cálculo especial.

Portanto, tem-se mais uma regra não isonômica contida na EC nº 103/2019 e que poderá gerar discussões sobre sua constitucionalidade perante o STF. Também não consta regra semelhante no RGPS. Assim, se professores, médicos, enfermeiros e outros profissionais, vinculados ao regime geral, vierem a óbito em razão de agressão sofrida ou em decorrência do exercício de suas funções, o cálculo do benefício de pensão por morte não seguirá a regra especial contida no art. 40, § 7º, da CR/88.

Dessa forma, melhor seria que a regra estabelecida na parte final do § 7º, do art. 40, da CR/88, fosse aplicada para todos os segurados, tanto do RPPS, quanto do RGPS, que viessem a óbito em razão das situações descritas acima, por isonomia e por equidade.

Uma vez expostas essas alterações trazidas pela EC nº 103/2019 no benefício de pensão por morte, é chegada a hora de demonstrar as razões pelas quais tais modificações não são inconstitucionais, com exceção das normas criticadas acima. Tal fato se dará por meio da comparação com a PEC nº 287/2016, na qual se percebe que, caso ela viesse a ser aprovada em sua integralidade, as mudanças que ocorreriam no benefício de pensão por morte trariam retrocesso social, além de ferirem o núcleo básico desse benefício, razão pela qual seriam inconstitucionais, como exposto por Franco, na obra "Reforma da Previdência social: o estado contemporâneo e a reconfiguração do sistema previdenciário" (FRANCO, 2019, p. 160-166).

A redação original da PEC nº 287/2016 permitia que o valor do benefício de pensão por morte pudesse ser inferior a um salário-mínimo, mesmo que fosse o único benefício previdenciário recebido pelo dependente do instituidor da pensão, e que ele não tivesse fonte formal de renda, além de vedar o recebimento de pensão por morte e aposentadoria simultaneamente, podendo haver a opção pelo recebimento do benefício de maior valor, ficando suspenso o pagamento do outro benefício.

À época, manifestei que o maior retrocesso social seria permitir que o benefício de pensão por morte pudesse ser inferior ao salário-mínimo, em qualquer situação (FRANCO, 2019, p. 160-166). Se o salário-mínimo é o menor valor capaz de atender às necessidades vitais básicas da pessoa e da sua família com relação à moradia, à alimentação, à saúde, a lazer, à educação, a vestuário, à higiene, a transporte e à Previdência Social, qualquer mudança que pretenda desvincular um benefício previdenciário que substitua o salário de contribuição ou o rendimento do trabalho do segurado do salário-mínimo causaria grave retrocesso social, por afetar o mínimo existencial.

Ato contínuo, quando analisei a PEC nº 287/2016 na obra "Reforma da Previdência Social: O Estado Contemporâneo e a Reconfiguração da Previdência Social", expus que a referida PEC poderia ter optado por um meio-termo para obtenção do equilíbrio e da equidade nas regras de concessão, de manutenção e de cálculo do valor de pensão por morte. E qual seria esse meio termo?

Seria restringir parcialmente a acumulação da pensão por morte com outro benefício da Previdência Social, adotando taxas de recomposição de um percentual em torno de 50% a 60%, acrescido de uma cota extra para cada dependente, limitando o valor global recebido, benefício próprio mais pensão, ao maior valor do teto pago a título de um benefício previdenciário no RGPS; ou mesmo quando for ocorrer a acumulação, que a taxa de reposição fosse inferior à taxa que seria utilizada nos casos em que ela não ocorresse, como, por exemplo, se a taxa de reposição se iniciava em 50%, quando for haver cumulação, ela poderia iniciar em 30%. Também nos casos de acumulação, seria legítimo e haveria fundamentação constitucional razoável, dentre elas, a seletividade e a distributividade, para que o benefício de pensão por morte pudesse ser inferior ao salário-mínimo, tendo em vista que nesses casos o titular do benefício de pensão por morte já estaria provido do seu mínimo existencial recebido por meio do auxílio previdenciário de maior valor (FRANCO, 2019, p. 160-166).

Na esteira do exposto acima, a EC nº 103/2019 caminhou para um meio-termo, como proposto na obra intitulada "Reforma da Previdência

Social: O Estado Contemporâneo e a Reconfiguração da Previdência Social" (FRANCO, 2019, p. 160-166), apesar de não ter adotado todas as sugestões ali propostas, tendo em vista que manteve a redação do artigo 201, § 2º, da CR/88, ou seja, permaneceu a garantia de que nenhum benefício previdenciário que substitua o salário de contribuição ou o rendimento do trabalho do segurado tenha valor mensal inferior a um salário mínimo, salvo a exceção já examinada acima contida no artigo 40, § 7º, da redação atual da CR/88.

Contudo, a EC nº 103/2019 limitou o valor do recebimento de pensão por morte e benefício previdenciário, quando recebidos cumulativamente por determinado dependente. Nesses casos, como já demonstrado acima, pode-se optar pelo benefício de maior valor e por um percentual sobre os demais benefícios.

Vejam que, se o segundo benefício, o de menor valor, é no importe mínimo, o dependente o receberá na sua integralidade, ou seja, em nenhuma hipótese o benefício de menor valor será inferior ao salário-mínimo legal, à exceção da regra constante no artigo 40, § 7º, redação atual da CR/88. Dessa maneira, a parcela que superar o valor mínimo legal sofrerá as reduções por faixa que já foram demonstradas acima, que ocorrem de forma progressiva, em observância ao princípio da equidade.

Outra norma que era bastante restritiva na PEC nº 287/2016 era quanto à forma de cálculo do benefício de pensão por morte. Essa foi parcialmente reproduzida na EC nº103/2019, contudo, de forma mitigada. Pela PEC nº 287/2016, o valor do benefício de aposentadoria seria de 51% do salário de benefício do segurado, acrescido de 1% para cada ano de contribuição. Ou seja, o segurado somente teria o seu benefício previdenciário no valor de 100% do salário de benefício caso contasse com quarenta e nove anos de contribuição.

Assim, a título de exemplo, um segurado que trabalhava havia dez anos, ganhava em média R$ 1.500,00, era casado e tinha um filho, se viesse a óbito no ano de 2020, o valor da sua aposentadoria, caso fosse aposentado por invalidez nessa data, seria de R$ 1.045,00 – salário-mínimo – (51% do valor do salário de benefício, mais 1% para cada ano de contribuição, totalizando 61%, o que daria o valor de R$ 915,00; contudo, o benefício de aposentadoria não poderia ser inferior ao salário-mínimo). Nesse caso, o valor da pensão seria 50% do valor desse benefício, acrescido de mais 20%, tendo em vista existirem dois dependentes (a PEC nº 287/2016 também instituía as chamadas cotas de pensão, tal qual a EC nº 103/2019). Portanto, no presente caso, o valor da pensão seria de 70% do valor do benefício que o segurado teria direito se estivesse recebendo uma aposentadoria por invalidez na data do seu óbito. Portanto, tem-se como resultado: 70% de R$ 1.045,00, R$ 731,50, equivalente ao 70% do valor do salário-mínimo, tendo como referência o ano de 2020.

Logo, a fórmula proposta na PEC nº 287/2016 iria gerar uma enorme quantidade de pensões em valores inferiores ao salário-mínimo, regra que seria bastante regressiva, prejudicando todos os cidadãos, principalmente os de baixa renda, mais vulneráveis e dependentes da Previdência Social.

A fórmula de cálculo da pensão por morte proposta na PEC nº 287/2016 demonstrava que o governo brasileiro da época não estava preocupado em equacionar a benevolência exacerbada que havia para a concessão do benefício de pensão por morte no Brasil, mas sim conceder o menor valor possível a esse benefício, dando prevalência desproporcional ao financeiro, esquecendo que o escopo da Previdência Social é amparar os segurados e seus dependentes quando da ocorrência das áleas previstas na legislação, sendo uma das piores, a perda de um ente familiar próximo.

Deve-se ter em mente que na reformulação das regras atinentes ao benefício de pensão por morte, "deve-se buscar um equilíbrio entre a garantia de benefícios capazes de manter o nível de vida prévio ao óbito do segurado e a eliminação de regras generosas que sobrecarregam desnecessariamente o sistema previdenciário", conforme exposto por Ansiliero, Costanzi e Pereira (2014, p. 112). Nesse contexto, a EC nº 103/2019 garantiu o piso mínimo do salário-mínimo a todas as pensões, bem como permitiu a cumulação desse benefício com outros auxílios previdenciários, conforme já visto.

A regra de cálculo do benefício de aposentadoria também é mais favorável na EC nº 103/2019 do que era prevista na PEC nº 287/2016. Enquanto a PEC nº 287/2016 iniciava o cálculo do valor do benefício de aposentadoria no percentual de 51% sobre o salário de benefício, acrescido de 1% para cada ano de contribuição, a EC nº 103/2019 começa o cálculo em 60% sobre o valor do salário de benefício, acrescido de 2%

para cada ano de contribuição que supere vinte anos no caso dos homens; e, quinze anos no caso das mulheres. Para os homens que eram filiados à Previdência Social na data da publicação dessa Emenda Constitucional, o acréscimo de 2% ocorrerá para cada ano que supere quinze anos de contribuição. Ou seja, enquanto na PEC nº 287/2016 o segurado necessitaria de 49 anos de contribuição para ter o benefício de aposentadoria na sua integralidade, pela EC nº 103/2019, esse prazo é de 40 anos para os homens e 35 anos para as mulheres.

De acordo com o exemplo acima, pelas regras da EC nº 103/2019, o valor do benefício de pensão por morte seria de R$ 1.045,00, o valor do salário-mínimo em 2020, em razão da quantia mínima que o benefício de pensão por morte pode ter. Nota-se, ainda, que pela EC nº 103/2019, todas as vezes que o óbito do segurado ocorrer quando ele possuir menos de nove anos de contribuição, o valor do seu benefício será maior do que se fosse calculado pelas regras que continha a PEC nº 287/2019.

Nos demais casos, poderia ocorrer que, em algumas hipóteses específicas, a regra contida na PEC nº 287/2016 fosse mais favorável ao segurado, contudo, não seria a regra.

Nesse contexto, é de se observar que o legislador deve ponderar vários aspectos para tentar equilibrar a proteção social, por meio da seletividade, da distributividade e da universalidade, com a sustentabilidade do sistema previdenciário, observando seu equilíbrio econômico e atuarial, eliminando regras benevolentes que pressionam os gastos dos regimes previdenciários, sob pena do sistema deixar de ser factível a médio e longo prazo.

Sobre a sustentabilidade do sistema previdenciário, o ministro Barroso (2022, p. 18-19), ao proferir seu voto na ADI nº 6254, assim se manifestou:

> Em questões previdenciárias, há que se construir um concerto harmônico de regras que leve em conta a imprescindível proteção social dos indivíduos e a sustentabilidade de todo o sistema. Esses dois bens jurídicos, ao contrário do que alguns poderiam pensar, não são colidentes. A viabilidade financeira do regime previdenciário é condição indispensável à continuidade do pagamento dos benefícios. Nessa ordem de ideias, o arranjo normativo desenhado pelo Poder Executivo e chancelado pelo Congresso Nacional, em linha de princípio, pretende colocar esses dois valores em situação de equilíbrio. No exame de apenas alguns dos elementos

> integrantes de um conjunto maior, que se pretende harmônico, deve-se ter o cuidado de não desestabilizar um dos pilares fundamentais à higidez de toda a estrutura.

Com relação à fórmula de cálculo do benefício de pensão por morte contida na EC nº 103/2019, Barroso (2022, p.83) exarou a seguinte fundamentação:

> 189. Desde logo, reconheço que a EC nº 103/2019 provocou um decréscimo relevante no valor do benefício, que exigirá um planejamento financeiro maior dos segurados com dependentes. Isso não significa, contudo, que tenha violado alguma cláusula pétrea. Não se pode afirmar que o núcleo essencial do direito à Previdência Social e do princípio da dignidade da pessoa humana ofereça parâmetros precisos para o cálculo da prestação pecuniária. A barreira que, se ultrapassada, certamente levaria à inconstitucionalidade não foi desrespeitada pela reforma: vedou-se que o benefício seja inferior ao salário-mínimo quando for a única fonte de renda formal do dependente. Para além disso, a fixação de qualquer outro piso pelo Poder Judiciário beiraria a arbitrariedade e careceria de embasamento técnico. A repristinação do regramento anterior também poderia gerar distorções, tendo em vista a redução imposta aos proventos de aposentadoria no novo modelo.
>
> 190. A questão envolve a análise de impactos atuariais na Previdência Social, que refogem à atribuição dos magistrados. A falta de capacidade institucional do Judiciário e o risco de efeitos sistêmicos recomendam uma postura autocontida, que prestigie a solução dada pelo poder reformador. Para resguardar o equilíbrio do sistema, os critérios para a determinação do valor da pensão morte levam em conta as condições de elegibilidade, tais como a idade do beneficiário e o tempo de convívio marital ou de união estável, bem como o tempo de duração do benefício. Qualquer interferência judicial no montante da prestação deveria considerar todos esses aspectos, o que se revela praticamente inviável.

Até o momento foram proferidos dois votos nessa ADI, oriundos dos ministros Luís Roberto Barroso e Edson Fachin, ambos julgando constitucionais as alterações promovidas pela EC nº 103/2019 no tocante ao benefício de pensão por morte. O julgamento encontra-se suspenso em razão de um pedido de vista do ministro Ricardo Lewandowski.

Nesse contexto, é importante observar que a EC nº 103/2019 preservou os direitos adquiridos, o ato jurídico perfeito e a coisa julgada. Ademais, observou o princípio da proteção da confiança, tendo em vista que pelas novas regras, quanto mais tempo o segurado que vier a óbito estiver contribuindo para a previdência social, maior será o percentual a incidir sobre a média dos seus salários de contribuição a partir da competência 07/1994, que comporá a base de cálculo para apuração da RMI do benefício de pensão por morte.

A segurança jurídica também não foi afetada com essas mudanças. Isto porque, não foi extinto o benefício de pensão por morte, nem foi afetado seu núcleo fundamental, tendo havido somente sua "recalibragem". Ademais, trata-se de medida que busca preservar a sustentabilidade do sistema de previdência a curto, a médio e a longo prazo, assegurando juridicamente a existência desse benefício a quem dele precisar futuramente. Ademais, conforme exposto no parágrafo anterior, quanto mais tempo o segurado estiver vinculado à previdência social, maior será o percentual a incidir sobre a média dos seus salários de contribuição a partir da competência 07/1994, afetando positivamente valor do benefício pensão por morte.

Frise-se ainda que o artigo 26, § 3º, II, da EC nº 103/2019, define que em caso de aposentadoria por incapacidade permanente, quando oriunda de acidente de trabalho, de doença de trabalho e de doença profissional, o valor do benefício de aposentadoria incapacitante será correspondente a 100% da média das contribuições vertidas para a previdência social desde a competência 07/1994, o que impactará em um valor maior do benefício de pensão por morte quando oriundo dessas hipóteses.

Diante do exposto, conclui-se que a EC nº 103/2019 reformulou significativamente o instituto da pensão por morte, contudo, sem os excessos que a PEC nº 287/2016 continha, razão pela qual não foi afetado o núcleo fundamental desse benefício, não havendo infração ao artigo 60, IV, da CF, não sendo lícito se falar em retrocesso social e, por consequência, sua inconstitucionalidade.

Estranhamente, a EC nº 103/2019 não introduziu um dos requisitos que seriam mais justos para concessão do benefício de pensão morte: um período de carência para sua obtenção. Quanto à necessidade de fixação de uma carência para obter o benefício de pensão por morte, essa hipótese se baseia em um requisito moral. De acordo com Ansiliero, Costanzi e Pereira (2014, p.102), "são poucos os países que não incorporam em seus regulamentos previdenciários alguma medida capaz de minimizar o comportamento oportunista no âmbito de seus sistemas".

Tais medidas evitam que segurados que nunca contribuíram para o sistema de previdência e se encontram em vias de falecimento vertam uma ou poucas contribuições para ele, e seus dependentes obtenham o benefício de pensão por morte, que poderá ser pago por anos, por décadas, fraudando o sistema previdenciário e a solidariedade que deve existir tanto no seu custeio, quanto no seu uso, onerando injustamente a Previdência Social.

Também não é moral, devendo a conduta ser reprovada, os casos em que o segurado somente se filia ao sistema previdenciário acometido de uma incapacidade laborativa provocada por uma doença que posteriormente lhe cause o óbito. Nesses casos, somente após se tornar incapaz é que o segurado se filiou ao sistema. Enquanto estava saudável, não quis participar solidariamente do custeio da previdência social, razão pela qual a EC nº 103/2019 poderia ter vedado a concessão do benefício de pensão por morte quando o segurado instituidor do benefício tivesse se filiado à previdência nessa hipótese.

Outra regra que poderia ter sido introduzida no benefício de pensão por morte é a que o cessaria no caso de o dependente cônjuge ou companheiro contrair novas núpcias ou união estável, norma existente em diversos países, e que, inclusive, já vigorou no Brasil na LOPS – Lei Orgânica da Previdência Social.

Nota-se, nesse sentido, que o objetivo da Previdência Social com a concessão do benefício de pensão por morte nesses casos é amparar o cônjuge ou companheiro supérstite que fica só e, muitas vezes, sem a renda que provia o sustento do lar. Se ele refaz sua vida, vindo a contrair novas núpcias ou uma nova união estável, portanto, um novo núcleo familiar, é lícito prever que não mais necessita desse benefício para sua subsistência.

Nunca se deve perder de vista que os recursos da Previdência Social são finitos, devendo ser aplicados observando, dentre vários, o princípio da seletividade. Será que dentre as várias necessidades sociais, a manutenção do benefício de pensão por morte nessa hipótese é prioritária, especialmente, levando-se em conta o déficit da Previdência Social?

Frise-se ainda que, nesses casos, havendo mais dependentes, somente a cota parte do cônjuge ou do convivente supérstite seria cessada, mantendo o benefício para os demais dependentes. Contudo, não se trata de resposta fácil, cabendo ao legislador ponderar entre manter o benefício nessa hipótese ou cessá-lo. O casamento ou união estável, muitas vezes, pode ocorrer entre pessoas com idades avançadas, sem ter mais condições físicas e mentais de exercerem um labor remunerado e que têm como única fonte de renda o benefício de pensão por morte.

Portanto, não há como concluir que o constituinte derivado se equivocou ao não prever essa hipótese de cessação do benefício de pensão por morte. Dentre as várias possibilidades que tinha, ponderou e escolheu licitamente por manter a não cessação do benefício de pensão por morte na hipótese de novo casamento ou união estável contraído pelo dependente cônjuge ou companheiro supérstite.

Por fim, ainda como sugestão legislativa, deveria haver a proibição do dependente receber mais de uma pensão por morte em razão do óbito de mais de um instituidor do benefício dentro do mesmo regime de previdência, salvo se decorrentes de cargos acumuláveis na ativa, não somente quando oriunda de cônjuges ou de companheiros, como é o regramento atual, mantida a possibilidade de se optar pela pensão de maior valor.

## 3. CONCLUSÃO

Após uma análise científica do objeto de estudo do presente artigo, é possível afirmar que as mudanças ocorridas no benefício previdenciário de pensão por morte desde a MP nº 664/2014 até a EC nº 103/2019 não acarretaram retrocesso social, ferindo o contido no artigo 60, § 4º, IV, da CR/88, pelo contrário, trataram de conciliar proteção social com a sustentabilidade dos regimes previdenciários pátrios para a presente e as futuras gerações, com exceção das normas contidas no artigo 40, § 7º da CR/88 e no artigo 10 da Emenda Constitucional de nº 103/2019.

Verificou-se que a República Federativa do Brasil possuía regras extremamente benevolentes relativamente ao benefício de pensão por morte, que acabavam por pressionar os gastos previdenciários desnecessariamente, contribuindo para ausência do equilíbrio econômico e atuarial dos regimes de previdência social pátrios.

Foi constatado que o núcleo essencial do benefício de pensão por morte foi mantido pelas reformas infraconstitucionais e constitucional, que foram objeto deste estudo, bem como se respeitou o direito adquirido, o ato jurídico perfeito e a coisa julgada, além dos princípios da proteção da confiança e da segurança jurídica.

Por fim, algumas sugestões foram feitas para aperfeiçoar esse benefício, sempre no intuito de modificar regras oportunistas ou que não se sustentam perante o princípio da seletividade da Seguridade Social, tendo como foco a proteção social cumulado com sustentabilidade intergeracional dos sistemas previdenciários existentes em nosso país.

## REFERÊNCIAS

AMADO, Frederico. *Reforma da previdência comentada.* Salvador: Juspodivm, 2020. 384 p.

ANSILIERO, Graziela; COSTANZI, Rogério Nagamine; PEREIRA, Eduardo da Silva. A pensão por morte no âmbito do regime geral de previdência social: tendências e perspectivas. *Planejamento e Políticas Públicas*, Rio de Janeiro, n. 42, p. 89-146, jan./jun. 2014. Disponível em: http://ipea.gov.br/ppp/index.php/PPP/issue/view/37/showToc. Acesso em: 19 mar. 2017.

BRASIL. [Constituição (1988)]. *Constituição da República Federativa do Brasil de 1988.* Brasília, DF: Presidência da República, [2016]. Disponível em: http://www.planalto.gov.br/ccivil_03/constituicao/constituicaocompilado.htm. Acesso em: 20 fev. 2017.

BRASIL. *Decreto nº 3048, de 6 de maio de 1999.* Aprova o regulamento da Previdência Social, e dá outras providências. Brasília, DF: Presidência da República, [1999]. Disponível em: https://www.planalto.gov.br/ccivil_03/decreto/d3048.htm. Acesso em: 8 dez. 2022.

BRASIL. *Emenda Constitucional nº 103, de 12 de novembro de 2019.* Altera o sistema de Previdência Social e estabelece regras de transição e disposições transitórias. Brasília, DF: Presidência da República, [2019]. Disponível em: https://www.planalto.gov.br/ccivil_03/constituicao/emendas/emc/emc103.htm. Acesso em: 8 dez. 2022.

BRASIL. *Lei nº 3.807, de 26 de agosto de 1960.* Dispõe sobre a Lei Orgânica da Previdência Social. Brasília, DF: Presidência da República, [1960]. Disponível em: http://www.planalto.gov.br/ccivil_03/leis/1950-1969/L3807.htm. Acesso em: 15 fev. 2017.

BRASIL. *Lei nº 8.069, de 13 de julho de 1990*. Dispõe sobre o Estatuto da Criança e do Adolescente e dá outras providências. Brasília, DF: Presidência da República, [1990]. Disponível em: https://www.planalto.gov.br/ccivil_03/leis/l8069.htm. Acesso em: 8 dez. 2022.

BRASIL. *Lei nº 8.213, de 24 de julho de 1991*. Dispõe sobre os Planos de Benefícios da Previdência Social e dá outras providências. Brasília, DF: Presidência da República, [1991]. Disponível em: http://www.planalto.gov.br/ccivil_03/leis/L8213cons.htm. Acesso em: 14 fev. 2017.

BRASIL. *Lei nº 9.032, de 28 de abril de 1.995*. Dispõe sobre o valor do salário-mínimo, altera dispositivos das Leis nº 8.212 e nº 8.213, ambas de 24 de julho de 1991, e dá outras providências. Brasília, DF: Presidência da República, [1995]. Disponível em: http://www.planalto.gov.br/ccivil_03/leis/L9032.htm. Acesso em: 20 fev. 2017.

BRASIL. *Lei nº 9.528, de 10 de dezembro de 1997*. Altera dispositivos das Leis nº 8.212 e 8.213, ambas de 24 de julho de 1991, e dá outras providências. Brasília, DF: Presidência da República, [1997]. Disponível em: https://www.planalto.gov.br/ccivil_03/leis/l9528.htm. Acesso em: 8 dez. 2022.

BRASIL. *Lei nº 13.135, de 17 de junho de 2015*. Altera as Leis nº 8.213, de 24 de julho de 1991, nº 10.876, de 2 de junho de 2004, nº 8.112, de 11 de dezembro de 1990, e nº 10.666, de 8 de maio de 2003, e dá outras providências. Brasília, DF: Presidência da República, [2015]. Disponível em: https://www.planalto.gov.br/ccivil_03/_Ato2015-2018/2015/Lei/L13135.htm. Acesso em: 8 dez. 2022.

BRASIL. *Lei nº 13.846, de 18 de junho de 2019*. Institui o Programa Especial para Análise de Benefícios com Indícios de Irregularidade, o Programa de Revisão de Benefícios por Incapacidade, o Bônus de Desempenho Institucional por Análise de Benefícios com Indícios de Irregularidade do Monitoramento Operacional de Benefícios e o Bônus de Desempenho Institucional por Perícia Médica em Benefícios por Incapacidade; altera as Leis nºs 6.015, de 31 de dezembro de 1973, 7.783, de 28 de junho de 1989, 8.112, de 11 de dezembro de 1990, 8.212, de 24 de julho de 1991, 8.213, de 24 de julho de 1991, 8.742, de 7 de dezembro de 1993, 9.620, de 2 de abril de 1998, 9.717, de 27 de novembro de 1998, 9.796, de 5 de maio de 1999, 10.855, de 1º de abril de 2004, 10.876, de 2 de junho de 2004, 10.887, de 18 de junho de 2004, 11.481, de 31 de maio de 2007, e 11.907, de 2 de fevereiro de 2009; e revoga dispositivo da Lei nº 10.666, de 8 de maio de 2003, e a Lei nº 11.720, de 20 de junho de 2008. Brasília, DF: Presidência da República, [2019]. Disponível em: https://www.planalto.gov.br/ccivil_03/_ato2019-2022/2019/lei/l13846.htm. Acesso em: 8 dez. 2022.

BRASIL. *Medida Provisória nº 664, de 30 de dezembro de 2014*. Altera as Leis nº 8.213, de 24 de julho de 1991, nº 10.876, de 2 junho de 2004, nº 8.112, de 11 de dezembro de 1990, e a Lei nº 10.666, de 8 de maio de 2003. Brasília, DF: Presidência da República, [2014]. Disponível em: https://www.planalto.gov.br/ccivil_03/_Ato20112014/2014/Mpv/mpv664.htm. Acesso em: 8 dez. 2022.

BRASIL. *Medida Provisória nº 871, de 18 de janeiro de 2019*. Institui o Programa Especial para Análise de Benefícios com Indícios de Irregularidade, o Programa de Revisão de Benefícios por Incapacidade, o Bônus de Desempenho Institucional por Análise de Benefícios com Indícios de Irregularidade do Monitoramento Operacional de Benefícios e o Bônus de Desempenho Institucional por Perícia Médica em Benefícios por Incapacidade, e dá outras providências. Brasília, DF: Presidência da República, [2019]. Disponível em: https://www.planalto.gov.br/ccivil_03/_ato20192022/2019/Mpv/mpv871.htm. Acesso em: 8 dez. 2022.

BRASIL. *Proposta de Emenda à Constituição 287/2016*. Altera os arts. 37, 40, 109, 167, 195, 201 e 203 da Constituição, para dispor sobre a seguridade social, estabelece regras de transição e dá outras providências. Brasília, DF: Câmara dos Deputados, [2017]. Disponível em: http://www.camara.gov.br/proposicoesWeb/fichadetramitacao?idProposicao=2119881. Acesso em: 23 mar. 2017.

BRASIL. Superior Tribunal de Justiça. *Embargos de divergência em Recurso Especial 642915/RS*. Relator: Hamilton Carvalhido. Publicado no DJe de 26 de março de 2008. Disponível em: https://scon.stj.jus.br/SCON/jurisprudencia/toc.jsp?i=1&b=ACOR&livre=((%27ERESP%27.clas.+e+@num=%27642915%27)+ou+(%27EREsp%27+adj+%27642915%27.suce.))&thesaurus=JURIDICO&fr=veja. Acesso em: 8 jun. 2020.

BRASIL. Superior Tribunal de Justiça. *Recurso Especial 1411258/RS*. Relator: Napoleão Nunes Maia Filho. Publicado no DJe de 21 de fevereiro de 2018. Disponível em: https://scon.stj.jus.br/SCON/jurisprudencia/toc.jsp?livre=PREVIDENCI%C1RIO+MENOR+SOB+GUARDA&repetitivos=JULGADO+E+CONFORME+E+%22RECURSOS+REPETITIVOS%22&b=ACOR&thesaurus=JURIDICO&p=true. Acesso em: 8 jun. 2020.

BRASIL. Supremo Tribunal Federal. *Ação Direta de Inconstitucionalidade 3128/DF*. Relator: César Peluso. Publicado no DJe de 18 de fevereiro de 2005. Disponível em: http://www.stf.jus.br/portal/jurisprudencia/listarJurisprudencia.asp?s1=%28ADI%24%2ESCLA%2E+E+3128%2ENUME%2E%29+OU+%28ADI%2EACMS%2E+ADJ2+3128%2EACMS%2E%29&base=baseAcordaos&url=http://tinyurl.com/a3lahc2. Acesso em: 14 mar. 2017.

BRASIL. Supremo Tribunal Federal. *Ação Direta de Inconstitucionalidade 6254/DF*. Relator: Roberto Barroso. Disponível em: https://portal.stf.jus.br/processos/detalhe.asp?incidente=5814691. Acesso em: 8 dez. 2022.

FRANCO, Alex Pereira. *Reforma da previdência social*: o estado contemporâneo e a reconfiguração do sistema previdenciário. Curitiba: Juruá, 2019. 224 p.

TAFNER, Paulo. Desafios e reformas da previdência social brasileira. *Revista USP*, n. 93, p. 137-156, mar./abr./maio 2012. Disponível em: http://www.revistas.usp.br/revusp/issue/view/1865/showToc. Acesso em: 24 mar. 2017.

TAFNER, Paulo; NERY, Pedro Fernando. *Reforma da previdência*: por que o Brasil não pode esperar? Rio de Janeiro: Elsevier, 2019. 252 p.

# 2

# A REVISÃO DA VIDA TODA SOB A ÓTICA DA EMENDA CONSTITUCIONAL Nº 103/2019

*Alexandre César Diniz Morais Lima*[1]

**SUMÁRIO:** Introdução – 1. Contexto histórico do cálculo do salário de benefício – 2. Revisão da vida toda: conceito e aspectos controvertidos – 3. Posição jurisprudencial – 4. A Emenda Constitucional nº 103/2019 – 5. Conclusão – Referências.

## INTRODUÇÃO

As controvérsias no âmbito do direito previdenciário, em especial envolvendo questões no Regime Geral de Previdência Social – RGPS, constituem-se, como regra, em demandas de massa que atingem milhares de segurados ou dependentes, com amplo potencial de repercussão econômica e social.

Dentre as tantas teses revisionais já discutidas ou em processo de discussão, a chamada "revisão da vida toda" enquadra-se como um dos temas

1. Procurador Federal.

mais importantes dos últimos tempos, por enquadrar-se perfeitamente nos elementos de potencial repercussão econômica e ampla aplicação em termos abrangência entre os beneficiários.

De acordo com a referida tese, os beneficiários almejam a repercussão no cálculo do salário de benefício de toda a vida contributiva no âmbito do RGPS quando propiciar um incremento de renda do seu benefício, ao passo em que a legislação sempre realizou recortes temporais para fins de definição do cálculo do benefício.

Como recorte de incidência emblemático merece menção à entrada em vigor da Lei nº 9.876/1999, a qual estabeleceu um alargamento do período básico de cálculo para fins de definição do salário de benefício, porém com a instituição de limitação em julho de 1994 como marco inicial de contagem dos salários de contribuição, não podendo, nesse caso, utilizar salários anteriores a esta competência.

A grande controvérsia reside na intenção dos beneficiários em afastar esta limitação temporal nas hipóteses em que os salários de contribuição anteriores a julho de 1994 acarretem melhora na renda do benefício, sobretudo para os casos em que vida contributiva neste período anterior seja em patamar mais elevado.

Instaura-se assim uma zona de conflito entre a postura do INSS e o pleito dos segurados, com alto índice de judicialização, o que demandou, inclusive, pronunciamento do Superior Tribunal de Justiça e do Supremo Tribunal Federal.

Vale salientar que a Emenda Constitucional nº 103/2019 assume papel de relevo no debate, pois traz disposições que claramente confrontam com a tese dos beneficiários, reafirmando a posição da Administração quando à higidez da limitação em julho de 1994.

Nesse cenário, no presente trabalho serão feitas reflexões sobre a revisão da vida toda, em especial a partir do cenário normativo delineado pela Emenda Constitucional nº 103/2019.

## 1. CONTEXTO HISTÓRICO DO CÁLCULO DO SALÁRIO DE BENEFÍCIO

Dentre os principais aspectos estruturais dos benefícios previdenciários no Brasil no âmbito do Regime Geral de Previdência Social – RGPS destaca-se a delimitação do salário de benefício, o qual, ao fim e ao cabo, será a base para quantificação da renda que será auferida pelos beneficiários, sejam eles os segurados ou seus dependentes.

Historicamente, o salário de benefício consiste em uma média sobre os salários de contribuição vertidos pelo segurado ao RGPS, variando, de acordo com o regime em vigor, em relação ao período básico de cálculo, ou seja, a definição do espectro temporal que deve ser observado para fins de apuração dos salários de contribuição e, por consequência, do salário de benefício.

Na vigência da Lei nº 3.807, de 26 de agosto de 1960, que dispõe sobre a Lei Orgânica da Previdência Social, estabeleceu-se que o salário de benefício consiste na média dos salários de contribuição sobre os quais o segurado tenha realizado as últimas 12 contribuições mensais contadas até o mês anterior ao óbito do segurado, para a hipótese de pensão por morte, ou ao início do benefício, nos demais casos, consoante dispõe o seu art. 23. O § 3º do citado art. 23 ainda estabelece que o período básico de cálculo não pode ultrapassar o limite de 24 meses.

Em 08 de junho de 1973, a Lei Orgânica da Previdência Social passou por mudanças implementadas pela Lei nº 5.890, a partir de quando se definiram novos critérios de cálculo do salário de benefício com peculiaridades a partir das espécies de prestações previdenciárias, observadas ainda as alterações realizadas pela Lei nº 6.210/1975, a saber:

1) para auxílio-doença[2], aposentadoria por invalidez[3], pensão por morte e auxílio-reclusão: 1/12 (um doze avos) da soma dos salários de contribuição imediatamente anteriores ao mês de afastamento da atividade, até o máximo de 12, apurados em período não superior a 18 meses;
2) para as demais espécies de aposentadoria: 1/36 (um trinta e seis avos) da soma dos salários de contribuição imediatamente

2. Nomenclatura alterada para auxílio por incapacidade temporária com a Emenda Constitucional nº 103/2019.

3. Nomenclatura modificada para aposentadoria por incapacidade permanente com a Emenda Constitucional nº 103/2019.

anteriores ao mês de afastamento da atividade, até o máximo de 36, apurados em período não superior a 48 meses[4].

A Constituição Federal de 1988 inaugura uma nova roupagem para o RGPS, trazendo inúmeras disposições estruturantes, dentre elas se pode inferir, para o que importa no presente trabalho, a definição de que o salário de benefício das aposentadorias resulta da média dos últimos 36 salários de contribuição, corrigidos monetariamente.

Com o escopo de regulamentar, em âmbito infraconstitucional, as novas diretrizes definidas pela Constituição Cidadã de 1988, publicou-se a Lei nº 8.213, de 24 de julho de 1991, que dispõe sobre os Planos de Benefícios da Previdência Social, constituindo-se como a nova lei regente do RGPS no Brasil.

Na redação originária do art. 29 da Lei nº 8.213/1991 previu-se que o salário de benefício consiste na média aritmética simples de todos os últimos 36 salários de contribuição imediatamente anteriores ao afastamento da atividade ou da data de entrada do requerimento, em período não superior a 48 meses. Tal previsão ficou em vigor até a Lei nº 9.876, de 26 de novembro de 1999 (publicada e com vigência a partir de 29 de novembro de 1999), tendo esta norma estabelecido uma verdadeira mudança de paradigma no cálculo dos benefícios previdenciários no âmbito do RGPS.

Da tessitura histórica já delineada, pode-se constatar que o cálculo do salário de benefício sempre teve por base um período relativamente curto da vida contributiva do segurado, utilizando-se dos salários de contribuições vertidos em períodos nunca superiores a 48 meses.

A Lei nº 9.876/1999 inaugura um novo cenário no RGPS, com a previsão de que o salário de benefício consiste na média aritmética simples dos 80% maiores salários de contribuição. Vejamos a nova redação dada ao art. 29 da Lei nº 8.213/1991 pela Lei nº 9.876/1999:

4. Cumpre salientar que a redação originária da Lei nº 5.890/1973 originariamente estabelecia o cálculo de 1/48 (um quarenta e oito avos) da soma dos salários de contribuição em período não superior a 60 meses, com alteração para 1/36 (um trinta e seis avos) com a Lei nº 6.210/1975. A Lei nº 6.887/1980 alterou novamente o dispositivo para dispor que os salários de contribuição seriam aqueles imediatamente anteriores ao mês de entrada do requerimento do benefício e não mais o afastamento da atividade.

> Art. 29. O salário-de-benefício consiste:
>
> I – para os benefícios de que tratam as alíneas *b* e *c* do inciso I do art. 18, na média aritmética simples dos maiores salários-de-contribuição correspondentes a oitenta por cento de todo o período contributivo, multiplicada pelo fator previdenciário; (incluído pela Lei nº 9.876, de 26.11.99)
>
> II – para os benefícios de que tratam as alíneas *a*, *d*, *e* e *h* do inciso I do art. 18, na média aritmética simples dos maiores salários-de-contribuição correspondentes a oitenta por cento de todo o período contributivo. (incluído pela Lei nº 9.876, de 26.11.99)

É possível constatar que ocorreu um verdadeiro alargamento do período básico de cálculo utilizado para definição do salário de benefício, tendo o legislador optado por observar a maior parte da vida contributiva do segurado na quantificação do benefício que será auferido pelo segurado ou seu dependente no RGPS.

No entanto, como é imperativo na ambiência constitucional traçada pela Constituição Federal de 1988, ficam resguardados os direitos adquiridos, de modo que os beneficiários que tenham implementado os requisitos de acordo com as disposições originárias da Lei nº 8.213/1991 têm resguardados os seus direitos, podendo, por exemplo, ter o seu benefício calculado de acordo com a definição dos últimos 36 salários de contribuição em um período não superior a 48 meses.

Em relação aos segurados que estavam filiados ao RGPS em 28 de novembro de 1999 (dia anterior à entrada em vigor da Lei nº 9.876/1999), o art. 3º da Lei nº 9.876/1999 previu que o cálculo do salário de benefício deve ser realizado observada a média aritmética simples dos 80% maiores salários de contribuição de todo o período contributivo decorrido desde a competência julho de 1994.

A partir desta estruturação definida pela Lei nº 9.876/1999 é que surge a tese da revisão da vida toda, a qual se passa a expor.

## 2. REVISÃO DA VIDA TODA: CONCEITO E ASPECTOS CONTROVERTIDOS

Como dito acima, a Lei nº 9.876/1999 estabeleceu, a partir da nova redação do artigo 29 da Lei nº 8.213/1991, que o salário de benefício deve ser definido observada a média aritmética simples dos 80% maiores salários de contribuição de todo o período contributivo, ao passo em que firmou que os segurados filiados ao regime até o dia anterior à sua vigência têm a limitação do período básico de cálculo em julho de 1994.

Os segurados passaram a judicializar a matéria sob o argumento de que a regra permanente definida no artigo 29, incisos I e II, da Lei nº 8.213/1991 pode ser aplicada com utilização de todo o período contributivo quando mais favorável ao segurado, mesmo para aquele que estivesse filiado ao regime em 28 de novembro de 1999, de modo que não se aplicaria, se mais benéfico, o limitador do período básico de cálculo na competência julho de 1994.

Argumentam que as regras de transição foram constituídas para realizar uma travessia menos danosa entre regimes jurídicos, ressaltando que no âmbito previdenciário há uma tendência de endurecimento das regras com o passar do tempo, diante da necessidade de observância do equilíbrio financeiro e atuarial dos regimes previdenciários.

Nessa toada, os segurados defendem que não se mostra consentâneo com a ordem jurídica em vigor a imposição de aplicação da regra de transição do art. 3º da Lei nº 9.876/1999, com limitação do período básico de cálculo em julho de 1994, na hipótese em que regra permanente seja mais vantajosa com utilização de todo período contributivo.

Noutro pórtico, na qualidade de ente responsável pela operacionalização da política previdenciária no âmbito do RGPS, o INSS posicionou-se frontalmente contrário à tese dos segurados. Para tanto, defende em juízo que não se trata propriamente de opção entre regra de transição e regra permanente, mas sim de normas com espectro de incidência distintos e definidos.

Uma coisa é a regra do art. 29 da Lei nº 8.213/1991, cujo público-alvo são os segurados que se filiaram ao regime após a Lei nº 9.876/1999, de modo que a menção a "todo período contributivo" não inclui, por óbvio, período anterior a julho de 1994, sendo, portanto, desnecessário fixar o limitador expressamente na redação do referido dispositivo. Outra coisa é a regra do art. 3º da Lei nº 9.876/1999, que foca nos segurados filiados ao regime até o dia anterior à publicação desta lei, os quais podem ter períodos contributivos anteriores a julho de 1994, daí a necessidade de estabelecer tal marco.

Com efeito, entende-se que a limitação em julho de 1994 tem sua razão de ser diante do cenário de estabilidade monetária instaurado com a implantação do Plano Real, o que facilita na identificação dos salários de contribuição que devem ser computados, inclusive quando se mostra necessária a identificação e atualização destes salários. Não se pode perder de vista a zona tormentosa que envolve os índices de correção monetária, sobretudo na hipótese de necessária identificação dos índices aplicáveis nas décadas de 1960, 1970, 1980 e início de 1990.

Vale salientar que não se sustenta a argumentação dos segurados de que ocorreu retrocesso com as alterações legislativas implementadas pela Lei nº 9.876/1999. A uma, pelo fato de que não se pode partir de uma ideia de engessamento das normas previdenciárias, as quais, como dito alhures, precisam estar em contínua análise e evolução a fim de garantir a manutenção do equilíbrio financeiro e atuarial do regime, sem olvidar da sua conformidade com as mudanças sociais vivenciadas (acréscimo da expectativa de vida, mudança do cenário do mundo do trabalho etc.). A duas, pela clara constatação de que ocorreu uma evolução na legislação com o alargamento do período básico de cálculo, com melhor observância da vida contributiva do segurado.

Outro elemento que precisa ser evidenciado é o fato de que um segurado que implementou os requisitos em agosto de 1998 e formulou seu requerimento de aposentadoria, por exemplo, já não mais considerava, observada a legislação anterior à alteração da Lei nº 9.876/1999, os salários de contribuição anteriores a julho de 1994, visto que ficava limitado ao período não superior a 48 meses.

Importante destacar que não se pode conceber a manutenção da higidez de um regime previdenciário quando o segurado possa ter a opção de escolher qual a sistemática de cálculo que deseja ver aplicada ao seu benefício em descompasso com as diretrizes legais. Isto contraria toda a lógica do princípio da contrapartida e do equilíbrio financeiro e atuarial, que são as pilastras de sustentação do RGPS no país, inclusive possuindo expressa previsão constitucional.

Ademais, a Administração Pública está atrelada ao princípio da legalidade, sendo este o princípio basilar do regime jurídico-administrativo (MELLO, 2007), cabendo-lhe seguir os contornos jurídicos definidos na legislação previdenciária.

Não se estar a afastar a proteção reconhecida pelo Supremo Tribunal Federal no julgamento do Recurso Extraordinário nº 630.501/RS (julgado em 21/02/2013 sob a sistemática de repercussão geral) no sentido de reconhecer o direito de obtenção do benefício mais vantajoso. A própria Administração Pública reconhece esta proteção, consoante se observa do art. 176-E do Decreto nº 3.048/1999 (Regulamento da Previdência Social).

Contudo, resguarda-se a opção pelo benefício mais vantajoso quando o segurado ou o seu dependente tiver preenchido os requisitos legais estabelecidos para obtenção do benefício em condição mais vantajosa ou até mesmo benefício diverso. Na situação da revisão da vida toda, busca-se avaliar uma situação de vantajosidade com conferência de dois regimes jurídicos, sendo que um deles é claramente inaplicável ao pretendente.

Poderia o legislador, inclusive, ter estabelecido uma redação unificada em relação ao artigo 29 da Lei nº 8.213/1991, com indicação do limitador do período básico de cálculo em julho de 1994 ou desde o início da contribuição quando esta for posterior àquela competência.

A propósito, esta foi a diretriz utilizada pelo legislador no âmbito do Regime Próprio dos Servidores da União, conforme se observa do art. 1º da Lei nº 10.8887/2004[5], o qual jamais alcançou o nível de controvérsia ou questionamento ora vivenciado no RGPS.

Dentro deste contexto, a matéria passou a inundar o Poder Judiciário, com milhares de ações discutindo a possibilidade ou não de opção pelo segurado da sistemática de cálculo com ou sem o limitador em julho de 1994.

5. Art. 1º No cálculo dos proventos de aposentadoria dos servidores titulares de cargo efetivo de qualquer dos Poderes da União, dos Estados, do Distrito Federal e dos Municípios, incluídas suas autarquias e fundações, previsto no § 3º do art. 40 da Constituição Federa l e no art. 2º da Emenda Constitucional nº 41, de 19 de dezembro de 2003, será considerada a média aritmética simples das maiores remunerações, utilizadas como base para as contribuições do servidor aos regimes de previdência a que esteve vinculado, correspondentes a 80% (oitenta por cento) de todo o período contributivo desde a competência julho de 1994 ou desde a do início da contribuição, se posterior àquela competência.

## 3. POSIÇÃO JURISPRUDENCIAL

Inicialmente, o Superior Tribunal de Justiça afastou esta pretensão dos segurados, sob o argumento de que não compete ao Poder Judiciário definir a política pública previdenciária, mas sim privilegiar a opção escolhida pelo Poder Legislativo, independentemente de, em algumas situações concretas, ficar constatado alguma espécie de prejuízo.

Nesta linha de entendimento, existem vários julgados, a exemplo dos seguintes: AgInt no REsp nº 1.679.728/PR, Rel. Ministro Francisco Falcão, Segunda Turma, julgado em 20/03/2018; e, EDcl no AgRg no AREsp nº 609.297/SC, Rel. Ministro Mauro Campbell Marques, Segunda Turma, julgado em 22/09/2015.

Diante da quantidade de processos existentes sobre o tema e como forma de garantir uma uniformidade de tratamento por parte do Poder Judiciário, o Superior Tribunal de Justiça decidiu, em 05 de novembro de 2018, afetar a temática para julgamento sob o rito dos recursos repetitivos (Tema nº 999).

Em 17 de dezembro de 2019, no julgamento dos Recursos Especiais nº 1.554.596/SC e 1.596.203/PR, o Superior Tribunal de Justiça fixou a tese de que deve ser aplicada a regra permanente do artigo 29, I e II, da Lei nº 8.213/1991 na apuração do salário de benefício em detrimento do art. 3º da Lei nº 9.876/1999, quando propiciar uma renda mais favorável aos segurados que ingressaram no RGPS até o dia anterior à publicação da Lei nº 9.876/1999.

Em seu voto, que foi acompanhado pelos demais integrantes da Primeira Seção do Superior Tribunal de Justiça, o relator Ministro Napoleão Nunes Maia Filho suscitou, de maneira resumida, os seguintes elementos para acolher a tese dos segurados: 1) diante do caráter protetivo que reveste a norma de transição, deve-se garantir ao segurado a opção pela norma permanente se mais vantajosa; 2) o descarte das contribuições anteriores a julho de 1994 viola o princípio da contrapartida; 3) deve haver correlação entre o custeio e o benefício, com base no princípio contributivo; 4) a concessão de benefício previdenciário rege-se pela regra de prevalência da condição mais vantajosa; e, 5) a garantia do princípio da isonomia.

Como já apontado acima e com a devida vênia ao entendimento acolhido pelo Superior Tribunal de Justiça, entende-se não ser esta a posição mais consentânea com a ordem jurídica em vigor, inclusive sob o prisma constitucional.

Os regramentos em referência possuem espectros de incidência definidos e bem delineados: 1) para os segurados que se filiaram após a publicação da Lei nº 9.876/1999, o benefício é calculado contabilizando os 80% maiores salários de contribuição de todo o período contributivo; e, 2) para os segurados que estavam filiados até a data de publicação da referida lei, o benefício é calculado contabilizando os 80% maiores salários de contribuição de todo o período contributivo desde a competência de julho de 1994.

Ora, clara a opção do legislador em definir a limitação a julho de 1994 para os segurados que estivessem filiados até a data de publicação da Lei nº 9.876/1999 e, em nenhum momento, permitir o cômputo de salários de contribuição anterior ao marco acima definido. Nem mesmo os segurados que tiveram ou terão seus benefícios calculados na forma do artigo 29, incisos I e II, da Lei nº 9.876/1999 terão computados períodos anteriores a julho de 1994, já que se filiaram posteriormente ao RGPS.

Destarte, existe uma (única) regra que é aplicável a todos os segurados: para o cálculo do salário de benefício somente serão computados os salários-de-contribuição a partir de julho de 1994. Sob essa perspectiva, a regra é universal!

De fato, a "suposta regra permanente", que contabiliza os 80% maiores salários de contribuição contabilizados durante todo o período contributivo, também não considera salários-de-contribuição anteriores a julho de 1994.

Desta forma, não cabe ao Poder Judiciário atuar como legislador positivo para afastar a norma insculpida da forma pretendida pelo legislador, sob pena de ofensa ao artigo 2º da Constituição Federal, que estatui a "separação dos poderes".

A propósito, merece colação excerto do voto do Ministro Luis Roberto Barroso proferido no julgamento de diversas Ações Diretas de Inconstitucionalidade que discutem a constitucionalidade da reforma previdenciária implementada em 2019, a exemplo da ADI nº 6.254 e 6.256, ao discorrer sobre a necessidade de autocontenção do Poder Judiciário:

> Conforme já assinalei em estudo doutrinário, nesse âmbito, não sendo evidente a inconstitucionalidade da emenda, deve o órgão competente abster-se de declará-la. Além disso, havendo alguma interpretação possível que permita afirmar a compatibilidade da norma com a Constituição, em meio a outras que carreavam para ela um juízo de invalidade, deve o intérprete optar pela interpretação legitimadora, mantendo o preceito em vigor.
>
> (...)
>
> Como se sabe, cabe aos três Poderes interpretar a Constituição e pautar sua atuação com base nela. Em caso de divergência, a palavra final é do Judiciário. Essa primazia não significa, porém, que toda e qualquer matéria deva ser decidida em um tribunal. Por isso, considero que devem ser levados em conta, no julgamento destas ações, os limites à ingerência judicial impostos pela capacidade institucional do Poder Judiciário e pelos efeitos sistêmicos de suas decisões, especificamente, no presente caso, das tomadas no âmbito da Previdência Social. Capacidade institucional envolve a determinação de qual Poder está mais habilitado a produzir a melhor decisão em determinada matéria. Temas envolvendo aspectos técnicos ou científicos de grande complexidade podem não ter no juiz de direito o árbitro mais qualificado, por falta de informação ou de conhecimento específico. Também o risco de efeitos sistêmicos imprevisíveis e indesejáveis podem recomendar uma posição de cautela e de deferência por parte do Judiciário.

Indo além, induvidosa a enodoa ao artigo 201 da Carta da República, que impõe a observância ao equilíbrio financeiro e atuarial no RGPS. A partir do momento em que o legislador opta pela reestruturação do sistema previdenciário e estabelece um limite temporal para fins de cálculo dos benefícios, simplesmente afastá-lo para garantir um benefício mais vantajoso implica, sem sombra de dúvidas, em atentar contra as pilastras de sustentação do equilíbrio financeiro e atuarial do RGPS.

Toda e qualquer norma previdenciária e suas correspondentes alterações exigem estudo minucioso, diante do nível de repercussão atinente ao grandioso público-alvo a que se destina. Se o legislador optou por limitar a julho de 1994, aspectos atuariais foram levantados e agora afastá-lo acarretará recálculos de benefícios com potenciais nefastos ao RGPS.

Quanto à invocação ao princípio da isonomia (art. 5º da CF/1988), vislumbra-se inadequada a aplicação da norma constitucional no caso sob exame.

Diferentemente do apontado pelo Superior Tribunal de Justiça, não se busca garantir tratamento privilegiado aos segurados que se filiaram ao RGPS após a publicação da Lei nº 9.876/1999 em detrimento daqueles que já estavam filiados anteriormente. Todos eles, filiados antes ou depois da publicação da citada lei, não podem, em hipótese alguma, computar salários de contribuição anteriores a julho de 1994. Uns, por somente se filiarem após 1999; outros por expresso imperativo legal, resguardando-se, por óbvio, os casos de proteção ao direito adquirido ao regime anterior à alteração legal mencionada.

Não cabe, assim, ao Poder Judiciário afastar expresso dispositivo legal para garantir eventualmente acréscimo em benefícios previdenciários, aplicando-se aqui a mesma *ratio* da Súmula Vinculante nº 37 ("Não cabe ao Poder Judiciário, que não tem função legislativa, aumentar vencimento de servidores públicos sob o fundamento de isonomia").

Vale a pena registrar que o Supremo Tribunal, no julgamento do Recurso Extraordinário nº 415.454/SC (cotas de pensão) afastou o argumento de violação ao princípio da isonomia (CF, art. 5º, *caput*), sob o fundamento de que a exigência constitucional de prévia estipulação da fonte de custeio total consistia (e consiste) em exigência operacional do sistema previdenciário que, dada a realidade atuarial disponível, não poderia (nem pode) ser simplesmente ignorada.

Destarte, não se discute que a previdência se constitui como direito fundamental social, no entanto tal natureza requer a sua interpretação com as demais normas constitucionais que regem o RGPS no Brasil, a exemplo dos princípios contributivo, da prévia fonte de custeio e do equilíbrio financeiro e atuarial.

A partir do momento que o legislador optou por conformar a forma de garantia de determinado benefício, resguarda-se o direito social à previdência social, observadas as regras específicas atinentes à estruturação do sistema previdenciário. No caso em exame, entendeu pertinente o legislador limitar o período básico de cálculo aos salários de contribuições a partir de julho de 1994.

Outro ponto que merece realce é o fato de que o sistema previdenciário brasileiro possui cariz solidário e contributivo (art. 201, *caput*, da CF/1988), de modo que não há correlação estrita entre o dever de contribuição e o usufruto de benefício de acordo com as referidas contribuições, consoante remansosa jurisprudência do Supremo Tribunal Federal:

> AGRAVO REGIMENTAL EM RECURSO EXTRAORDINÁRIO. CONTRIBUIÇÃO SOCIAL DO APOSENTADO QUE RETORNA À ATIVIDADE. POSSIBILIDADE. PRINCÍPIO DA SOLIDARIEDADE. PRECEDENTES. O Supremo Tribunal Federal consolidou o entendimento de que é constitucional a cobrança de contribuição previdenciária sobre o salário do aposentado que retorna à atividade. *O princípio da solidariedade faz com que a referibilidade das contribuições sociais alcance a maior amplitude possível, de modo que não há uma correlação necessária e indispensável entre o dever de contribuir e a possibilidade de auferir proveito das contribuições vertidas em favor da seguridade.* Agravo regimental a que se nega provimento. (RE 430418 AgR/RS, Primeira Turma, Rel. Min. Roberto Barroso, DJe 084, 06/05/2014) (grifo nosso)

Diante do sistema de repartição vigente no RGPS e não o sistema de capitalização, não há a imposição de que o benefício previdenciário retrate em seu cálculo fiel e estritamente os integrais períodos contributivos do segurado, sendo uma opção do legislador definir os contornos da política pública. A esse respeito, veja a posição defendida por este autor, em obra escrita em coautoria com André Studart Leitão e Augusto Grieco (2022, p. 63):

> Já o sistema de repartição simples, típico da Previdência Social (art. 201 da CF/88), parte da ideia de que as contribuições são direcionadas para um fundo único destinado ao pagamento das prestações já concedidas. Por óbvio, o sistema de repartição simples possibilita a melhor redistribuição de renda e uma proteção social mais eficiente, viabilizando, inclusive, o amparo daqueles que, por algum infortúnio, não contribuíram o suficiente para sozinhos, garantir o benefício.

Na mesma linha, Ivan Kertzman (2011, p. 48) destaca que a solidariedade, princípio regente do RGPS, possui uma ótica vertical e horizontal, em que a primeira consiste no papel desempenhado pela geração atual em trabalhar para pagar os benefícios da geração anterior, enquanto a segunda resulta do papel de redistribuição de renda na sociedade. Dessa conclusão se pode inferir que inexiste a estrita e integral correlação entre os salários de contribuição e a quantificação do salário de benefício.

Quanto ao princípio da contrapartida, não se pode perder de vista que a referida norma constitucional tem por escopo garantir que nenhum benefício ou serviço da seguridade social possa ser criado sem a prévia análise de custos, de modo que, na notória impossibilidade do Estado de arcar com todas as necessidades da sociedade, deve-se atentar para a necessidade de avaliar os custos de implementação de determinada política, *in casu* de seguridade social, conformando-a de acordo com as limitações de recursos públicos.

Ao aduzir no artigo 195, § 4º, que "nenhum benefício ou serviço da seguridade social poderá ser criado, majorado ou estendido sem a correspondente fonte de custeio total", a Constituição Federal busca barrar a elevação de despesas da seguridade social sem a prévia previsão orçamentária.

Urge trazer à baila os ensinamentos de Frederico Amado (2021, p. 32) acerca da importância do princípio da contrapartida no regime previdenciário brasileiro:

> De fato, o que essa norma busca é uma gestão responsável da seguridade social, pois a criação de prestações no âmbito da previdência, da assistência ou da saúde pressupõe a prévia existência de recursos públicos, sob pena de ser colocado em perigo todo o sistema com medidas irresponsáveis.
>
> (...)
>
> Enfim, é preciso que os Poderes da República levem mais a sério a regra de contrapartida, pois o equilíbrio das contas da seguridade social é que manterá sua proteção.

Desta forma, a exclusão da limitação do período básico de cálculo ao Plano Real (1994) somente para os segurados que possuam os maiores salários de contribuição em período anterior ocasionará a elevação não programada das despesas da previdência social, pois apenas serão revisados os salários de benefício que forem elevados com a tese, impactando profundamente o já combalido orçamento anual da seguridade social.

No que concerne à proteção do direito ao benefício mais vantajoso ou às regras mais vantajosas de cálculo do benefício, repisa-se o que já descrito em linhas pretéritas no sentido de que somente se pode invocar esta proteção quando preenchidos os requisitos legais para todas as situações jurídicas consolidadas, sem que com isso se possa simplesmente afastar os critérios legalmente estabelecidos.

Diante do julgamento do Superior Tribunal de Justiça em sede de recurso repetitivo, a matéria foi levada à apreciação do Supremo Tribunal Federal, por intermédio do Recurso Extraordinário nº 1.276.977/DF, que tramita sob o rito de repercussão geral (Tema nº 1.102).

Iniciado o julgamento, formou-se maioria (6x5) na linha proposta pelo então Relator Ministro Marco Aurélio Mello, definindo a seguinte tese:

> Na apuração do salário de benefício dos segurados que ingressaram no Regime Geral da Previdência Social até o dia anterior à publicação da Lei nº 9.876/1999 e implementaram os requisitos para aposentadoria na vigência do diploma, aplica-se a regra definitiva prevista no artigo 29, incisos I e II, da Lei nº 8.213/1991, quando mais favorável que a norma de transição.

Acontece que, antes da conclusão do julgamento, o Ministro Nunes Marques realizou pedido de destaque, a fim de ver a matéria apreciada em julgamento presencial do Pleno do Supremo Tribunal Federal. Nesse cenário, a matéria passou para a relatoria do Ministro André Mendonça, que ocupou a vaga decorrente da aposentadoria do Ministro Marco Aurélio.

De qualquer modo, a título de informação, vale salientar que o Pleno do STF decidiu, em 06 de junho de 2022, que os votos de ministros aposentados proferidos em julgamento na sistemática de plenário virtual continuam válidos, ainda que haja destaque para apreciação pelo plenário presencial[6]. Esta diretriz foi definida em Questão de Ordem na Ação Direta de Inconstitucionalidade nº 5.399.

Em sessão realizada em 01 de dezembro de 2022, o Pleno do STF decidiu, por maioria (6x5)[7], pelo reconhecimento da pretensão dos segurados no sentido de validar a possibilidade de implementação da revisão da vida toda, fixando a seguinte tese:

---

6. https://portal.stf.jus.br/noticias/verNoticiaDetalhe.asp?idConteudo=488651&ori=1.

7. Quando da conclusão deste artigo, ainda não tinha sido publicado a íntegra do acórdão decorrente do julgamento do RE nº 1.276.977 pelo Supremo Tribunal Federal.

> O segurado que implementou as condições para o benefício previdenciário após a vigência da Lei 9.879, de 26/11/1999, e antes da vigência das novas regras constitucionais introduzidas pela EC nº 103/2019, tem o direito de optar pela regra definitiva, acaso esta lhe seja mais favorável.

Com efeito, a corrente vencedora repisou os argumentos no sentido de garantir que o segurado opte entre a aplicação da regra de transição ou da regra definitiva de acordo com o cenário mais favorável na majoração da renda, além de destacar a garantia do princípio da isonomia, argumentos estes em relação aos quais, com a devida vênia, não se concorda.

Vale inferir, por oportuno, que o STF expressamente consignou a impossibilidade de implementação da revisão em relação aos direitos que se perfectibilizaram no cenário jurídico de vigência da Emenda Constitucional nº 103/2019, ressalvadas, por óbvio, aqueles casos de direitos adquiridos em relação aos requisitos estabelecidos pela Lei nº 9.876/1999.

## 4. A EMENDA CONSTITUCIONAL Nº 103/2019

As evoluções da sociedade, como o aumento da expectativa de vida, as alterações das relações sociais e do formato das estruturas familiares e as mudanças na forma de atuação do Estado em suas relações com seus cidadãos exigem o acompanhamento por parte do legislador, sobretudo a fim de adaptar as normas de acordo com estes novos cenários que se desenham.

Estas constantes mudanças político-sociais assumem papel relevante na definição das políticas públicas, porquanto é induvidoso que os recursos públicos são finitos e as exigências da sociedade para atuação do Estado são cada vez mais amplas e dispendiosas. Logo, definir as prioridades e o nível de intervenção do Estado passa pela conjugação dos interesses dos atores estatais, sobretudo os Poderes Executivo e Legislativo, no sentido de compreender as demandas sociais e traçar os caminhos a serem perseguidos.

No âmbito previdenciário isto assume um protagonismo ainda maior, na medida em que eventual evolução dos gastos pode implodir a estrutura estatal de amparo aos cidadãos nas suas mais diversas vertentes, ao passo em que se deve resguardar a proteção previdenciária diante do seu viés de direito fundamental amplamente protegido pela Constituição Federal de 1988.

Dentro deste contexto é que se inserem as diversas reformas previdenciárias implementadas no decorrer das décadas de 1990 e 2000, a exemplo das Emendas Constitucionais nº 20/98 e 41/2003.

Deve-se ter em mente que este processo reformador é contínuo, sempre tendo como norte a necessidade de manutenção do equilíbrio financeiro e atuarial do RGPS. Nesse contexto, merece colação o ensinamento de Wladimir Novaes Martinez (2017, p. 505) sobre a importância do equilíbrio financeiro e atuarial:

> Evidentemente, é mandamento postado à base do sistema de cobertura, entendido como ferramenta indispensável à consecução do seu objetivo maior: o cumprimento regular, material e formal, do ônus protetivo.
>
> O motivo desse primado ter sido guindado à altura constitucional é sua absoluta imperiosidade no contexto do ordenamento técnico. Sem seu perfilhamento dificilmente o administrador público ou o particular lograrão a intenção inicial proposta, vale dizer a segurança da ordem previdenciária.

Eis que em 13 de novembro de 2019 foi promulgada a Emenda Constitucional nº 103, que trouxe profundas alterações nos regimes previdenciários no Brasil, tanto no RGPS quanto nos regimes próprios. Dentre estas mudanças, a mais importante para fins de análise em relação à revisão da vida toda é a sistemática de cálculo dos benefícios estabelecida no *caput* do art. 26 da Emenda Constitucional nº 103/2019, senão vejamos:

> Art. 26. Até que lei discipline o cálculo dos benefícios do regime próprio de previdência social da União e do Regime Geral de Previdência Social, será utilizada a média aritmética simples dos salários de contribuição e das remunerações adotados como base para contribuições a regime próprio de previdência social e ao Regime Geral de Previdência Social, ou como base para contribuições decorrentes das atividades militares de que tratam os art. 42 e 142 da Constituição Federal, atualizados monetariamente, correspondentes a 100% (cem por cento) do período contributivo desde a competência julho de 1994 ou desde o início da contribuição, se posterior àquela competência.

Mostra-se clarividente que o legislador constituinte reformador alçou, de modo expresso, ao patamar constitucional a limitação do período básico de cálculo para fins de quantificação do salário de benefício na competência de julho de 1994.

Ademais, estabeleceu que o salário de benefício vai observar 100% de todo o período contributivo, afastando-se do regramento anterior que permitia o descarte de 20% dos salários de contribuição[8]. Com isso, a EC nº 103/2019 inaugura um novo cenário jurídico no qual a renda do benefício calculada a partir do salário de benefício espelha, com maior fidedignidade, a vida contributiva do segurado.

Nessa contextura, resta ainda mais clarividente a incompatibilidade entre a pretensão dos segurados para afastamento do limitador de julho de 1994, com aceitação da revisão da vida toda, por caracterizar evidente afronta ao texto constitucional.

A propósito, quando da apresentação do seu voto vogal no julgamento do Tema Repetitivo nº 999 pelo Superior Tribunal de Justiça, a Ministra Assusete Magalhães destacou que:

> Cumpre observar, por fim, que pelas novas regras, estabelecidas na Reforma da Previdência, instituída pela Emenda Constitucional 103, promulgada em 12/11/2019, o marco temporal, fixado em julho de 1994 – hoje regra transitória, na forma do art. 3º da Lei 9.876/99 –, passou a ser a regra permanente, nos termos do art. 26, caput, da referida Emenda (Art. 26. Até que lei discipline o cálculo dos benefícios do regime próprio de previdência social da União e do Regime Geral de Previdência Social, será utilizada a média aritmética simples dos salários de contribuição e das remunerações adotados como base para contribuições a regime próprio de previdência social e ao Regime Geral de Previdência Social, ou como base para contribuições decorrentes das atividades militares de que tratam os arts. 42 e 142 da Constituição Federal, atualizados monetariamente, correspondentes a 100% (cem por cento) do período contributivo desde a competência julho de 1994 ou desde o início da contribuição, se posterior àquela competência).
>
> Nesse contexto, *somente poderão se beneficiar da tese ora proposta aqueles segurados que implementaram as condições para o benefício previdenciário após a vigência da Lei 9.876, de 26/11/99, e antes da vigência das novas*

8. Não se desconhece a regra estabelecida pelo § 6º do art. 26 da Emenda Constitucional nº 103/2019, que prevê a possibilidade de, no cálculo da média, descartar as contribuições que resultem em redução do valor do benefício, desde que mantido o tempo mínimo de contribuição exigido na legislação, sendo ainda vedada a utilização do tempo excluído para qualquer finalidade previdenciária.

*regras constitucionais, introduzidas pela Emenda Constitucional 103, de 12/11/2019.* (grifo nosso).

No entanto, entendo que a Emenda Constitucional nº 103/2019 nada mais fez do que alçar ao patamar constitucional o regramento já definido pela Lei nº 9.876/1999, não sendo crível pensar que a disposição em topografia legal distinta seja capaz de definir a natureza da norma em permanente ou de transição. Independente de constar no mesmo dispositivo ou em dispositivos distintos, o importante é destacar a essência da norma, qual seja: garantir que nenhum segurado tenha computado salários de contribuições anteriores a competência de julho de 1994 para fins de salário de benefício, salvo situações de direito adquirido de acordo com as normas anteriores à Lei nº 9.876/1999.

A disposição do art. 26 da Emenda Constitucional nº 103/2019 reafirma a intenção do legislador no sentido de que a política pública previdenciária não almejava, como não almeja, a permissibilidade de opção entre um cálculo com todo período contributivo (inclusive período anterior a julho de 1994) ou com a incidência deste limitador.

Como mencionado acima, a própria Lei nº 10.887/2004 trouxe a mesma limitação definida pela Lei nº 9.876/1999 no âmbito do Regime Próprio dos Servidores Públicos, ainda que com junção em um mesmo dispositivo, assim como o fez a Emenda Constitucional nº 103/2019.

Por outro lado, admitir a pretensão dos segurados em implementar a revisão da vida toda viola frontalmente o artigo 195, § 5º, da Carta Magna, que impede que benefício ou serviço da seguridade social seja criado, majorado ou estendido sem a correspondente fonte de custeio total. No momento em que se admite que o segurado afaste limitador definido pelo legislador e tão-somente quando for mais benefício, estar-se diante de majoração do benefício em desobediência ao princípio da contrapartida.

E não é só isso. Admitir que as diretrizes das políticas públicas definidas expressamente pelo legislador sejam objeto de escolhas pelo segurado e apenas quando lhe forem favoráveis certamente vão de encontro ao equilíbrio financeiro e atuarial, cuja preservação está expressamente estatuída no art. 201, *caput*, da Carta da República.

Não custa lembrar que estas duas bases de sustentação do RGPS (contrapartida e equilíbrio financeiro e atuarial) foram as forças motrizes para impulsionar a reforma previdenciária implementada pela Emenda Constitucional nº 103/2019, a qual trouxe normas mais rígidas, conforme os seguintes exemplos: a) novo coeficiente de pensão por morte; b) regras de redutor nos casos de acumulação de benefícios; c) extinção de aposentadoria pura por tempo de contribuição, com exigência de preenchimento simultâneo dos requisitos de idade e tempo de contribuição; d) instituição de idades mínimas na aposentadoria especial; e, e) nova sistemática de cálculo dos benefícios de aposentadoria, com coeficiente partindo, como regra, do patamar de 60% e não mais 100%.

Impende inferir ainda que não cabe ao Poder Judiciário imiscuir-se na definição das políticas públicas, em homenagem ao princípio da separação dos poderes, sendo este um papel que compete ao Poder Legislativo e a execução da política é de responsabilidade do Poder Executivo.

É de bom tom inferir que não se vislumbra qualquer violação ao art. 60, § 4º, da Constituição Federal nos contornos jurídicos definidos pela Emenda Constitucional nº 103/2019, de modo que é imperiosa a observância da limitação em julho de 1994 definida pelo artigo 26 da citada Emenda, não existindo fundamento jurídico algum para seu afastamento, quiçá para reconhecimento de sua inconstitucionalidade.

Por fim, vale destacar que a distinção topográfica entre o regramento estabelecido pela Lei nº 9.876/1999 e aquele instituído pelo art. 26 da Emenda Constitucional nº 103/2019 não pode ser, com o devido respeito, fator determinante para caracterização de uma norma como transitória ou definitiva, mas sim a sua essência normativa. A meu sentir, com máximo respeito aos entendimentos em sentido contrário, o que importa na definição da natureza da norma é a sua essência e não necessariamente a sua localização topográfica.

## 5. CONCLUSÃO

A aplicação das normas jurídicas por parte do Poder Judiciário, assim como para qualquer outro protagonista do contexto jurídico, não deve partir da simples utilização do método interpretativo literal, cabendo sim ao intérprete, em especial aos magistrados, realizar o amoldamento da situação fática ao plano normativo, inclusive por aplicação de princípios que possuem assento no âmbito constitucional.

No entanto, da ambiência constitucional estabelecida no Brasil não se mostra possível ao Poder Judiciário simplesmente subverter a diretriz de determinada política pública ou afastar a opção legislativa por eventual discordância com a definição política estabelecida, sob pena de violação de diversas normas constitucionais. No caso específico da política previdenciária, exsurge como pontos fundamentais de violação a separação dos poderes (art. 2º da CF/1988), o princípio da contrapartida (art. 195, § 5º, da CF/1988) e a necessidade de preservação do equilíbrio financeiro e atuarial (art. 201, *caput*, da CF/1988).

Nesse contexto, a pretensão dos segurados de ver afastada a limitação em julho de 1994 como marco temporal inicial para consideração dos salários de contribuição para fins de definição do salário de benefício no âmbito do Regime Geral de Previdência Social apenas quando lhe for mais vantajoso contraria toda a estruturação do regime previdenciário brasileiro definida pelo legislador, com evidente violação aos princípios da legalidade, da separação dos poderes e da contrapartida, com claro vilipêndio à norma que impõe a necessidade de preservação do equilíbrio financeiro e atuarial do RGPS.

Com a promulgação da Emenda Constitucional nº 103/2019, tal pretensão encontra impeditivo de maior relevo, na medida em que foi alçada ao patamar constitucional a mesma vedação anteriormente estipulada no plano legal, consoante se observa do art. 26 da retromencionada Emenda.

A disposição trazida pela Emenda Constitucional nº 103/2019 reforça a ideia de que a disposição do art. 3º da Lei nº 9.876/1999, que limitou a utilização dos salários de contribuição à competência de julho de 1994, não se constitui em mera regra de transição cuja opção de incidência fica a critério do segurado. Ao revés, deixa nítido que o legislador, dentro da competência constitucionalmente estabelecida, apontou claramente para a necessidade da citada limitação como elemento imprescindível à fiel manutenção da higidez do RGPS.

Anuir com o afastamento da regra acima apontada constitui, com a devida venia, em menoscabo pelo exercício das competências pelos Poderes legitimamente responsáveis pela definição das políticas públicas, em especial a previdenciária, bem como institui concreto prejuízo à toda sociedade, que, ao fim e ao cabo, custeia o regime previdenciário e sofre os efeitos dos endurecimentos de regras definidos nas periódicas reformas previdenciárias.

Mesmo tendo o STF reconhecido no julgamento do Tema de Repercussão Geral nº 1.102 a possibilidade de afastamento do limitador em julho de 1994 para fins de contabilização de todo período contributivo do segurado no cálculo do benefício previdenciário, quando mais favorável, restou expressamente afastada a possibilidade de revisão nos casos em que os direitos encontram esteio no art. 26 da Emenda Constitucional nº 103/2019.

Não custa lembrar, por fim, que o Poder Constituinte Derivado tem reiteradamente demonstrado preocupação com o ativismo judicial e eventual desprezo pelo princípio da separação dos poderes. Nesse cenário, buscando dar densidade normativa às suas escolhas nas políticas públicas, o legislador constituinte alçou, no âmbito previdenciário, ao patamar constitucional com a Emenda nº 103/2019 a vedação de enquadramento por categoria profissional em reconhecimento de tempo especial, a impossibilidade de o menor sob guarda figurar como dependente e a limitação do período básico de cálculo em julho de 1994.

## REFERÊNCIAS

AMADO, Frederico. *Curso de direito e processo previdenciário*. 14. ed. Salvador: Juspodivm, 2021.

KERTZMAN, Ivan. *Curso prático de direito previdenciário*. 9. ed. Salvador: Juspodivm, 2011.

LEITÃO, André Studart; MEIRINHO, Augusto Grieco Sant'Ana; LIMA, Alexandre César Diniz Morais. *Direito previdenciário*. 6. ed. São Paulo: SaraivaJur, 2022.

MARTINEZ, Wladimir Novaes. *Curso de direito previdenciário*. 7. ed. São Paulo: LTr, 2017.

MELLO, Celso Antônio Bandeira de. *Curso de direito administrativo*. 22. ed. São Paulo: Malheiros, 2007.

# 3

# AS CARTAS DE DIGNUS E EFÍCIS: REFORMA PREVIDENCIÁRIA, DIGNIDADE E EFICIÊNCIA

*Andre Studart Leitão*[1]

*Zélia Luiza Pierdoná*[2]

**SUMÁRIO:** Introdução – 1. A carta de Dignus ao povo, publicada no "diário de justizia" um dia depois da promulgação reforma – 2. A carta de Efícis ao povo, publicada no "diário de justizia" dois dias depois da

1. Doutor e Mestre em Direito (PUC-SP). Pós-doutor em Direito (Universidade Presbiteriana Mackenzie, Universidade de Fortaleza e Mediterranea International Centre for Human Rights Research). Professor no Programa de Pós-Graduação em Direito da Unichristus. Professor no curso de graduação em Direito da FBUni. Procurador Federal. E-mail: andrestudart@gmail.com. ORCID: https://orcid.org/0000-0001-9681-943X.

2. Doutora em Direito do Estado pela PUC/SP. Mestre em Direito das Relações Sociais, também pela PUC/SP. Realizou estágio de pós-doutorado na Universidade Complutense de Madri. Professora da Faculdade de Direito da Universidade Presbiteriana Mackenzie, vinculada à Graduação e ao Programa de Pós-graduação em Direito Político e Econômico. Procuradora Regional da República. E-mail: zelia.pierdona@hotmail.com. ORCID: https://orcid.org/0000-0002-3162-1614.

promulgação da reforma – 3. A carta de Conclucio ao povo, publicada no "diário de justizia" três dias depois da promulgação da reforma – 4. Referências.

## INTRODUÇÃO

Um dos pressupostos da ciência econômica é a racionalidade. A ideia é que as pessoas agem de maneira racional em todas as situações. Mas a experiência demonstra que isso não é verdade. Não raras vezes, seja pela incidência de heurísticas e vieses nos processos de tomada de decisão, seja por impulsos causados predominantemente por gatilhos emocionais (raiva, amor etc.), as pessoas trilham soluções disparatadas, que não fariam sentido aos olhos de um economista.

Se considerarmos ainda a coexistência de níveis de utilidade e de responsabilidade em variados âmbitos, o grau de imprevisibilidade das decisões humanas expande substancialmente. Uma pessoa diagnosticada com uma doença terminal entraria na justiça para receber um medicamento de altíssimo custo que prolongasse sua vida em algumas semanas? Evidentemente, não estou afirmando que esse tipo de ação seja uma medida desprovida de racionalidade. Só que, mui amiúde, os desígnios individualistas não convergem com a maximização do bem comum. Se milhares de desventurados tivessem a mesma patologia, haveria recursos para custear tantos tratamentos? O somatório de todos os interesses individuais não resulta no interesse coletivo. O que é melhor para uma pessoa não necessariamente é melhor para um grupo de pessoas.

Agora, imagine-se na qualidade de cidadão de um pequeno país hipotético chamado Justizia. Lá em Justizia, o governo discutiu a reconstrução de todas as calçadas e prédios públicos para garantir acessibilidade às pessoas com deficiência (cadeirantes). Em virtude do elevado custo das obras, o governo instaurou uma consulta direta à população: "o governo deve reestruturar as calçadas e prédios públicos em benefício das pessoas com deficiência?". Milhões de pessoas defenderam a responsabilidade do governo de financiar os ajustes estruturais sob o argumento de que todas as pessoas deveriam ter o direito de se locomover. Ao final, a proposta foi aprovada por unanimidade, e os acessos foram implementados.

Noutro cenário, considere-se agora proprietário de uma unidade em um condomínio residencial em Justizia composto por apenas sete apartamentos. Certo dia, um vizinho com paraplegia solicitou a convocação de uma assembleia para discutir a instalação de uma rampa de acesso para a piscina do prédio. Nessa situação, será que os outros seis moradores, antes tão convictos quanto à obrigação do governo de viabilizar os acessos aos prédios públicos aos cadeirantes de Justizia, concordariam em custear diretamente (por meio de taxa extra) uma benfeitoria que favoreceria apenas uma pessoa? Ainda que a benfeitoria fosse aprovada em assembleia, provavelmente, não haveria unanimidade na decisão.

A diferença entre as duas situações está no distanciamento orçamentário. Quanto mais próximo o desembolso estiver do patrimônio individual, menor será a disposição em ajudar. Para a população em geral, há diferença considerável entre apoiar um projeto financiado por uma "entidade sobrenatural com recursos ilimitados" chamada Estado e financiar diretamente (do próprio bolso) uma obra que beneficiará exclusivamente um terceiro (LEITÃO; DIAS, 2021). Mas isso é um erro.

O problema é que a diferença entre políticas públicas financiadas com o "dinheiro do governo" e benfeitorias custeadas com o capital privado é muito menor do que parece. Não existe "dinheiro do governo" ou "dinheiro público"; só existe o direito dos contribuintes[3]. O Estado não gera riqueza. Ele apenas atua como um ente ficcional responsável pela intermediação de recursos (captação, investimentos e redistribuição) e pela gestão da proteção social.

Num cenário em que as contas públicas estejam deficitárias, com despesas superiores a receitas, impõem-se ajustes e reformas, de modo a reequilibrar o tesouro do Estado. O déficit incontornável e irreversível não deveria ser o elemento de gatilho para reformas. Quanto maiores

3. Não custa lembrar a antológica citação de Margaret Thatcher, enquanto ocupava o posto de primeira-ministra do Reino Unido: não existe essa história de dinheiro público. Só existe o dinheiro dos contribuintes. De fato, existe uma enorme diferença entre imprimir cédulas de dinheiro e efetivamente produzir riqueza. Precisamos, pois, ter a consciência de que o tão falado dinheiro público nada mais é senão a representação material de tudo aquilo que uma sociedade produz.

forem os níveis de descontrole das contas públicas, maiores serão as restrições impostas pelas reformas. Esse *gap* explica por que a reestruturação de sistemas falidos conduz a mudanças tão severas para os envolvidos, sobretudo quando eles atuam simultaneamente como financiadores e potenciais beneficiários (duplo ônus dos participantes). É exatamente esse o caso dos sistemas públicos de previdência, como o Regime Geral de Previdência Social.

Nesse contexto, quando se noticiam propostas de reformas no Regime Geral de Previdência Social, canais privados de informação propalam múltiplas críticas ao governo (proponente), sob o argumento de que o regime previdenciário seria superavitário, o que dispensaria a aprovação de medidas de conteúdo restritivo. Essa versão pode até ser conveniente aos seus divulgadores, que obtêm lucros, diretos ou indiretos, com o alcance de suas informações. Só que, na verdade, essa manipulação de informações presta um desserviço à sociedade, pois condena, sem qualquer critério, a integralidade do texto da reforma, desviando o foco das discussões políticas. Ao invés de os debates buscarem a melhoria das propostas, condena-se todo o texto, num autêntico jogo de "tudo ou nada".

Ainda que não houvesse déficit corrente (e ele existe!), não se poderia relegar a importância de reformas profiláticas, considerando o peso de inúmeras variáveis nos sistemas de proteção, a exemplo do aumento da expectativa de vida, da redução da taxa de natalidade e dos novos arranjos trabalhistas (automatização, informalidade e plataformas colaborativas de trabalho). Simplesmente, não há como regular o futuro com base em padrões do passado. Se mudanças acontecem no campo social, os sistemas previdenciários precisam acompanhar a evolução, antecipando soluções para problemas (futuros) maiores. Aliás, a exigência de equilíbrio atuarial, prevista no art. 201 da Constituição Federal, é a sinalização clara de que a gestão do sistema previdenciário precisa "olhar para a frente".

Lamentavelmente, a ideia de recuperar a integridade orçamentária do fundo coletivo não é suficiente para conscientizar a população sobre a inevitabilidade de reestruturação do sistema protetor. Ninguém quer "sair perdendo". O discurso de desconstrução, tenta então, a todo custo, desmoralizar a proposta, sob a alegação de que a economia esperada com a aprovação de seu texto apenas objetiva garantir sobras maiores para a corrupção: "querem tirar do povo para entregar para os corruptos". Porém, tudo isso não passa de um embuste ardiloso.

Primeiro porque, não obstante sejam inegáveis os episódios de corrupção no país, não existe relação de causa e efeito entre a corrupção e a indispensabilidade de atualizar o sistema de proteção social. Com efeito, o fato de as pessoas estarem vivendo por mais tempo, de as famílias serem quantitativamente menores, e de o mundo do trabalho se encontrar em ebulição não possui, em absoluto, nenhum tipo de relação de causalidade com os relatos de corrupção.

Segundo porque o congelamento das regras previdenciárias, ou seja, a ausência de aprovação de reformas, não seria, nem de longe, a resposta certa e nem o mecanismo apropriado para combater os atos de corrupção nas administrações públicas. A corrupção de um país somente será resolvida se as instituições (NORTH, 2018), assim entendidas como as regras do jogo, possibilitarem a ambiência adequada para o controle, a fiscalização e a punição.

Outra crítica recorrente às reformas previdenciárias de viés restritivo deriva de princípios abstratos que blindam os cidadãos contra mudanças que agravam direitos individuais. Sustenta-se que, uma vez alcançado determinado nível de segurança social, quaisquer mudanças que minimizem a qualidade da proteção conspurcam os princípios da dignidade humana e da vedação ao retrocesso social.

Este artigo propõe a releitura da reforma da previdência à luz do principal postulado da economia: a eficiência. Mas isso será feto de uma maneira diferente. Não se pretende apresentar a perspectiva econômica livre de contrapontos. Exatamente por isso, dividiu-se o texto em duas partes, como se fossem cartas hipotéticas de respeitáveis teóricos (imaginários) dirigidas ao povo de um país ficcional chamado Justizia: um jurista preocupado com a dignidade chamado Dignus e um economista preocupado com a eficiência chamado Efícis. Ambos publicaram um artigo no fantasioso "Diário de Justizia" com visões diferentes sobre a reforma previdenciária promulgada pelo parlamento de Justizia. Por acaso, a reforma lá aprovada, assim como toda a legislação previdenciária infraconstitucional, é idêntica à normatização da previdência social no Brasil.

## 1. A CARTA DE DIGNUS AO POVO, PUBLICADA NO "DIÁRIO DE JUSTIZIA" UM DIA DEPOIS DA PROMULGAÇÃO REFORMA

É com enorme pesar que me dirijo ao povo de Justizia. Ontem, os representantes do povo, que deveriam lutar pelos direitos tão duramente conquistados ao longo dos anos, dilaceraram o núcleo rígido de um dos principais direitos fundamentais: o direito a um sistema de proteção social justo, que garanta um mínimo de dignidade aos infortunados.

Neste breve ensaio, discorrerei sobre alguns retrocessos que considero gravíssimos e espero clarificar os motivos de os previdenciaristas de Justizia terem amanhecido de luto.

*Primeiro retrocesso.* Os inúmeros retalhos da legislação previdenciária (estou falando de retalhos!) frustraram expectativas legítimas daqueles que sonhavam se aposentar nos próximos anos!

Se você não tiver sido uma vítima real do inesperado "golpe previdenciário", imagine-se às vésperas da implementação dos pressupostos de sua aposentadoria. Sim, amigo, não bastassem todos os anos de trabalho e de contribuição, você precisará pagar a previdência durante mais alguns anos, talvez até décadas. Desconsidere os seus planos de vida! Sua vida não é sua. Ela pertence ao Estado. Por isso, alerte os seus filhos, futuros pais de seus netos, para que eles comecem a contribuir para os seus netos enquanto ainda estão nos ventres de suas mães.

*Segundo retrocesso.* Mulheres de Justizia, apesar de vocês continuarem suportando o fardo da dupla jornada e de continuarem sofrendo com injustiças, discriminações e violências, o limite etário para as suas aposentadorias foi ampliado em dois anos. Uma lástima!

*Terceiro retrocesso.* Se você acha que a sua aposentadoria garantirá o mesmo padrão de vida da ativa, sinto frustrar a sua expectativa. Segundo as novas regras, a aposentadoria programada partirá do desprezível percentual de 60 (sessenta) pontos e terá irrisórios acréscimos de dois pontos percentuais para cada ano de contribuição que superar os 20 (vinte) anos de contribuição no caso de segurados do sexo masculino e os 15 (quinze) anos no caso de seguradas do sexo feminino. Uma miséria!

*Quarto retrocesso.* Cuide bem de sua saúde e seja cauteloso no trânsito e nas ruas! Se um mal lhe acometer, impondo-lhe o excruciante estado de invalidez, seu benefício será calculado com base nos mesmos parâmetros indicados acima. Pagar benefícios pífios para doentes impossibilita que eles tenham, até mesmo, acesso aos medicamentos. Não bastasse tudo isso, a redefinição do cálculo da aposentadoria de inválidos ainda sofre com a incoerência de resultar num benefício inferior ao auxílio por incapacidade temporária. Além de uma escancarada profanação à dignidade e à vedação ao retrocesso social, trata-se de uma clara violação ao princípio da irredutibilidade. Como um benefício concedido em virtude de uma incapacidade mais grave pode ser inferior a um benefício decorrente de uma incapacidade menos grave? Uma incoerência!

*Quinto retrocesso.* Segundo o milenar provérbio chinês, "dê um peixe a um homem faminto e você o alimentará por um dia; ensine-o a pescar, e ele se alimentará pelo resto da vida". Eu poderia escrever páginas e mais páginas sobre a importância daqueles que semeiam o conhecimento, a inovação e a esperança. Estou me referindo aos nossos professores. Eles deveriam ser recompensados com medalhas, troféus e estátuas! Mas não! Além de mal remunerados, a reforma retirou deles um dos poucos benefícios que ainda tinham: o direito de se aposentarem depois de longos 30 (trinta) anos de contribuição, se homens, ou de 25 (vinte e cinco), se mulheres. A propósito, há alguns dias, em artigo publicado nesta coluna, defendi veementemente a importância do piso nacional para os professores. O valor que pagamos para as escolas particulares de Justizia é mais do que suficiente para garantir esse direito fundamental[4]! Dignidade para os valorosos professores!

*Sexto retrocesso.* Enquanto escrevia esta pequena mensagem de protesto contra a reforma previdenciária, assistia com tristeza ao jornal televisionado, que lembrava detalhes sobre a tragédia ocorrida na Barragem de Bruriana[5] há alguns anos em decorrência do rompimento de uma barragem de rejeitos de mineração. Aqui em Justizia, existem milhares, talvez até milhões, de pessoas exercendo atividades em condições prejudiciais à saúde.

4. Atualmente, no Brasil, o piso nacional somente se aplica para o serviço público, conforme disposto na Lei nº 11.738, de 16 de julho de 2008. Na rede privada, os salários variam de acordo com a negociação entre sindicatos e escolas.

5. Referente às tragédias em Mariana e Brumadinho.

A reforma também lhes impôs duras perdas. Antes, suas aposentadorias eram integrais e independiam de idade mínima. Agora não mais. Inacreditavelmente, o novo texto previdenciário, a um só tempo, condicionou suas aposentadorias a limites etários e reduziu significativamente os valores de renda mensal. O recado está dado! Trabalhem até morrer!

*Sétimo retrocesso.* Deixei para o final a mais maligna das alterações. Parece não haver dúvida de que as crianças representam a esperança de dias melhores. Elas devem ser valorizadas, cuidadas e protegidas pelas famílias e pelo Estado. Aliás, deveriam! Não bastassem as alterações ocorridas em 2014/2015, que culminaram com a transitoriedade das pensões para cônjuges e companheiros, a reforma reduziu drasticamente os valores das pensões. Apenas para vocês terem uma vaga noção da insensatez perpetrada pelos representantes do povo, vamos considerar o falecimento de um segurado com média salarial de cinco mil *vertatis*[6]. Seu filho, menor, pediu o benefício de pensão. Nesse caso, a pensão será equivalente a 60% da média de todos os salários, ou seja, apenas três mil *vertatis*. Uma bagatela!

Enfim, caro leitor, aflijo-me em servir como um arauto de tantas más notícias. O que me consola é a esperança. Sim, ainda há esperança! Tenho fé de que a "Justiça de Justizia" nos salvará de tantos retrocessos! Procure seu advogado e busque o amparo dos nossos vigilantes judiciais! Lembre-se de que você ainda tem o direito de provocar o judiciário sem precisar pagar por isso! Salve-se!

## 2. A CARTA DE EFÍCIS AO POVO, PUBLICADA NO "DIÁRIO DE JUSTIZIA" DOIS DIAS DEPOIS DA PROMULGAÇÃO DA REFORMA

Economistas não gostam de sensacionalismo e muito menos de linguagem panfletária. Então serei direto: a reforma previdenciária não era apenas necessária, ela era inevitável. Não existe outra forma de dizer. Explicarei o porquê e espero conscientizá-los sobre a importância de pensar além dos próprios interesses.

6. Moeda ficcional de Justizia.

Ao longo dos anos, vários teóricos vêm chamando a atenção para o fato de que todos os direitos, até aqueles que independem de uma prestação positiva por parte do Estado (os chamados direitos negativos), custam dinheiro (SUNSTEIN, 2019). "Mas qual seriam os custos do direito de propriedade e do direito de ir e vir?" Ora, se alguém violasse esses direitos, a "vítima" acionaria a polícia e, em último caso, o Judiciário? Pois bem, para a polícia e para o Judiciário funcionarem de maneira adequada, eles precisam de instalações, de servidores públicos e de tantas outras coisas. Logo, os direitos de liberdade dependem sim de recursos públicos.

A consciência de que todos os direitos custam dinheiro é fundamental, pois nada que custe dinheiro é absoluto. Não se trata de subjugar o direito à economia ou de priorizar o dinheiro em detrimento da dignidade. O fato é que algumas pautas transcendem quaisquer discussões de viés ideológico. Quando se fala em orçamento público, jamais se pode perder de vista a noção de escassez, afinal todos os direitos, até aqueles que "não têm preço", custam dinheiro, e dinheiro não nasce em árvores (GALDINO, 2005) e muito menos cai do céu.

A ideia de que os benefícios públicos são financiados por uma entidade sobrenatural chamada Estado (dotada de recursos infinitos) é uma das parábolas mais perigosas dos tempos contemporâneos. Existe o mito de que o Estado sempre pode "proteger mais", como se a fonte de recursos fosse uma cartola mágica de onde se tiram cédulas de dinheiro. Talvez um dos motivos para essa compreensão equivocada decorre do fato de que o orçamento sofre com um curioso paradoxo: o dinheiro público é de todos, mas não é de ninguém.

É como se o festejado postulado da solidariedade fosse uma via de mão única. O fato é que o individualismo suplanta os ideais poéticos de solidariedade. Sem digressões teóricas, sob a perspectiva do cidadão, o individualismo se manifesta de duas formas: (i) por meio da criação de mecanismos que diminuem o montante devido a título de tributos, em manifesta violação ao respectivo dever fundamental (NABAIS, 2002) (economia subterrânea[7]); (ii) por meio de pedidos de amparo junto ao

---

7. Produção de riqueza não reportada ao governo (sonegação e elisão fiscais).

Estado. Vale dizer, ao mesmo tempo em que as pessoas edificam engenhosos malabarismos retóricos com o intuito de pagar menos tributos, elas não hesitam em solicitar a ajuda do Estado nos momentos de necessidade. Em síntese: as pessoas querem pagar o mínimo, mas querem pedir o máximo. Não tem como dar certo[8].

Esse intuito de maximizar o interesse individual em detrimento do interesse coletivo sedimenta as bases daquilo que Garret Hardin (1968) batizou de "tragédia dos comuns". Quando indivíduos agem racionalmente de acordo com os seus próprios interesses, buscando obter benefícios independentes, eles acabam se comportando de maneira contrária aos interesses da sociedade. Essa teoria costuma ser associada à superexploração de recursos naturais (águas internacionais, *v.g.*), mas também pode ser associada às demandas judiciais que buscam direitos que não podem ser estendidos a todas as pessoas que estejam em situação análoga. Considere, por exemplo, uma demanda que busque um tratamento médico milionário para uma doença rara. É óbvio que uma única condenação não provocará grandes impactos no orçamento federal de Justizia. Porém, se as pessoas com a mesma doença procurarem o Judiciário, faltará dinheiro para todas as outras demandas de saúde (manutenção das estruturas hospitalares, vacinas, insumos básicos etc.). Essa é a diferença entre um furo na caixa d'água (uma única condenação judicial) e vários furos na mesma caixa d'água (milhares de condenações judiciais).

Mas vamos deixar de lado, pelo menos por enquanto, o problema da escassez, pois quero lhes apresentar uma notícia extraordinária. Guardo comigo a solução mágica que possibilitaria um sistema de previdência de abrangência quase universal! Isso mesmo, proteção previdenciária para

8. O funcionamento dos sistemas de solidariedade compulsória está sujeito a desvios de conduta que desgastam a reciprocidade (custeio x proteção). De fato, a natureza assimétrica da informação empodera o indivíduo em detrimento da sociedade, que não dispõe de uma eficiente rede de fiscalização. Isso provoca um claro desequilíbrio na relação protetiva, pois, mesmo sofrendo com esquivas tributárias, o sistema, com frequência, honra o generoso compromisso constitucional de proteger e assegurar o acesso às capacidades humanas. Aqueles que sonegam ou recorrem a manobras elisivas, quando vítimas de alguma contingência social, não hesitam em buscar o amparo estatal.

quase todos! Só há um detalhe. Para isso acontecer, o Governo precisaria alocar todo o dinheiro público na previdência social.

Provavelmente, você deve ter considerado a minha proposta um completo disparate, afinal o Estado precisa investir em outras áreas, como saúde e educação. Além do mais, ainda que Justizia investisse todo o seu dinheiro na previdência, algumas pessoas continuariam ficando para trás, afinal as necessidades humanas são ilimitadas. Para ficar mais claro, utilizarei uma analogia bastante simples. Por mais que a educação seja imprescindível para o desenvolvimento do ser humano, tenho certeza de que você não gasta todo o seu salário com a educação de sua família. É óbvio que você precisa de dinheiro para financiar outras necessidades valiosas, como saúde, previdência, lazer, transporte e moradia. Pois bem, os gestores públicos fazem a mesma coisa, só que em proporções muito maiores.

Nesse sentido, é preciso ter em mente (mais uma vez) que a decisão de destinar recursos públicos para a realização de um direito também significa a decisão de não destinar esses recursos para a realização de outros direitos. Ou seja, a decisão de alocar aproximadamente 700 bilhões (BRASIL, 2021) de *vertatis*[9] para o fundo geral da previdência (BRASIL, 2023)[10] significa não utilizar esse dinheiro em outras áreas. Logo, a existência de limites orçamentários impõe ao Estado a missão de estabelecer fronteiras alocativas (*trade-offs*) para cada um dos direitos. As escolhas trágicas são inescapáveis para os representantes eleitos.

Assim, existem limites de (e para a) proteção previdenciária. No campo dos direitos protetivos, esses limites nada mais são senão os pressupostos normativos para a concessão dos benefícios e as respectivas regras de cálculo. Essas diretrizes funcionam como filtros que "separam o joio do trigo" (não beneficiários e beneficiários da previdência social) e possibilitam um planejamento financeiro e atuarial das contas da previdência social. Nem todos os idosos (pessoas com mais de sessenta anos de idade) têm direito à aposentadoria concedida em razão da idade. No caso de segurados do sexo masculino, por exemplo, a aposentadoria programada

9. Moeda ficcional de um país ficcional chamado Justizia.

10. Conforme dados constantes do portal da transparência.

está condicionada à idade de 65 (sessenta e cinco) anos. De igual modo, nem todos os segurados que sofrem com doenças incapacitantes têm direito a um auxílio por incapacidade temporária, pois a lei estabelece como critério de concessão o período mínimo de doze contribuições mensais (carência). Portanto, lamentavelmente, algumas pessoas em situação de vulnerabilidade não terão direito a qualquer tipo de benefício previdenciário. Porém, num mundo com recursos escassos, escolhas precisam ser realizadas. Esse é o princípio da seletividade e distributividade na prestação dos benefícios e serviços.

Até aqui, espero ter demonstrado três premissas fundamentais: (i) todos os direitos têm custo; (ii) nada que custe dinheiro pode ser absoluto; (iii) por depender de recursos, a proteção previdenciária está sujeita a limites. Doravante, pretendo discorrer mais diretamente sobre a necessidade de reformas e de rearranjos periódicos nos sistemas previdenciários.

Se você fosse dono de uma firma especializada em seguro de vida, cobraria os mesmos valores para todos os clientes (desde os mais jovens até os mais idosos)? Acredito que a sua resposta tenha sido "não", afinal o valor do prêmio num contrato de seguro depende de algumas variáveis, como o sexo e a idade do contratante. Não faria sentido, por exemplo, que o custo contratual do seguro de vida de um adulto com vinte anos fosse idêntico ao de um idoso com setenta anos. Por motivos óbvios, o contrato de seguro precisa fazer uma complexa análise atuarial do perfil de risco dos contratantes. Em síntese, pessoas diferentes pagam prêmios diferentes, e não há nada de errado nisso.

Agora quero lembrá-los de que a previdência social, apesar de sua natureza pública e por mais generosa que seja, ainda é um seguro. E, como instrumento de gestão de risco, precisa observar minimamente o que está acontecendo no mundo real para recalcular seus prêmios (contribuições) e reavaliar suas coberturas (benefícios e serviços). Essa resiliência (adaptabilidade) do seguro social é a única maneira de garantir a sua sustentabilidade. O fato de se tratar de um seguro público não deveria arriscar a sua saúde financeira, ainda que as causas para o desequilíbrio sejam nobres.

Apenas para se ter uma vaga noção dos impactos previdenciários do prolongamento da vida das pessoas, de acordo com dados do Instituto

Oficial de Estatística de Justizia (IOEJ)[11], entre 1940 e 2020, a expectativa de vida unificada dos nossos cidadãos aumentou 31,1 anos (BRASIL, 2022)[12]. Essa informação, mais do que qualquer outra coisa, prova claramente a necessidade de adaptar os seguros públicos à luz das mudanças demográficas. Uma coisa é estimar a despesa previdenciária num país em que a expectativa de vida gira em torno de sessenta anos; outra coisa é estimar a despesa previdenciária num país em que a expectativa de vida supera os setenta e cinco anos. Quanto mais anos de vida, maior será a duração dos benefícios e, consequentemente, maior será a despesa previdenciária.

Para ficar claro, antes que *digital influencers* da área jurídica distorçam as minhas palavras, retirando-lhes de contexto, não estou afirmando que o prolongamento da vida seja uma má notícia. Muito pelo contrário. É uma excelente notícia! Apenas estou dizendo que as leis previdenciárias precisam ser ajustadas à medida que a esperança de vida das pessoas aumenta. Se o risco social muda, o sistema protetor também precisa mudar. "O futuro é o passado em preparação"[13].

Dito isso, gostaria de perguntar uma coisa: qual é a sua opinião sobre um sistema de previdência que garante benefícios de aposentadoria independentemente de idade mínima? Por acaso, você sabia que, antes da reforma de 2019, a legislação previdenciária autorizava esse descalabro? Se você ainda considerar o entendimento da Suprema Corte no sentido de que a regra que estabelece a idade mínima para o trabalho não pode ser invocada para prejudicar o menor, parece inevitável a conclusão de que a economia da previdência caminhava a passos largos para a absoluta insolvência. Certa vez, um advogado relatou em suas redes sociais que havia ajuizado uma ação em que pleiteava a aposentadoria de um cliente sob o argumento de que ele havia começado a trabalhar com quatro anos de idade. À época do ajuizamento, o cliente tinha trinta e nove anos de idade. Note-se que as aposentadorias precoces implicam num duplo ônus

11. Em nossa construção imaginária, o Instituto Oficial de Estatística de Justizia (IOEJ) seria o Instituto Brasileiro de Geografia e Estatística (IBGE).

12. Informação extraída do sítio eletrônico da Agência Brasil.

13. Frase do ator francês Pierre Dac.

para a previdência: menos tempo de contribuição e mais tempo de recebimento de benefício. É claro que a conta não vai fechar.

Mas não é só isso. Outro desafio para os atuários da previdência é a redução das taxas de natalidade. Inúmeros levantamentos oficiais revelam decréscimos significativos na frequência anual de nascidos vivos[14]. Vários fatores vêm contribuindo para isso acontecer, como a urbanização, o planejamento familiar, a disponibilização de métodos contraceptivos, a melhoria das condições de educação, a procrastinação do casamento, a inserção das mulheres no mercado de trabalho e o custo efetivo de criar filhos. O problema de tudo isso é que o trabalho das pessoas é uma das principais fontes de arrecadação da previdência social. Logo, se hoje há menos nascimentos, amanhã, haverá menos trabalhadores em atividade, o que levará à queda da arrecadação.

Também não podemos ignorar os riscos intrageracionais, como as doenças incapacitantes. Nos últimos tempos, as pessoas estão adoecendo cada vez mais. Além das endemias, das pandemias contemporâneas (H1N1 e COVID-19) e das doenças inerentes ao grupo etário[15] (doenças cardiovasculares, diabetes, catarata, Alzheimer, hipertensão arterial, osteoporose etc.), há dois fantasmas principais: o câncer e as doenças do cansaço e da mente, a exemplo da depressão e da Síndrome de Burnout (HAN, 2017). Essas contingências pressionam ainda mais as contas públicas em virtude da despesa com o pagamento de benefícios por incapacidade (sobretudo, auxílio por incapacidade temporária e aposentadoria por incapacidade permanente) e da possibilidade de utilização do período de gozo dessas prestações como tempo de contribuição (em que pese a ausência de pagamento de contribuição). Isso mesmo, a legislação e a jurisprudência autorizam que um "período sem contribuição" seja contado como "tempo de contribuição".

Portanto, o equilíbrio da previdência acaba sendo pressionado nas duas pontas: de um lado, temos a diminuição da arrecadação por conta

14. Disponível em: https://www.seade.gov.br/entre-2000-e-2020-o-numero-medio-de-filhos-passou-de-208-filhos-por-mulher-para-156/.

15. O prolongamento da vida das pessoas naturalmente aumenta a incidência de casos.

da queda expressiva do número de trabalhadores em atividade; do outro, temos o aumento da despesa previdenciária em razão do aumento do número de concessões de benefícios infortunísticos (por incapacidade) e do prolongamento das aposentadorias (causado pelo aumento da esperança de vida das pessoas).

Não para por aí. Há alguns dias, li uma reportagem sobre um professor com vinte e quatro anos de carreira que havia sido demitido por uma janela pop-up: "você está desligado"[16]. Um dos princípios constitucionais da atividade econômica *é* a busca do pleno emprego. Sem embargo, quando a Constituição de Justizia foi promulgada em 1988, o mundo era bem diferente. Havia algo (além do dinheiro) que unia empregados e patrões. No "mundo de ontem", estagiários e trainees conseguiam chegar à presidência das empresas. Hoje já não é mais assim.

Nestes tempos, não existe mais fidelidade nas relações de trabalho. De repente, tudo virou descartável. O primeiro emprego deixou de ser uma oportunidade imperdível para o projeto de vida individual e hoje não passa de uma breve linha no currículo. "Para que trabalhar para uma pessoa, se eu posso trabalhar para todas as pessoas?" "Seja o seu próprio patrão!"

De outro giro, os empregados deixaram de ser vistos como pessoas (que respiram e sentem) e passaram a ser vistos como custos de administração ou de transação. Não se trata de instaurar uma cruzada moral em busca da purificação do capital, numa crítica escancarada ao lucro. Mas é muito triste perceber que a humanidade virou escrava de planilhas. Vendo tudo isso, chega-se à (lamentável) conclusão de que alguma coisa se perdeu no meio do caminho.

Além disso, as distâncias diminuíram, e as fronteiras desapareceram. Para que contratar um jovem rosto local, se podemos contratar um incógnito global totalmente livre de "impostos" por meio de plataformas remotas de trabalho *freelancer*, a exemplo da Workana e da Fiverr[17]? Aliás,

---

16. Disponível em: https://g1.globo.com/educacao/volta-as-aulas/noticia/2020/10/15/professor-com-24-anos-de-carreira-e-avisado-da-demissao-por-uma-janela-pop-up-visto-como-um-custo.ghtml.

17. Para maiores informações, vide www.workana.com e www.fiverr.com.

para que contratar pessoas se podemos comprar robôs supereficientes que não faltam, não erram, não tiram férias, não têm direito ao FGTS, não precisam de hora extra e nem entram na justiça? As tecnologias disruptivas invadiram (no passado) o mundo do trabalho e deixarão (no futuro) muitas pessoas sem emprego. A Quarta Revolução Industrial será bastante dolorosa para os trabalhadores.

Não sejamos ingênuos! O mundo do trabalho transformou-se nos últimos trinta anos e, atualmente, representa um enorme desafio para os governos de todos os países. Não adianta insistir com o bucólico modelo baseado no "emprego". O futuro do trabalho está mais para o "salve-se quem puder", "cada um por si", "seja o seu próprio patrão" ou "*do it yourself*" (faça você mesmo"). Sinceramente, fico me perguntando se não chegou a hora de os Governos "jogarem a toalha" e reconhecerem que o modelo do pleno emprego não passa de uma utopia. Precisamos parar de planejar o futuro com base nos arquétipos do passado. Ao invés de continuarmos insistindo em correr sem fôlego em direção ao horizonte que "nunca chega", talvez seja a hora de pensarmos num "plano B". Até tenho algumas sugestões, mas vamos deixar isso para outro momento. A pauta agora é outra.

Pois bem, anseio ter demonstrado que a resiliência e a adaptabilidade são pressupostos fundamentais para a sustentabilidade (ou sobrevivência) dos sistemas de previdência social. As mudanças, quando bem planejadas, não comprometem a estabilidade das instituições (regras do jogo). Mudar não gera, necessariamente, instabilidade e insegurança. Mudar sem critério, sem planejamento e de maneira atabalhoada, isso sim, é um problema. Aqui novamente parece oportuna a citação do ator francês Pierre Dac: "O futuro é o passado em preparação".

Até aqui, basicamente, realizamos uma "análise panorâmica" dos sistemas de previdência. Pouco falamos sobre o sistema de previdência de Justizia e a reforma recém-aprovada. Daqui para frente, este será o nosso objetivo. Mas antes de analisar sob a perspectiva econômica os "sete pecados" alegados pelo Doutor Dignus, destacarei alguns pontos que, convenientemente, costumam ser esquecidos pelos festejados proclamadores de justiça.

Conforme já salientado, um dos princípios basilares da previdência social é a solidariedade. Trata-se de um poderoso instrumento que possibilita (e legitima) a redistribuição de renda com o intento de garantir o bem-estar e a justiça sociais. A solidariedade é o alicerce teórico dos regimes de repartição simples. As contribuições de todos os integrantes alimentam o fundo previdenciário, que financia os benefícios em manutenção. Esse é o regime de previdência de Justizia.

Graças ao regime de repartição simples, uns pagam mais do que outros, uns recebem mais do que outros, e não existe uma relação necessária entre o que se paga e o que se recebe. Existe, por exemplo, a possibilidade de um segurado que contribuiu durante toda a vida falecer sem ter recebido ou instituído nenhum benefício. De outro giro, o oposto também acontece (e com muito mais frequência): inúmeros benefícios são concedidos sem uma correlação com o lastro contributivo. Não são raras as situações em que o segurado, depois de um mês de contribuição, sofre um acidente e fica permanentemente incapaz para o trabalho. Pode-se dizer a mesma coisa em relação ao benefício de pensão por morte. Se um segurado falecer depois de um único dia de trabalho, seus dependentes terão direito à pensão.

Também merece destaque a proteção previdenciária peculiar dos segurados especiais (pequenos agricultores e pescadores artesanais), que está condicionada à comprovação do exercício da atividade remunerada, e não ao pagamento de um número mínimo de contribuições. Para um segurado especial se aposentar, ele somente precisa apresentar dois documentos contemporâneos que o vinculam de alguma maneira ao campo ou à pesca[18], e a jurisprudência do país vem flexibilizando cada vez mais a qualidade dessa prova.

Somem-se a isso todas as antecipações (aposentadoria especial, aposentadoria do professor e aposentadoria rural), coberturas adicionais (período de graça) e flexibilizações (possibilidade de tempo de gozo de benefício por incapacidade contar como carência e tempo de contribuição, prova de desemprego, plano simplificado de previdência com alíquotas reduzidas etc.) asseguradas pela legislação e pelos Tribunais pátrios.

18. Conforme Ofício-Circular nº 46/DIRBEN/INSS, disponível em: https://www.andriellyscrobot.com.br/wp-content/uploads/2020/06/ofcircular46DIRBEN-INSS3.pdf.

Esse vislumbre panorâmico da previdência social é de fundamental importância para entender (ainda mais!) as razões de ela ter sido reformada. O somatório entre fatores exógenos (demografia e crise de empregabilidade) e endógenos (generosidades e incoerências do sistema) impôs a reformulação do sistema protetor. Por isso, iniciei esta carta defendendo a inevitabilidade da reforma. Qualquer outro discurso que condene a integralidade do texto aprovado não passa de sensacionalismo antissolidário e oportunista.

Obviamente, não estou dizendo que a reforma esteja imune a críticas. Ora, a Emenda Constitucional que promulgou a reforma, como produto humano que é, apresenta imperfeições, equívocos e preferências questionáveis. Só que há uma enorme diferença entre questionar apenas alguns dispositivos da Emenda e atacá-la por inteiro, sob o raso argumento de violação ao princípio da vedação ao retrocesso social. A propósito, quero falar um pouco sobre os impactos desse princípio e o da dignidade da pessoa humana na segurança jurídica.

Metaforicamente, os princípios da dignidade da pessoa humana e o da vedação ao retrocesso social podem ser associados ao poderoso Escudo de Égide que blinda o portador contra quaisquer ataques, assim entendidos como preceitos normativos que contrariam interesses individuais. Na versão contemporânea do direito, a dignidade, uma das principais fontes do famigerado panprincipiologismo, existe em todos os ramos do direito e possui destinações variadas dependendo do contexto da controvérsia. Da dignidade humana resultam, *verbi gratia*, empreendimentos doutrinais e diretrizes interpretativas questionáveis. No âmbito dos direitos de proteção social, um bom exemplo de desdobramento da dignidade humana é o (suposto) princípio *in dubio pro misero,* segundo o qual, em caso de dúvida, garante-se o amparo público por meio de um benefício pecuniário. Ora, partindo do pressuposto de que o direito é uma ciência de resultados imprecisos (não causal), trata-se de uma construção absolutamente disparatada, que inverte qualquer tipo de prerrogativa da Administração Pública porventura assegurada pelo ordenamento jurídico.

Sempre que vejo alguma referência decisional à vedação do retrocesso social, lembro-me do conceito econômico de dependência de trajetória ("*path dependence*"), segundo o qual o passado, suas decisões e experiências sedimentam o caminho para futuro, exercendo um "efeito de constrangimento" sobre eventuais mudanças de rota (BERNARDI, 2012). Talvez a analogia não tenha precisão técnica, mas a impressão que tenho é que os defensores da vedação ao retrocesso consideram que a evolução do direito segue a lógica do acúmulo, ou seja, expandir sempre, retroceder jamais (efeito "*cliquet*"). Sob esse viés, um teórico do garantismo social, por ser fiel à trajetória expansiva, não saberia como pivotar em busca de alternativas para problemas estruturais mais complexos.

Conquanto a *panaceia do digno* habite as querelas sociais em todos os âmbitos institucionais de discussão (administrativo, controladoria, judicial e legislativo), ela encontra maior aderência no processo judicial, pois lá não existem limites para a cognição dos juízes. Para os juízes, não amiúde, as leis não passam de sugestões, e sugestões podem ser acolhidas (com lastro na legalidade) ou não (com lastro na dignidade).

Considerando que, do ponto de vista cognitivo, a maioria das construções judiciais tem como ponto de partida o resultado da decisão (primeiro, decide-se; depois, fundamenta-se), a dignidade e os seus desdobramentos principiológicos funcionam como inegáveis heurísticas do discurso tópico, que desconsideram (ou simplesmente ignoram) as opções normativas dos poderes competentes, mesmo quando não há inconstitucionalidade ostensiva. Não só isso. A dignidade também é a carta do baralho que cabe em quaisquer controvérsias deflagradas em face do poder público. É o coringa da arte de argumentar.

Na verdade, nenhuma decisão, seja ela qual for, deveria estar apoiada apenas em causas, anseios e sentimentos. As consequências também importam. Quando pessoas agem de maneira irrefletida, fatos imprevistos, apesar de previsíveis, acontecem. Não à toa, em 2018, a Lei de Introdução às Normas do Direito de Justizia[19] recebeu um acréscimo importantíssimo: a incorporação do elemento consequencialista no processo de tomada de decisão. Com efeito, de acordo com o art. 20 da LINDJ, nas esferas administrativa, controladora e judicial, não se decidirá com base em valores jurídicos abstratos sem que sejam consideradas as consequências

19. Em referência à Lei de Introdução às Normas do Direito Brasileiro (LINDB).

práticas da decisão. Os artigos 21 e 22, que também foram incluídos em 2018, possuem disposições análogas.

Obviamente, não estou defendendo que a internalização da análise consequencialista tarife o discurso decisório, amordaçando juízes e ameaçando o princípio do livre convencimento. Apenas considero imprescindível que os julgadores antevejam os efeitos de suas decisões, e a maneira mais segura e transparente de fazer isso é exigir que as decisões indiquem expressamente as suas consequências práticas, como se fossem contrapontos fundamentais. Não se faz síntese sem antítese. O tubo de ensaio do teste intelectual precisa de um agente reativo, pois nenhuma democracia se constrói em cima de dogmas.

Portanto, em meu sentir, considero que os supostos retrocessos indicados pelo Doutor Dignus, na verdade, são soluções que objetivam garantir a sustentabilidade do sistema de previdência. Talvez alguns juristas e intérpretes não concordem com elas, mas, numa sociedade que se diz democrática, as opções exaradas pelo poder constituinte deveriam ser respeitadas pelo Judiciário, afinal as regras que definem os critérios para a concessão e para o cálculo dos benefícios não são, de modo algum, cláusulas pétreas.

Não obstante meu objetivo seja apresentar uma perspectiva econômica da reforma, farei algumas anotações sobre os supostos retrocessos (no meu entender, soluções) constantes da Carta do Doutor Dignus. Talvez, em alguns momentos, eu me aventure despretensiosamente em análises jurídicas.

*Primeira solução.* Parte-se do pressuposto de que a mudança nas regras de acesso à aposentadoria por tempo de contribuição era indispensável, na medida em que o texto revogado sequer previa idade mínima para a sua concessão. Essa era uma grave fissura do sistema. Ao instituir a idade mínima, a reforma passou a ser considerada um marco temporal normativo relevante para a definição da situação jurídica de seus destinatários. Quem, ao tempo da promulgação da Emenda nº 103/19, já havia implementado todas as condições para a aposentadoria tem o direito (adquirido) de se aposentar à luz das regras pretéritas. Por outro lado, quem ingressar no sistema após a reforma, obviamente, estará sujeito integralmente às novas regras. Enfim, para aqueles que estavam filiados ao tempo de promulgação da Emenda, mas sem direito a nenhum benefício, a reforma lhes assegurou diferentes níveis de transição. Destarte, a previsão de "regras intermediárias" demonstra a preocupação do constituinte com a expectativa legítima. Assim, com a devida vênia, a crítica do Doutor Dignus é absolutamente descabida.

*Segunda solução.* De acordo com um levantamento realizado pela OCDE, no ano de 2014 (BRASIL, 2016)[20], homens e mulheres se aposentaram com a mesma idade em cinquenta e um países. Entre os países, estavam Alemanha, Islândia, Noruega, Estados Unidos, Portal, Irlanda, Arábia Saudita, Austrália, Bélgica, Canadá, Dinamarca, Finlândia, França, Grécia e Hungria. Sobre essa igualação etária, alguns aspectos são fundamentais. Em primeiro lugar, em 2019, a expectativa de vida dos homens era 73,1 anos, enquanto a das mulheres era de 80,1 anos (BRASIL, 2019)[21]. Ou seja, há aproximadamente três anos (antes da pandemia), as mulheres tinham, uma esperança de vida significativamente maior do que a dos homens. Ora, do ponto de vista atuarial, não faz sentido antecipar a data de início da aposentadoria para pessoas que receberão o benefício por mais tempo. Pressiona-se a despesa pública dos dois lados: menos tempo de contribuição e mais tempo de gozo do benefício.

Além disso, o progressivo avanço das mulheres no mercado de trabalho abrandou sobremaneira o argumento de outrora no sentido de que as mulheres sofrem discriminação nas relações laborativas. Diversos artigos noticiam que as universidades formam mais mulheres do que homens, inclusive em cursos tradicionais, como direito e medicina. Aliás, se a discriminação justificasse, por si só, a antecipação da aposentadoria para mulheres, outros grupos estigmatizados deveriam ter o mesmo direito (negros, estrangeiros, homossexuais etc.).

No que diz respeito à dupla jornada, entendo que, graças à evolução dos costumes e da consagração da corresponsabilidade familiar,

20. Notícia extraída do sítio eletrônico da Agência Brasil, disponível em: https://agenciabrasil.ebc.com.br/politica/noticia/2016-12/mulheres-e-homens-se-aposentam-com-mesma-idade-em-60-dos-paises-segundo.

21. Notícia extraída do sítio eletrônico da Agência Brasil, disponível em: https://agenciadenoticias.ibge.gov.br/agencia-sala-de-imprensa/2013-agencia-de-noticias/releases/29502-em-2019-expectativa-de-vida-era-de-76-6-anos.

cada vez mais, a figura paterna vem se integrando às dinâmicas do lar, participando ativamente das tarefas domésticas. É fato que as classes sociais C e D de Justizia ainda sofrem com padrões e costumes do século XX que oneram excessivamente a jornada de trabalho das mulheres. Sem embargo, essas dificuldades devem ser resolvidas por meio de políticas públicas adequadas (PIERDONÁ, 2018). A previdência social não pode ser um elemento de compensação para todas as disfunções sociológicas de uma população.

*Terceira solução.* Se determinado seguro sofre com desequilíbrios, só há três soluções (não excludentes) capazes de equacionar a dificuldade: (1) majorar o valor do prêmio (contribuição previdenciária); (2) prorrogar a data de início dos benefícios (majoração/institução da idade mínima para a aposentadoria); e finalmente (3) redefinir a sistemática de cálculo dos benefícios por meio de critérios mais rigorosos. Em síntese, para financiar os benefícios dos segurados especiais, as antecipações das aposentadorias, os adicionais de proteção e as flexibilizações, precisa-se "cobrar mais dinheiro dos contribuintes com capacidade de pagamento e economizar mais, pagando benefícios menores para os mais favorecidos". Não há mágica. Sob esse viés, a redefinição do cálculo da aposentadoria programada foi acertada. A um só tempo, manteve-se a garantia do piso (um salário-mínimo) e estabeleceram-se critérios compatíveis com a evolução do tempo de contribuição (quanto maior o tempo de contribuição, maior será o valor da aposentadoria).

*Quarta solução.* Aqui se aproveitam todos os argumentos constantes do parágrafo anterior. Mas faço questão de acrescentar dois aspectos: (1) a previdência social apenas visa à manutenção do padrão médio de vida da ativa até determinado limite (teto previdenciário); para os segurados que ambicionam a equivalência salarial após a inatividade, existem instrumentos disponíveis no mercado (seguros e previdência privada); (2) no tocante à alegação de violação ao princípio da irredutibilidade lastreada na defesa de que o auxílio por incapacidade temporária não pode ser superior à aposentadoria por incapacidade permanente, penso que a parametrização é descabida. O fato de os dois benefícios serem concedidos em razão de incapacidade não justifica essa comparação. O auxílio por incapacidade temporária objetiva reparar, geralmente, uma situação transitória de impedimento laborativo. Já a aposentadoria por invalidez[22], atualmente calculada segundo os mesmos critérios das demais aposentadorias, *a priori*, pressupõe a permanência da incapacidade, e gera, quando cabível, o direito de levantar valores externos à previdência, como o FGTS, os seguros e as parcelas de contratos de previdência complementar. Finalmente, não custa lembrar que, no âmbito do regime próprio de previdência dos servidores federais de Justizia, há vários anos, não há vinculação entre os valores recebidos durante a incapacidade temporária e a incapacidade permanente. Servidores acometidos de incapacidade temporária recebem a remuneração integral do cargo (por estarem em licença). Porém, quando ficam inválidos, passam a receber a aposentadoria por incapacidade permanente, que costuma ser inferior à remuneração do cargo.

*Quinta solução.* Inicialmente, faria um ajuste despretensioso ao provérbio milenar atribuído a Lao Tsé. Não adianta disponibilizar serviços de educação de ótima qualidade para pessoas que estejam passando fome. Exatamente por isso, as políticas públicas de transferência de renda deveriam ser a prioridade de todos os Estados. Primeiro, o básico; depois, as outras coisas.

De qualquer maneira, no que toca à alegação de que a aposentadoria precoce do professor era uma maneira de compensar os baixos níveis remuneratórios, apenas digo o seguinte: se você estivesse com dor de cabeça, certamente, não tomaria um medicamento dermatológico. Não se combate um agravo ou uma doença com o instrumento errado. Isso significa dizer que a aposentadoria precoce não é o mecanismo adequado para remediar o problema das baixas remunerações. A previdência social não é medida de compensação para déficits em outras áreas.

Agora, desviando um pouco do objetivo principal desta Carta, preciso me manifestar sobre a instituição de pisos salariais tão veementemente defendida pelo Doutor Dignus. A instituição de pisos salariais para determinadas categorias profissionais, assim como o tabelamento de preços, são práticas que violam a liberdade econômica. Não é razoável que o Estado estabeleça o salário dos empregados das empresas privadas. Se o Estado

22. Nomenclatura antiga do benefício de aposentadoria por incapacidade permanente.

pretende valorizar determinadas profissões, ele poderia simplesmente majorar a remuneração dos servidores públicos que exercem essa atividade. A mão invisível faria o resto. Deve-se de uma vez por todas parar de tomar decisões exclusivamente com base em causas ou em sentimentos subjetivos de justiça, afinal leis e decisões judiciais possuem consequências inevitáveis, A instituição legal de pisos salariais pode gerar muitos desempregos, e o tabelamento de preços pode gerar o desabastecimento.

*Sexta solução.* Talvez a sexta crítica seja a única minimamente defensável. De fato, não há dúvida sobre o caráter preventivo e profilático da aposentadoria especial. Trata-se de um benefício que objetiva antecipar a jubilação, haja vista o risco de o segurado incapacitar-se em decorrência da exposição habitual e permanente aos agentes nocivos. Consequentemente, a previsão de idade mínima para esse benefício, em algumas situações, vai de encontro ao escopo da norma. Imagine-se, por exemplo, um indivíduo que começou a trabalhar aos 25 (vinte e cinco anos) de idade numa mina subterrânea. De acordo com a regra antiga, ele poderia se aposentar depois de 15 (quinze) anos de trabalho. Agora, segundo as novas regras, ele precisará aguardar até completar 55 (cinquenta e cinco) anos de idade. O problema é que, dificilmente, uma pessoa conseguiria trabalhar com mineração subterrânea durante tantos anos. Quiçá um caminho intermediário (entre a ausência de idade mínima e limites etários expressivos) fosse mais adequado no caso das atividades sujeitas a agentes mais agressivos (aposentadoria após quinze anos).

Porém, um aspecto relevante precisa ser considerado. O fato é que, nos últimos anos, a aposentadoria especial vinha (e vem) sendo desconfigurada pelo Judiciário por meio de inúmeras flexibilizações e analogias, tanto em relação aos pressupostos diretos de concessão como em relação aos critérios de comprovação das condições de trabalho. Nesse sentido, a instituição de idade mínima, em certa medida, pode ser considerada a superdosagem de um medicamento ministrado em virtude da disfunção orgânica do sistema de controle dos atos administrativos.

*Sétima solução.* Vamos para o (último) suposto retrocesso: a pensão por morte. Para introduzir o assunto, devo lembrá-los que, antes da lei previdenciária em vigor, a legislação estabelecia exatamente a mesma sistemática de cálculo recém aprovada pela reforma previdenciária. Vale dizer, a Emenda Constitucional apenas restabeleceu a sistemática que vigorou até julho de 1991. Em 1991, a cota familiar da pensão aumentou para 80% e, em 1995, aumentou para 100%. Evidentemente, essas majorações aconteceram sem qualquer estudo atuarial, sendo certo que a informação genérica de que elas seriam financiadas com recursos do Regime Geral de Previdência não atende ao comando inserto no art. 195, § 5º, da Constituição Federal. Portanto, ao invés de questionar o suposto retrocesso causado pela diminuição dos percentuais da cota familiar, talvez seja mais adequado questionar os aumentos ocorridos em 1991 e 1995.

Ressalto novamente que o objetivo da previdência social é garantir o padrão médio de vida da ativa até determinado limite (teto). Quem pretende assegurar o padrão de vida vigente por ocasião do pedido da aposentadoria deve buscar meios privados de complementação de renda. Em se tratando de proteção familiar mediante o pagamento de pensão, há outro fator relevante. Não me parece razoável que o valor da pensão seja idêntico ao da aposentadoria, como era antigamente, afinal o óbito do titular provoca a redução do número de membros do grupo familiar. Esse raciocínio pode parecer cruel, mas não é. É apenas matemática simples.

Finalmente, quero fazer alguns comentários sobre a mensagem de fechamento do Doutor Dignus. Em sua carta, ele afirmou que a Justiça de Justizia nos salvaria de tantos retrocessos, lembrou o direito à justiça gratuita e orientou que as pessoas buscassem o amparo dos juízes, como se o Judiciário fosse o último bastião de proteção aos hipossuficientes e desamparados.

Sem negar a importante missão constitucional do Judiciário, as palavras sugerem uma narrativa distorcida na qual o "heroísmo judicial" se contrapõe à "vilania legislativa". Evidentemente, existem múltiplas razões para essa suposta (e falsa) ideia de antagonismo entre poderes, mas, no âmbito das demandas previdenciárias, duas merecem destaque.

Em primeiro lugar, entendo que a doutrina neoconstitucionalista se perdeu em excessos lastreados na dignidade da pessoa humana. De uma hora para a outra, as leis passaram a ser vistas como simples sugestões, e os precedentes qualificados passaram a ser vistos como leis de aplicação obrigatória (pré-julgamentos de demandas potenciais futuras). O neoconstitucionalismo foi a força motriz que levou ao gigantismo judicial e alimentou ainda mais a instabilidade das regras do jogo.

Se somarmos o enfraquecimento normativo e o empoderamento judicial à gratuidade judicial, temos então a ambiência perfeita para que as pessoas procurem o Judiciário para tentar o "sim", bastando apenas que não tenham certeza de que o resultado será o "não" (LEITÃO, 2020). Vale dizer, ainda que a argumentação seja leviana, se houver uma mínima chance de um "dispositivo ruim" ser declarado inconstitucional, as pessoas baterão à porta da justiça. Só que existe uma enorme diferença entre uma lei "ruim" (que restringe direitos) e uma lei inconstitucional. Nenhuma lei deveria ser declarada inconstitucional sob o vago (e subjetivo) argumento de que ela é ruim.

"Se apertares esta corda demais, ela arrebenta; e se a deixares solta demais, ela não toca." Não se trata de ascetismo ou de prazer, mas, como diria Siddhartha Gautama, o caminho da iluminação é o caminho do meio, a linha entre todos os extremos opostos. Uma reforma não pode ser declarada inconstitucional apenas porque prejudica o planejamento previdenciário das pessoas. Por isso, antes de vociferar aos quatro cantos do mundo que a reforma é cruel, inconstitucional ou qualquer outra coisa, lembre-se de que a previdência social é um extraordinário experimento coletivo. Ela existia antes de nós nascermos e precisa continuar existindo quando já não estivermos mais neste mundo.

## 3. A CARTA DE CONCLUCIO[23] AO POVO, PUBLICADA NO "DIÁRIO DE JUSTIZIA" TRÊS DIAS DEPOIS DA PROMULGAÇÃO DA REFORMA

Num primeiro momento, a Carta de Dignus realmente me convenceu de que a reforma previdenciária era uma barbárie que havia dilacerado direitos protetivos básicos. No dia seguinte, li a Carta de Efícis, e tudo mudou.

O intuito de maximização da utilidade e dos interesses individuais, por si só, não é algo condenável. Não há nada de errado em tentar extrair o

23. Conclucio é um cidadão imaginário qualquer do ficcional país chamado Justizia. Sua carta pode ser considerada a conclusão deste trabalho.

máximo de proveito das situações. Mas há limites. Ninguém deveria buscar ganhos extraordinários em detrimento dos interesses da coletividade. Aliás, nenhum regime de previdência deveria permitir que as pessoas paguem menos do que deveriam e peçam mais do que o sistema pode pagar.

Não se trata de buscar soluções para o "dilema entre dinheiro e direitos". Aliás, a questão jamais deveria ser colocada dessa maneira, como se o custo fosse "algo externo" aos direitos. Não podemos dissociar os direitos do dinheiro, afinal direitos custam dinheiro, não existe dinheiro sem riqueza, e nenhuma riqueza é infinita. Isso significa que os custos integram a própria noção de direitos subjetivos (GALDINO, 2005), dimensionando os seus respectivos limites. De certa maneira, não seria descabida a analogia entre o binômio "direito-dinheiro" e a matriz do jogo de soma zero[24]. Mais direitos significa menos dinheiro. Menos direitos significa mais dinheiro para as outras demandas sociais.

Obviamente, não estou defendendo que, para os direitos triunfarem, o dinheiro precisa acabar. Apenas me parece extremamente defensável a busca contínua pela homeostase (equilíbrio), por meio de limites protetivos que estejam alinhados às restrições orçamentárias. Sem dinheiro, não há direitos. Se há escassez de riqueza, há escassez de direitos.

A escassez é a fonte de todas as disputas sociais e leva à indispensabilidade de os arquitetos das decisões realizarem escolhas trágicas (*tragic choices*). Portanto, há necessidade de escolher quais direitos devem ser priorizados, e as condições em que eles serão disponibilizados, afinal o "cobertor protetitivo", por ser curto demais, não consegue resguardar a população de todos os seus sofrimentos. As escolhas são inescapáveis.

Não podemos esquecer também que a noção de sofrimento social vem mudando ao longo dos tempos. Os incrementos promovidos pela política do bem-estar revolucionaram o estilo de vida das pessoas, garantindo mais tempo de vida, menos tempo de trabalho e melhor margem de manobra financeira. São essas as vigas mestras em que se sustenta o "efeito elevador" no talhe biográfico das pessoas (BECK, 2010).

---

24. Segundo a teoria dos jogos, um jogo de soma zero se refere a jogos nos quais o ganho de um jogador necessariamente significa a perda para o outro jogador.

De fato, com o passar dos tempos, as contingências do passado receberam novos contornos, os patamares mínimos de dignidades foram elevados, e novas contingências despontaram. Evidentemente, o sistema de proteção social precisa adaptar-se às novas realidades. O problema é que o direito positivo é um retrato estático do que acontece no (dinâmico) mundo das coisas reais. Tudo o que é estático é inerte, a não ser que exista algum estímulo externo. Exatamente por isso, existem as reformas.

Essa é a essência da argumentação de Efícis. Se o direito imita a vida, e a vida muda, o direito também precisa mudar. De igual modo, se o custo dos direitos aumenta, e a fonte de recursos não aumenta da mesma proporção, ajustes e reformas de conteúdo restritivo são imprescindíveis.

Contudo, na atualidade, vive-se numa sociedade de indivíduos isolados e microgrupos fragmentados. A atomização social, aliada a fatores endógenos e exógenos, tensiona perigosamente a corda que une o indivíduo e a sociedade (LEITÃO, 2020). Ninguém quer sair perdendo de uma reforma.

É por essa razão que, no campo da seguridade social, a solidariedade é compulsória. Alguns estão obrigados a pagar mais e a receber menos, para que outros continuem recebendo o básico. As reformas avançam sobre o patrimônio de milhões de cidadãos de Justizia, mas asseguram a sobrevivência de outros tantos. As novas regras podem não ser boas para alguns, mas, numa perspectiva utilitarista, viabilizam mais utilidade e, por que não dizer, mais felicidade para a maioria da população. O mundo é muito maior do que os círculos de nossas vidas. A previdência garante o nosso futuro. Nosso dever é garantir o dela. Um dia, nós partiremos. Ela deve permanecer.

## 4. REFERÊNCIAS

BECK, Ulrich. *Sociedade de risco*: rumo a uma outra modernidade. São Paulo: Ed. 34, 2010.

BERNARDI, Bruno Boti. O conceito de dependência da trajetória (*path dependence*): definições e controvérsias teóricas. *Perspectivas*, São Paulo, v. 41, p. 137-167, jan./jun. 2012.

BRASIL. Controladoria-Geral da União. *Visão geral da distribuição por subárea (subfunção).* Brasília, DF: Previdência Social, 2022. Disponível em: https://www.portaltransparencia.gov.br/funcoes/09-previdencia-social. Acesso em: 14 dez. 2022.

BRASIL. Tesouro Nacional. *Relatório Resumido da Execução Orçamentária (RREO) 2021.* Brasília, DF: Tesouro Nacional Transparente, 2022. Disponível em: https://www.tesourotransparente.gov.br/publicacoes/relatorio-resumido-da-execucao-orcamentaria-rreo/2021/12. Acesso em: 14 dez. 2022.

CAMPOS, Ana Cristina. IBGE: esperança de vida do brasileiro aumentou 31,1 anos desde 1940. *Agência Brasil*, Rio de Janeiro, 26 nov. 2020. Disponível em: https://agenciabrasil.ebc.com.br/geral/noticia/2020-11/ibge-esperanca-de-vida-do-brasileiro-aumentou-311-anos-desde-1940. Acesso em: 13 out. 2022.

EM 2019, expectativa de vida era de 76,6 anos. *Agência IBGE Notícias*, Rio de Janeiro, 26 nov. 2020. Disponível em: https://agenciadenoticias.ibge.gov.br/agencia-sala-de-imprensa/2013-agencia-de-noticias/releases/29502-em-2019-expectativa-de-vida-era-de-76-6-anos. Acesso em: 17 out. 2022.

GALDINO, Flávio. *Introdução à teoria dos custos dos direitos:* direitos não nascem em árvores. Rio de Janeiro: Renovar, 2005.

HAN, Byung-Chul. *A sociedade do cansaço*. Petrópolis: Vozes, 2017.

HARDIN, Garret. The tragedy of the commons. *Science*, n. 162, p. 1243-1248, 1968.

JADE, Líria. Mulheres e homens se aposentam com mesma idade em 60% dos países, segundo OCDE. *Agência Brasil*, Brasília, DF, 10 dez. 2016. Disponível em: https://agenciabrasil.ebc.com.br/politica/noticia/2016-12/mulheres-e-homens-se-aposentam-com-mesma-idade-em-60-dos-paises-segundo. Acesso em: 17 out. 2022.

LEITÃO, Andre Studart; DIAS, Eduardo Rocha. Reforma previdenciária, solidariedade, informação e comportamento. *Revista da Faculdade de Direito UFPR*, v. 65, p. 59-83, 2021.

LEITÃO, Andre Studart. *O lado oculto da judicialização da previdência social.* 1. ed. Fortaleza: Ed. do Autor, 2020. *E-book* (151 p.).

NABAIS, José Casalta. A face oculta dos direitos fundamentais: os deveres e os custos dos direitos. *Revista Direito Mackenzie*, v. 3, n. 2, p. 9-30, 2002. Disponível em: http://editorarevistas.mackenzie.br/index.php/rmd/article/view/7246/4913. Acesso em: 28 fev. 2020.

NORTH, Douglass. *Instituições, mudança institucional e desempenho econômico.* São Paulo: Três Estrelas, 2018.

PIERDONÁ, Zélia Luiza. A (in) adequação das diferenças entre homens e mulheres para fins de aposentadoria. *In:* BERTOLIN, Patrícia Tuma Martins; ANDRADE, Denise Almeida de; MACHADO, Mônica Sapucaia (org.). *Carta das mulheres brasileiras aos constituintes*: 30 anos depois. 1. ed. São Paulo: Autonomia Universitária, 2018, p. 1-13.

SUNSTEIN, Cass R.; HOLMES, Stephen. *O custo dos direitos*: por que a liberdade depende dos impostos. Tradução de Marcelo Brandão Cipolla. 1. ed. São Paulo: WMF Martins Fontes, 2019.

# 4

# AS REFORMAS DO CONTENCIOSO PREVIDENCIÁRIO NA FRANÇA E SEUS EFEITOS PARA A ADJUDICAÇÃO DE BENEFÍCIOS POR INCAPACIDADE

*Davi Monteiro Diniz*[1]



1. Procurador Federal com experiência nos setores consultivo (UnB) e contencioso (DEPCONT, CVM e PFMG). Professor na UFMG. Doutor em Direito (UFMG), *Legum Magister* (University of Florida).

## INTRODUÇÃO

Formada a partir das mudanças trazidas pela revolução industrial, a previdência social muito se desenvolveu em resposta aos efeitos das crises econômicas que aconteceram no século XX, acompanhando a ascensão do Estado social voltado a apaziguá-los, o que prossegue em nossos dias. Nesse percurso, marcado por modelos como o criado na Alemanha de Bismarck, ou o traçado pelo relatório Beveridge, apresentado na Inglaterra em plena segunda guerra mundial, as várias propostas de sistemas de segurança social financiados principalmente por particulares ou pelo erário permanecem disputando a atenção mundial.

Essas mudanças também se manifestaram na França, país que cedo organizou seu sistema previdenciário, amealhando secular experiência no tema, inclusive quanto ao contencioso que dele decorre. Embora não tenha adotado um ramo judiciário específico para cuidar de questões sociais, como preferido pela Alemanha, as peculiaridades dos conflitos jurídicos envolvendo benefícios de segurança social logo foram percebidas naquele país, que criou Cortes e procedimentos especializados para lidar com esse mister.

Neste século, porém, a França reformou aspectos significativos das instituições e procedimentos que tratam do seu contencioso previdenciário, um movimento que merece ser observado, não apenas em face do conhecimento acumulado naquele país ao ponto de desencadear tais reformas, mas também diante da proximidade entre os sistemas jurídicos brasileiro e francês em vários setores do Direito.

Este artigo investiga o desenvolvimento e reforma desse contencioso, concentrando-se nos procedimentos adotados para os benefícios advindos de incapacidade do segurado para o trabalho. A escolha dessa classe decorre de ela bem representar o uso do Direito para enfrentar problemas sociais que atingem as parcelas mais desamparadas da população, demandando soluções rápidas e justas em face de numerosos casos que se apresentam de forma incessante. Ela revela, assim, importantes questões presentes nos litígios que ocorrem na previdência social, atingindo um conjunto relevante de segurados.

Ao tratar das recentes mudanças ocorridas no Direito francês, o estudo, em par com outro elaborado sobre o Direito dos Estados Unidos da América, propõe-se a contribuir para o debate sobre o contencioso previdenciário brasileiro, o qual ainda não recebe uma abordagem normativa mais especializada, embora se deva notar que, em auxílio ao estabelecido na Lei 8.213/91, algumas mudanças em âmbito administrativo já despontam na edição da Lei 14.441/2022, a respeito de recursos oferecidos pelos segurados.

Pretende, assim, colaborar para que também se considere, no Brasil, uma possível reforma do contencioso previdenciário, tanto administrativo como judicial, no sentido de se alcançar uma melhor prestação de serviços de segurança social à população brasileira.

## 1. O SISTEMA DE PREVIDÊNCIA SOCIAL DA FRANÇA

### 1.1. Histórico de formação e situação presente

Na segunda metade do século XVIII, já estavam presentes na França, ao lado dos auxílios oferecidos por sociedades beneficentes religiosas e das eventuais pensões instituídas pelo governo monárquico aos seus funcionários, as primeiras organizações de apoio mútuo, voltadas a garantir prestações aos seus associados. Estruturadas por iniciativa de empregadores ou de empregados, caracterizavam-se como instituições referenciadas pela natureza das profissões e pelo lugar dos serviços prestados, nelas se mesclando prestações com caráter securitário e assistencial (THUILLIER, 1994).

A partir dessas iniciativas, ao longo do século XIX se desenvolveram, na França, sociedades de socorros mútuos (*sociétés de secours mutuels*), em conjunto com o crescimento do proletariado e suas conhecidas dificuldades decorrentes da revolução industrial. Essas sociedades, também percebidas como centros de organização de trabalhadores e por isso recebendo algumas reações hostis, inicialmente se estruturaram à margem do sistema legal, situação que se alterou ao alcançarem sua legalização, primeiro pelo funcionamento autorizado pelo Estado, em 1850, o que foi seguido pela criação de Caixas (*Caisses*) nacionais estatais para auxiliar suas operações, e depois, pela edição de lei geral, em 1898 (*Charte de la Mutualité*), sob os princípios de liberdade de adesão e solidariedade entre os cotistas, podendo, para tanto, receber incentivos estatais (NICOLAS DA SILVA, 2020).

O modelo de operação de seguros sociais então adotado, no qual organizações privadas atuavam apoiadas pelo Estado, ganhou impulso com a criação, a partir de 1928[2], de um sistema de seguros sociais (*assurances sociales*) para empregados da indústria e comércio, marcado pela contribuição obrigatória de patrões e empregados e a livre escolha a respeito da filiação a um órgão gestor, cabendo ao segurado decidir sua participação em Caixas generalistas ou especializadas por profissão, como também se ligar a diferentes Caixas em razão do risco segurado, por exemplo, saúde ou aposentadoria, inclusive podendo acrescer, à previdência obrigatória, outra facultativa (CANISY, 1937).

Uma característica central a esse sistema foi a de reforçar os papéis conferidos ao Estado e aos agentes privados: o primeiro com a missão de fiscalizar conforme as balizas legais, enquanto as diversas Caixas, já qualificadas como entes de direito privado com função pública, receberam a tarefa de prestar serviços aos beneficiários. Desse modo, na primeira metade do século XX, o incipiente sistema francês de segurança social contava, tanto com pensões aos funcionários do Estado e prestações estatais de auxílios à população, como também com seguros de caráter previdenciário voltados aos trabalhadores de regime privado, um sistema já sob regime de intervenção estatal, mas com autonomia reservada às administradoras de benefícios aos segurados (TIVEAUD, 1997).

Ao final da segunda guerra mundial, uma profunda reforma foi implantada, pela qual se estabeleceu um sistema de segurança social (*Sécurité Sociale*) de aspiração universal, com orientação centralizada a partir de uma Caixa e um Conselho Superior nacionais[3]. Porém, apesar da

---

2. Cf. a Loi du 5 Avril 1928 sur les assurances sociales, disponível em: https://www.securite-sociale.fr/files/live/sites/SSFR/files/medias/DSS/2020/Loi%205%20avril%201928.pdf.

3. La Caisse Nationale de Sécurité Sociale e Le Conseil Supérieur de la Sécurité Sociale.

dominante presença estatal nesse modelo, as atividades de gestão, arrecadação e prestação de benefícios foram mantidas em Caixas de natureza privada sob regulação dos poderes públicos, também permanecendo regimes excepcionais criados para atender categorias específicas (LAROQUE, 2014). Registre-se que, em conjunção com esses atores, continuaram em atividade, tanto as instituições de previdência e as sociedades de socorros mútuos, qualificadas como instituições privadas sem fins lucrativos e preferencialmente geridas de forma paritária, como as companhias de seguros, todas elas podendo atuar nas atividades de segurança social de modo a prover proteção complementar ao regime obrigatório.

No ano de 1956, a legislação relativa a seguros sociais foi pela primeira vez reunida num Código de Segurança Social-*CSS*[4], consolidação esta que vem sendo constantemente atualizada, reunindo leis e decretos com disposições de direito material e processual sobre a matéria.

Em 1967, a partir da proposta de gestão autônoma de cada grupo de risco securitário, em que se buscou evitar a compensação entre setores deficitários e superavitários, o órgão central foi substituído por três órgãos especializados, sempre mantidas as Caixas regionais e locais como operadoras de natureza privada junto aos segurados (FERRY, 1972). Esse desenho institucional foi aperfeiçoado até o presente, construindo-se, ao lado do regime geral, outros, como os organizados para os trabalhadores agrícolas, para as profissões de maior especialização e para os profissionais liberais, sem prejuízo de também se desenvolverem órgãos complementares, formando estruturas nas quais operam atores públicos e privados.

Nessa trajetória, verifica-se crescente presença do poder público na coordenação do regime geral, em que, a partir de lei anual dotando o financiamento da segurança social, os ministérios governamentais celebram e acompanham ajustes com os estabelecimentos públicos responsáveis pela implementação e supervisão de cada ramo autônomo desse sistema (NEZOSI, 2017).

---

4. Code de la sécurité sociale, instituído pelo Décret n° 56-1279 du 10 décembre 1956. Cf. a versão atual do CSS, disponível em: https://www.legifrance.gouv.fr/codes/id/LEGITEXT000006073189/.

Atualmente destacam-se, como principais estabelecimentos públicos no regime geral de segurança social, as[5]: a) Caixa Nacional de Seguro por Doença dos Trabalhadores Assalariados-*CNAMTS*[6], responsável pelas questões relativas à saúde, maternidade, invalidez, falecimento, acidentes do trabalho e doenças profissionais; b) Caixa Nacional de Aposentadoria dos Trabalhadores Assalariados-*CNAVTS*[7], responsável pelas questões ligadas às pensões de aposentadoria; c) Caixa Nacional de Alocações Familiares-*CNAF*[8], responsável pelas questões relativas aos auxílios às famílias; e, com o reconhecimento de um novo ramo de riscos assegurados, em 2020 instituiu-se a d) Caixa Nacional de Solidariedade para a Autonomia-*CNSA*[9], voltada a assegurar condições de autonomia dos idosos e portadores de necessidades especiais.

Esses órgãos são apoiados pelos serviços de outros três estabelecimentos: a Agência Central dos Organismos da Segurança Social-*ACOSS*[10], responsável pela tesouraria desses estabelecimentos; a União das Caixas Nacionais de Segurança Social-*UCANSS*[11], que presta serviços de interesse comum às demais Caixas, tais como administração de recursos humanos e gestão imobiliária; e um órgão voltado exclusivamente para o recolhimento das contribuições dos participantes, a União de Recuperação das Contribuições de Segurança Social e Auxílios Familiares-*URSSAF*[12].

Nessa estrutura, os estabelecimentos nacionais responsáveis por cada ramo da seguridade orientam as ações dos órgãos regionais e locais sob sua área de atuação. Assim, em consonância com as metas definidas pelo Estado

5. As siglas decorrem das denominações originais, indicadas abaixo.

6. Caisse Nationale d'Assurance Maladie des Travailleurs Salariés-CNAMTS.

7. Caisse Nationale d'Assurance Vieillesse des Travailleurs Salariés-CNAVTS.

8. Caisse Nationale des Allocations Familiales-CNAF.

9. Caisse Nationale de Solidarité pour l'Autonomie-CNSA.

10. Agence Centrale des Organismes de Sécurité Sociale-ACOSS.

11. Union des Caisses Nationales de Sécurité Sociale-UCANSS.

12. Union de Recouvrement des Cotisations de Sécurité Sociale et d'Allocations Familiales-URSSAF.

francês, os ministérios competentes celebram, com cada estabelecimento, Convenção de Objetivos e Gestão-*COG*[13] com duração plurianual, documento no qual são definidos os serviços a serem prestados com os recursos recebidos (CHAUCHARD; KERBOURC'H; WILLMANN, 2022).

## 1.2. Coordenação dos benefícios por incapacidade pela CNAMTS

Delineados os órgãos centrais que coordenam a segurança social francesa, cabe então detalhar a atuação da Caixa Nacional de Seguro por Doença dos Trabalhadores Assalariados-*CNAMTS*. A cada celebração de *COG* entre o Governo francês e a *CNAMTS*[14], esta coordenará, para a sua área de atuação e mediante a celebração de contratos plurianuais de objetivos e meios, um conjunto de órgãos regionais e locais, quais sejam, as Caixas Primárias de Seguro por Doença-*CPAM*[15], as Caixas de Seguro de Aposentadoria e Saúde no Trabalho-*CARSAT*[16], as Caixas Gerais de Segurança Social-*CGSS*[17][18], os estabelecimentos médicos da *CNAMTS* reunidos sob as diversas Uniões de Gestão dos Estabelecimentos de Caixa de Seguro por Doença-*UGECAM*[19] e as Direções Regionais de Serviço Médico-*DRSM*[20][21] (RENARD, 2017).

---

13. Convention d'Objectifs et de Gestion-COG.

14. Cf., por exemplo, a Convention d'Objectifs et de Gestion entre l'Etat et la Cnam 2018-2022, disponível em: https://www.ameli.fr/sites/default/files/convention-objectifs-gestion-2018-2022-assurance-maladie_web.pdf.pdf.

15. Caisses Primaires d'Assurance Maladie-CPAM.

16. Caisses d'Assurance Retraite et de la Santé au Travail-CARSAT.

17. Caisses Générales de Sécurité Sociale-CGSS.

18. Caixas gerais de segurança social, que atuam em departamentos franceses ultramarinos.

19. Unions de Gestion des Établissements de Caisse d'Assurance Maladie-UGECAM.

20. Directions Régionales du Service Médical-DRSM.

21. Cf. a descrição da rede de órgãos coordenados pela CNAMTS, disponível em: https://assurance-maladie.ameli.fr/qui-sommes-nous/organisation/reseau-proximite.

Com funções estatais regulatórias e administrativas, a *CNAMTS* articulará a atuação dessas diversas entidades, sendo a principal responsável pelos assim designados "ramo doença"[22] e "ramo acidentes do trabalho e doenças profissionais"[23] da segurança social obrigatória, os quais cuidam, como acima referido, dos riscos que possam advir de doença, maternidade, invalidez, falecimento e acidente no trabalho.

## 1.3. Benefícios por incapacidade e a atuação das caixas regionais e locais

Os principais benefícios que resultam de incapacidade do segurado, quais sejam, o seguro por doença (*assurance maladie*), o seguro por invalidez (*assurance invalidité*) e o seguro por acidentes do trabalho e doenças profissionais (*assurance accidents du travail et maladies professionnelles-AT/MP*), repartem-se pelos dois ramos sob a supervisão da *CNAMTS*, o de doença e o de acidentes do trabalho e doenças profissionais. Consequentemente, a gestão desses benefícios ordinariamente poderá ocorrer por uma das duas espécies de Caixas regionais ou locais, a *CARSAT,* para acidentes e doenças profissionais, e a *CPAM* para os demais, com exceção das Caixas excepcionais, como as que atuam em departamentos ultramarinos.

Em linhas gerais, o benefício de seguro por doença garante ao segurado um conjunto de direitos a prestações que compreendem o reembolso parcial ou total de gastos com honorários e tratamentos médicos, medicamentos e hospitalização, bem como o recebimento de compensação pelos dias não trabalhados (*indemnités journalières*) por motivo de doença. Já o seguro por invalidez protege o segurado dos riscos de diminuição de sua capacidade de trabalho em razão de doença ou acidente não profissional, conferindo-lhe uma pensão se constatada a redução de, pelo menos, dois terços de sua capacidade de auferir ganhos com seu trabalho. Por último, o seguro por acidentes do trabalho e doenças profissionais garante, além

22. Como tradução literal, "ramo doença" (branche maladie).

23. Como tradução literal, "ramo acidentes do trabalho e doenças profissionais-AT/MP" (branche accidents du travail et maladies professionnelles-AT-MP).

do reembolso de despesas decorrentes do tratamento e a compensação por dias não trabalhados, os custos de readaptação e reinserção do segurado, bem como uma renda complementar, se ocorrer perda permanente, parcial ou total, de sua capacidade laboral.

A concessão e acompanhamento desses benefícios serão geridos especificamente pela Caixa local (*CPAM*) ou regional (*CARSAT* ou especial) em que o beneficiário estiver vinculado. Elas farão a gestão das relações com o segurado e, se necessário, também com o respectivo empregador, o que pode envolver progressiva complexidade, de acordo com o desenho e o procedimento de concessão desses direitos. Assim, a conformação de cada benefício pode estabelecer um maior envolvimento de empregadores e empregados para a determinação de seu valor final, o que repercute em eventuais litígios entre as Caixas e esses participantes (CHAUCHARD; KERBOURC'H; WILLMANN, 2022).

# 2. O CONTENCIOSO DA SEGURANÇA SOCIAL NA FRANÇA

## 2.1. Modo de abordagem

No modelo francês estão presentes tanto benefícios assistenciais prestados diretamente pelo Estado como benefícios previdenciários geridos e pagos por Caixas de natureza privada, mesmo para aqueles financiados em grande parte pelo erário. Esta situação, conjugada com a dualidade de jurisdições, administrativa e comum, que é própria ao sistema jurídico da França, direciona a elas os respectivos conflitos conforme a natureza de cada benefício. Revela-se aconselhável, portanto, primeiro se apresentar, ainda que brevemente, essa dualidade, para depois se estudar o modo de funcionamento do contencioso relativo aos benefícios por incapacidade do regime geral de segurança social.

## 2.2. Jurisdição administrativa e benefícios da segurança social

Embora já se encontrasse na França absolutista um Estado com pleno uso de estruturas jurídicas nos setores público e privado, a formação da atual jurisdição administrativa é mais bem compreendida ao se ver as decisões tomadas a partir da Revolução Francesa de 1789. No período absolutista se cristalizou a concepção do Judiciário como um corpo de representantes do poder real de administrar a justiça, o que ocorria de modo associado ao caráter oligárquico que permeava a titularidade dos cargos judiciários, por vezes expostos a institutos como a venalidade e a hereditariedade, então comuns ao exercício de postos administrativos. Sem embargo de que parte do Judiciário se posicionara, no período pré-revolucionário, contra o poder real, inclusive sob o argumento de que comprar ou herdar o cargo seria uma garantia de sua independência em face do monarca, o sistema judicial francês foi profundamente reformulado com o fim do absolutismo, num processo em que se mostraram evidentes o desgaste e a pouca legitimação decorrente de seu modo de atuar nesse regime político (DAWSON,1968).

Em tal contexto, os revolucionários estabeleceram que os juízes de direito comum não poderiam interferir nas ações de governo, cabendo à Administração aplicar e rever seus próprios atos, abordagem que prosperou mesmo com a sucessiva alternância de regimes políticos na França pós-revolucionária até que se tornasse definitiva a opção republicana. De acordo com essa premissa, o contencioso administrativo passou a ser resolvido pelos administradores, concentrando-se em decisões do Conselho de Estado (*Conseil d'Etat*), orientação política que posteriormente se aperfeiçoou, primeiro com a instauração de órgãos internos a esse Conselho para a adjudicação de conflitos e, mais tarde, com a criação de tribunais administrativos de nível inferior, investidos de competência jurisdicional, com juízes (*juge administratif*) dotados das prerrogativas de inamovibilidade e independência (MODERNE,1999).

Atualmente, a jurisdição administrativa (*l'ordre administratif*) se compõe de quarenta e dois tribunais administrativos e nove de apelação, mantido, como instância superior, o Conselho de Estado[24]. Além dessas, há jurisdições administrativas especiais, o que se liga a este estudo pelo aspecto de que o contencioso a respeito de alguns benefícios de segurança

24. Cf. a página do Conselho de Estado francês detalhando sua atual composição e sua missão, disponível em: https://www.conseil-etat.fr/qui-sommes-nous/le-conseil-d-etat.

social oferecidos pelo Estado pode ser a elas direcionado, como ocorria para a Comissão Departamental de Ajuda Social-*CDAS*[25], a qual, porém, foi extinta na última reforma, deslocando-se a maior parte de suas atribuições para a justiça comum.

A identificação da jurisdição administrativa francesa também se mostra importante para diferenciá-la do debate administrativo sobre benefícios de segurança social, como inframencionado, que ocorre no âmbito das diversas Caixas de natureza privada.

## 2.3. Jurisdição de direito comum e benefícios da segurança social

Relativamente à parcela da jurisdição com a missão de decidir os demais litígios, a Revolução de 1789 também se notabilizou por restringir o modo de atuação desses juízes com o objetivo de lhes negar qualquer poder criador de normas, assim determinando que eles aplicassem, por meio de silogismos, as leis postas pelos poderes Legislativo e Executivo. Tal abordagem, que foi posteriormente suavizada por diversas razões políticas e técnicas, dentre as quais as decorrentes de se aplicar de modo integrado normas jurídicas redigidas de modo variado, tem como duas de suas mais conhecidas características formais a exclusão da jurisprudência como fonte do Direito e a concepção do Judiciário não como um poder, mas como uma autoridade (*l'autorité judiciaire*) (LASSER, 2015).

Extremada do Conselho Constitucional (*Conseil Constitutionnel*), a jurisdição de direito comum francesa (*l'ordre judiciaire*) se divide tradicionalmente em jurisdições civil e penal e tem como seu órgão máximo a Corte de Cassação (*Cour de Cassation*), seguindo-se trinta e seis Cortes de Apelação (*Cour d'Appel*) que revisam decisões de primeira instância proferidas em numerosos órgãos ordinários ou especializados, tanto no campo civil como no penal. Um particular aspecto do Judiciário francês é o de compor algumas de suas Cortes mesclando juízes de carreira com

25. Commission Départementale d'Aide Sociale-CDAS.

representantes de profissionais de outras áreas (*juridictions échevinales*), fenômeno que também se verifica no contencioso da segurança social[26].

Ocorre que, como será abordado mais à frente, o sistema judiciário sofreu recentes reformas em sua estrutura e funcionamento a partir de três eixos principais: a) reforçar a acessibilidade e qualidade da justiça para os jurisdicionados; b) melhorar o cotidiano dos profissionais do direito e da justiça; e, c) reforçar a eficácia do procedimento penal e da execução das penas[27].

Ressalte-se que, em face da relevante presença de atores de direito privado na organização do sistema de segurança social da França, a maior parte do contencioso judicial previdenciário é dirimido pela justiça comum, embora por Cortes especializadas em suas instâncias iniciais, sem prejuízo das já aludidas exceções de competência da jurisdição administrativa. Esses órgãos jurisdicionais especializados foram objeto de substancial modificação no bojo da reforma do Judiciário, proporcionando um debate que realçou as particularidades do contencioso da segurança social, como se apresenta em histórico a seguir.

## 2.4. Evolução do contencioso judicial da segurança social da França

A supracitada lei sobre seguros sociais de 1928 organizou o contencioso da segurança social francês como um contencioso de natureza especializada e lhe conferiu órgãos decisórios com composição mista. Para tanto, formou comissões locais (*commissions cantonales*), integradas por um juiz de paz, um empregador e um segurado, as quais foram encarregadas de dirimirem, em primeira instância e mediante procedimento simplificado, os litígios decorrentes da aplicação daquela norma, prevendo a possibilidade de recurso aos Tribunais departamentais de direito comum e, em última instância, à Corte de Cassação.

---

26. Cf. a organização da ordem judiciária francesa, disponível em: http://www.justice.gouv.fr/organisation-de-la-justice-10031/lordre-judiciaire-10033/.

27. Cf. o detalhamento dessa reforma, disponível em: https://www.gouvernement.fr/action/reforme-de-la-justice.

No entanto, uma série de exceções também foram construídas. Por exemplo, no caso de divergência entre o segurado e a opinião sobre o seu estado de saúde, estabeleceu-se a possibilidade de um reexame perante uma comissão médica tripartite (*commission technique*) composta de indicados por segurados, Caixas e juízo processante, neste caso se permitindo recurso apenas a um órgão administrativo, o Conselho Superior de Seguros Sociais. Já as outras questões a envolverem Caixas, organizações sindicais e estabelecimentos médicos seriam dirimidas por comissões administrativas tripartites, podendo-se recorrer ao mesmo Conselho. Além disso, os conflitos decorrentes da tutela estatal sobre as Caixas permaneceram direcionados à jurisdição administrativa, enquanto o controle dos profissionais de saúde (*contentieux du contrôle technique*) foi reservado aos tribunais corporativos organizados pelas respectivas associações (SAYN, 2007).

Essas variações merecem registro, uma vez que influenciaram em certa medida o desenho do sistema geral de segurança social criado em 1946, no qual se manteve o tratamento de seu contencioso por uma jurisdição civil especializada, diferenciando seus tribunais por grupos de riscos segurados. Com efeito, após a segunda guerra mundial, permaneceu a maior parte desse subsistema no contencioso de direito comum, em que, ao lado de uma estrutura geral, instâncias especiais foram mantidas, aqui, uma para questões de invalidez e de inaptidão para o trabalho, outra para as cotizações do seguro para acidentes do trabalho e outra para o contencioso disciplinar para as profissões de saúde – tudo sem se afastar as pontuais competências da jurisdição administrativa.

De maior importância, no entanto, foi a evolução no sentido de se editar lei específica para o contencioso da segurança social[28], aprofundando-se a diferenciação de procedimentos e órgãos jurisdicionais em relação aos então existentes na justiça civil, na tentativa de se alcançar um regime jurídico mais adequado para se solucionar as controvérsias decorrentes.

Com esse objetivo, a lei de 1946 trouxe a imposição de que, para serem aceitos pelos órgãos jurisdicionais, os conflitos do contencioso geral

28. Cf. a Loi n° 46-2339 du 24 octobre 1946 portant réorganisation des contentieux de la sécurité sociale et de la mutualité sociale agricole, disponível em: https://www.legifrance.gouv.fr/loda/id/JORFTEXT000000315092/.

da previdência deveriam ser previamente submetidos a uma comissão paritária constituída no conselho de administração da respectiva Caixa, formando-se, assim, uma obrigatória instância recursal interna a ser acionada (*recours gracieux préalable*) antes de se pleitear decisão judicial. Ressalte-se que essa exigência não se repetiu para o contencioso especial, em que se facultou o uso de tal recurso.

A etapa inicial desse contencioso geral foi constituída por Comissões de Primeira Instância, formadas por um juiz de carreira e dois representantes, sendo um dos trabalhadores assalariados e outro de empregadores ou trabalhadores independentes, permitindo-se recorrer de suas decisões às Comissões Regionais de Apelação, também compostas com alteridade, qual seja, um membro da Corte de Apelações da região respectiva e quatro representantes das categorias antes referidas. Essas decisões intermediárias poderiam ser impugnadas perante a Corte de Cassação, conforme sua competência de máxima instância recursal.

Outros traços relevantes quanto aos procedimentos adotados foram os de a referida lei ter assentado aspectos de oralidade, menor formalidade e gratuidade ao processo, não exigindo a presença obrigatória de advogado e enfatizando o aspecto inquisitório dos poderes judiciais na condução da lide, qualidades mais próximas do modo de agir da jurisdição administrativa, assim se derrogando características comuns ao processo acusatório, então típico ao regime processual civil (SAYN, 2007).

Essa estrutura inicial foi objeto de várias alterações incrementais nos anos posteriores, merecendo atenção, para o contencioso geral, a transformação das Comissões de Primeira Instância em Tribunais de Litígios de Segurança Social-*TASS*[29] e a absorção das competências das Comissões Regionais de Apelação pelas Cortes de Apelação ordinárias (*Cour d'Appel*), nelas se criando uma câmara social (*chambre sociale*), composta por magistrados de carreira.

Relativamente ao contencioso especial, estruturou-se um sistema no qual o recurso administrativo interno permaneceu facultativo para os casos de incapacidade permanente. Além disso, em primeira instância

29. Tribunal des Affaires de Sécurité Sociale-TASS.

foram instituídas Comissões Regionais de Invalidez e Comissões de Incapacidade Permanente em Matéria de Acidentes de Trabalho[30] como órgãos jurisdicionais especiais. Já em grau de apelação, criou-se uma Comissão Nacional Técnica, que também conheceria apelos relativos às decisões de precificação das cotas relativas a acidentes do trabalho.

Destaque-se, como importante sinal das incertezas a respeito da jurisdição que deveria dirimir esse contencioso especial, o fato de que primeiro se possibilitou, das decisões da citada Comissão Nacional Técnica, recurso ao Conselho de Estado, o que conferia a esse subsistema forte feição administrativa. Este traço, porém, foi alterado em 1958, atribuindo-se tais conflitos à ordem judiciária, de modo a submetê-los, em última instância, à Corte de Cassação (TAQUET, 1993).

Em 1994, essas comissões de contencioso especial foram substituídas, em primeira instância, por Tribunais do Contencioso de Incapacidade-*TCI*[31] e, em segunda instância, por uma Corte Nacional de Incapacidade e de Precificação do Seguro de Acidentes do Trabalho-*CNITAAT*[32], todos com julgadores de formação profissional diversificada.

Alvo de várias críticas quanto a essa composição e seu modo de funcionamento, o contencioso da segurança social foi objeto de mudanças expressivas em 2002 e 2016.

## 3. REFORMAS DO CONTENCIOSO DA SEGURANÇA SOCIAL NO SÉCULO XXI

### 3.1. As reformas de 2002

Como explicitado, a tradicional abordagem adotada pelo sistema francês de segurança social foi a de organizar um contencioso

30. La Commission de l'Invalidité et de l'Inaptitude au Travail e La Commission Technique de l'Incapacité Permanente en Matière d'Accident du Travail.

31. Tribunal du Contentieux de l'Incapacité-TCI.

32. Cour Nationale de l'Incapacité et de la Tarification de l'Assurance des Accidents du Travail-CNITAAT.

previdenciário de caráter geral ao lado de subsistemas específicos, dentre eles se destacando, para os fins deste ensaio, o contencioso técnico formado para questões sobre incapacidade advinda de doenças ou acidentes do trabalho[33]. Essa separação propiciou, além de variações quanto à exigência ou não de prévio recurso administrativo em cada via, geral ou especial, instituir-se uma primeira instância de caráter geral, o *TASS*, ao lado de uma primeira instância especial, o *TCI*. Porém, a segunda instância do contencioso geral securitário foi localizada nos Tribunais ordinários (*Cour d'Appel*), enquanto a segunda instância do contencioso especial foi deslocada para outro órgão especial, a *CNITAAT* (MANAOUIL *et al.*, 2003).

A estruturação de um contencioso específico para questões sobre invalidez e incapacidade permanente, financeiramente apoiado, em primeira instância, pelas próprias Caixas, bem como permeado por questões decididas se considerando a opinião de peritos médicos (*contentieux technique médical*), propiciou que a composição dos órgãos jurisdicionais pouco adotasse a presença de juízes de carreira.

Desse modo, o órgão de primeira instância, primeiro concebido como Comissão Regional, e mais tarde, como Tribunal (*TCI*), era conduzido pelo seguinte colegiado, para cada região respectiva: a) um representante governamental, ligado à Direção Regional de Assuntos Sanitários e Sociais-*DRASS*[34], que o presidia; b) um assessor representando os empregadores e trabalhadores independentes; c) um assessor representando os trabalhadores assalariados; d) um médico especialista escolhido pelo referido órgão (*DRASS*); e) um médico escolhido pelo segurado litigante, que deveria pagar-lhe os respectivos honorários; f) um médico designado pela Caixa cuja decisão foi contestada, também responsável por estes honorários; e, g) outro representante governamental, ligado à respectiva direção regional de trabalho e emprego (MANAOUIL *et al.*, 2003).

33. Perceba-se que, nessa ordem, as questões médicas sobre seguro por doença seriam levadas ao TASS e as questões sobre definição de taxa de incapacidade permanente, nível e categoria de invalidez ou grau de inaptidão para o trabalho ao TCI.

34. Direction Régionale des Affaires Sanitaires et Sociales-DRASS.

Já a segunda instância, a *CNITAAT,* presidida por um conselheiro aposentado (*honoraire*) da Corte de Cassação, dividia-se em sete seções especializadas, cada qual com a seguinte composição: a) o presidente, obrigatoriamente magistrado advindo da jurisdição administrativa ou de direito comum, em atividade ou aposentado; b) dois membros, que poderiam ser, ou magistrados ou funcionários públicos de maior nível (categoria A), em atividade ou aposentados, e quanto aos magistrados, eles poderiam advir da jurisdição administrativa ou de direito comum; c) dois assessores representando os empregadores e trabalhadores independentes; e, d) dois assessores representando os trabalhadores assalariados (MANAOUIL *et al.*, 2003).

Com a ratificação da Convenção Europeia de Direitos Humanos pela França, em 1974 (BONINO, 2018), abriu-se o caminho para uma harmonização de seu direito interno às disposições dessa Convenção, entre as quais, o previsto no Art. 6º, I, que estabelece o direito a um processo equânime (*équitable*)[35]. Com base nessa norma, a Corte de Cassação questionou, primeiro em 1988, a composição dos *TCI*, e, dois anos mais tarde, a da *CNITAAT*, sob o ângulo da falta de imparcialidade e independência dessas Cortes, bem como em face de falhas relevantes quanto à presença de um efetivo contraditório, especialmente quanto às avaliações médicas (VERKINDT, 2016).

O reiterado posicionamento judicial levou a uma reforma legislativa da composição desses Tribunais, promulgada em 2002[36]. Ela estabeleceu

35. Cf. a redação do Art. 6º, I, da Convenção Europeia de Direitos Humanos: Qualquer pessoa tem direito a que a sua causa seja examinada, equitativa e publicamente, num prazo razoável por um tribunal independente e imparcial, estabelecido pela lei, o qual decidirá, quer sobre a determinação dos seus direitos e obrigações de carácter civil, quer sobre o fundamento de qualquer acusação em matéria penal dirigida contra ela. O julgamento deve ser público, mas o acesso à sala de audiências pode ser proibido à imprensa ou ao público durante a totalidade ou parte do processo, quando a bem da moralidade, da ordem pública ou da segurança nacional numa sociedade democrática, quando os interesses de menores ou a proteção da vida privada das partes no processo o exigirem, ou, na medida julgada estritamente necessária pelo tribunal, quando, em circunstâncias especiais, a publicidade pudesse ser prejudicial para os interesses da justiça. (Disponível em: https://www.echr.coe.int/documents/convention_por.pdf).

36. Cf. a Loi nº 2002-73 du 17 janvier 2002 de modernisation sociale, disponível em: https://www.legifrance.gouv.fr/jorf/id/JORFTEXT000000408905.

que os *TCI* seriam compostos por: a) um presidente, obrigatoriamente magistrado advindo da jurisdição administrativa ou de direito comum, aposentado; b) dois assessores representando os empregadores e trabalhadores independentes; c) dois assessores representando os trabalhadores assalariados. Permitiu ainda, excepcionalmente, que o presidente fosse pessoa dotada de notório saber jurídico e dotado de garantias de imparcialidade e independência, na hipótese de não advir do Judiciário.

Quanto a *CNITAAT*, localizada na cidade de Amiens, esta passou a ser presidida por um magistrado da Corte de Apelação ali sediada, com composição de suas seções assim estabelecida: a) um presidente, obrigatoriamente magistrado dessa Corte; b) um assessor representando os empregadores e trabalhadores independentes; c) um assessor representando os trabalhadores assalariados.

## 3.2. As reformas de 2016-2019

Neste século, a sociedade francesa já implementou reformas significativas em seu Judiciário, as quais atingem órgãos e procedimentos tanto da jurisdição administrativa quanto da comum, ressaltando-se, como instrumentos de positivação dessas mudanças, as recentes leis de 2016[37] e 2019[38]. Essas reformas envolveram o contencioso da segurança social, alterando procedimentos e a sua estrutura orgânica, antes descrita.

Com o objetivo de atender às críticas a respeito dos efeitos prejudiciais da fragmentação e complexidade de funcionamento acima reveladas (JOXE, 2014), essas reformas extinguiram os tribunais de primeira instância do contencioso geral e do especial, *TASS* e *TCI*, e deslocaram as respectivas competências para uma seção (***pôle social***) dos tribunais de primeira instância da jurisdição comum[39]. Manteve-se, porém, a compo-

37. Cf. a *Loi n° 2016-1547 du 18 novembre 2016 de modernisation de la justice du XXIe siècle*, disponível em: https://www.legifrance.gouv.fr/loda/id/JORFTEXT000033418805/.

38. Cf. a *Loi n° 2019-222 du 23 mars 2019 de programmation 2018-2022 et de réforme pour la justice*, disponível em: https://www.legifrance.gouv.fr/jorf/id/JORFTEXT000038261631/.

39. Inicialmente, situada nos tribunais ordinários de primeira instância (*tribunaux de grande instance*). A lei de 2019 realizou a fusão desses tribunais com os de causas de menor

sição mista de julgadores, formada por um juiz do respectivo Tribunal e dois assessores representando segurados e empregadores, com mandato de três anos.

No entanto, uma exceção permaneceu, relativa à precificação das cotas devidas por acidentes do trabalho, competência que transitoriamente permaneceu em única instância com a *CNITAAT*, Tribunal este que também desaparecerá para ser absorvido, junto com sua competência especial, pela Corte de Apelação de Amiens.

Vê-se que tais alterações suprimiram a anterior separação entre contencioso geral e contencioso especial, unificando-os, com exceção do contencioso da *CNITAAT* na parte relativa a cotizações de acidentes de trabalho, mantida sob fluxo processual especial. Salvo esta hipótese, universalizou-se a previsão de recurso às Cortes de Apelação, a ser direcionado para aquelas designadas para recebê-lo em cada região (*Cours d'Appel spécialement désignés*), ressalvadas as limitações de alçada, cabendo recurso em última instância à Corte de Cassação.

Relativamente aos procedimentos, um aspecto particularmente importante da reforma foi o de ampliar[40] a obrigatoriedade de o litigante oferecer um recurso administrativo prévio à respectiva Caixa (*recours préalable obligatoire*), o qual deverá ser dirigido a uma comissão recursal com composição paritária e natureza não contenciosa (*Commission de Recours Amiable-CRA*)[41], especialmente criada para esse fim. Tal obrigatoriedade se traduz em que, sem a interposição desse recurso e o seu respectivo julgamento, ou ausente esta decisão em prazo determinado, não se admitirá subsequente ação judicial. Ressalte-se que, para assuntos médicos, uma diferente comissão de profissionais será estabelecida (*Commission Médicale de Recours Amiable-CMRA*)[42] para desempenhar essa tarefa.

---

complexidade (*tribunaux d'instance*) quando situados na mesma cidade, nomeando-os de *Tribunal Judiciaire*.

40. O recurso permanece facultativo para o contencioso a respeito da cotização derivada de acidentes do trabalho.

41. Como tradução literal, "Comissão de Recurso Amigável".

42. Como tradução literal, "Comissão Médica de Recurso Amigável".

Adicionalmente, permaneceram os princípios da oralidade e do acesso às instâncias ordinárias sem exigência de advogado, mas se alterou a ampla gratuidade ao segurado, a qual permaneceu apenas para as despesas médicas, seguindo-se, a partir de então, as regras processuais ordinárias.

## 4. O PROCEDIMENTO CONTENCIOSO ATUAL PARA BENEFÍCIOS POR INCAPACIDADE

### 4.1. Abrangência do contencioso da segurança social

Antes de se ingressar no contencioso sobre benefícios por incapacidade, cabe primeiro ilustrar a dimensão do contencioso da segurança social, que não se limita a ações dos segurados contra as Caixas. Ele envolve, além dos debates sobre benefícios relativos ao regime geral e aos específicos, a recuperação de valores devidos, a definição das tarifas cobradas dos empregadores em razão dos seguros AT/MP, os conflitos sobre indenizações e, também, sobre algumas prestações assistenciais diretamente pagas pelo Estado. Desse modo, pode se estar diante de ações movidas: a) pela *URSSAF* contra devedores de contribuições ou, inversamente, por estes impugnando tais cobranças; b) por empregadores contra Caixas e segurados em razão de divergências quanto a benefícios; c) com similar motivação, pelas Caixas, contra empregadores ou empregados; e, ainda, d) por segurados e beneficiários contra as Caixas e, eventualmente, também contra empregadores, ou até mesmo contra o Estado.

Essas ações podem se tornar mais complexas em razão das características de cada benefício. Por exemplo, nos conflitos sobre os seguros AT/MP, uma Caixa pode se recusar, perante o segurado, a reconhecer a ocorrência de acidente do trabalho ou de doença profissional, ou um empregador pode impugnar a existência do acidente, a extensão das sequelas, a taxa de cotização que lhe será imputada, bem como eventuais indenizações decorrentes, controvérsias que permitem a variação das classes de partes que ocuparão os polos ativo e passivo de cada litígio.

Dentre essas possibilidades, aqui serão apresentados os passos do procedimento de contencioso quanto aos benefícios por incapacidade solicitados pelo segurado, envolvendo as questões sobre a existência e a extensão de limitação para o trabalho decorrente de doenças ou acidentes, de natureza geral ou profissional.

## 4.2. O recurso obrigatório às CRA e CMRA

Um aspecto substancial da reforma foi o de ampliar a necessidade de o segurado, antes de buscar o Judiciário, oferecer um recurso administrativo prévio à Caixa que denegou total ou parcialmente seu benefício, sob pena de não recebimento do seu pedido na instância jurisdicional. Caso o ponto controverso trate de questão médica, o recurso será encaminhado à *CMRA*. Para os demais assuntos, será enviado à *CRA*.

Em face de suas missões serem um pouco diferenciadas, mostra-se importante distinguir essas comissões. Registre-se que a *CRA* é um prolongamento do conselho administrativo da Caixa, enquanto a *CMRA* é uma comissão formada por médicos, pois voltada a se pronunciar a respeito das questões técnicas que dependem de sua expertise. Dessa feita, tais nuances repercutem na composição, procedimentos e prazos alocados a essas respectivas comissões.

Quanto à composição, a *CRA* de uma *CPAM* é integrada por cinco membros de seu conselho administrativo, dentre os quais quatro são selecionados paritariamente dentre os representantes dos empregados e os representantes dos empregadores e trabalhadores independentes, e o derradeiro, de uma das demais categorias presentes no referido conselho[43]. A *CMRA*, por sua vez, é um órgão composto por quatro médicos, os dois primeiros pertencentes ao serviço médico local, outro ligado à respectiva Caixa (*praticien-conseil*) e o último escolhido dentre uma lista nacional de peritos cadastrados junto ao Judiciário, que também decidirá

43. Cf. o CSS, Article R211-1, o qual estabelece que o conselho administrativo de uma CPAM é composto por 23 integrantes, dos quais 8 representantes dos empregados, designados por organizações trabalhistas, 8 representantes dos empregadores, designados por organizações patronais, 2 representantes da federação nacional de sociedades de socorros mútuos (*mutualité*), 4 representantes de associações com interesses no campo de atuação da CPAM e 1 representante do Estado francês.

eventual empate, assim formando um órgão que geralmente atua em área regional[44].

Quanto ao procedimento, uma vez intimado da negativa de seu pedido por razões administrativas, registradas em documento no qual deve constar orientações suficientes para o exercício do direito de recorrer, o segurado tem o prazo de dois meses para oferecer o seu recurso, juntando a motivação e os documentos que entender necessários. O apelo será encaminhado à *CRA*, a qual terá o mesmo prazo para apresentar sua decisão por escrito, sob pena de negativa implícita. A decisão da *CRA* será comunicada ao conselho de administração da *CPAM* e à autoridade governamental de tutela, a qual, excepcionalmente, poderá anulá-la se considerá-la em desacordo com as leis sob supervisão estatal (BOUILLOUX *et al.*, 2021).

Relativamente aos recursos direcionados à *CMRA*, porém, maior detalhamento se faz necessário. Embora seja igual o prazo para recorrer da decisão da Caixa, uma vez que seja apresentado esse apelo, a *CMRA* deverá receber da *CPAM*, em até dez dias, o relatório médico que apoiou o indeferimento impugnado. Caso já não tenha sido feito pela Caixa, este relatório deverá ser em seguida disponibilizado ao recorrente, o qual terá até vinte dias para apresentar suas observações à *CMRA*. Vencidas essas etapas, a *CMRA* decidirá sobre realizar ou não um novo exame médico no segurado, hipótese em que ele deverá ser notificado com prazo mínimo de quinze dias, podendo comparecer acompanhado de médico de sua escolha. Se não for possível ao recorrente deslocar-se ao local do exame por motivo justificado, será designado um médico especialista em local próximo ao segurado.

Ao final, a *CMRA* deverá apresentar uma resposta devidamente fundamentada ao recorrente em até quatro meses do oferecimento do recurso, notificando também a Caixa envolvida, sob pena de o seu silêncio nesse prazo se caracterizar como negativa implícita.

44. Cf. as instruções da *CNAMTS* (*Circulaire CIR-24/2020*) sobre os procedimentos pré-contenciosos e contenciosos a serem adotados pelas Caixas, inclusive com a composição dos *CRA* e *CMRA*, em: http://www.mediam.ext.cnamts.fr/ameli/cons/CIRCC/2020/CIR-24-2020.PDF.

Para as situações em que se mostrar necessário ouvir ambas as comissões, o tempo máximo para apresentarem as respostas é o de seis meses.

Desse modo, se as comissões competentes, *CRA* ou *CMRA*, não se pronunciarem em prazo determinado, considerar-se-á ter ocorrido negativa tácita, implementando-se condição para se oferecer subsequente ação judicial (BOUILLOUX *et al.*, 2021).

## 4.3. O procedimento nas instâncias judiciais

Como antes assinalado, se reiterado o indeferimento do pedido em sede recursal, seja de modo tácito ou expresso, o segurado poderá, em até dois meses, ingressar com ação judicial no *pôle social* do Tribunal Judiciário. No caso de o autor ultrapassar esse prazo, ou não comprovar ter oferecido recurso administrativo prévio, o processo será extinto em face da impossibilidade de recepção de seu pedido.

Observe-se que o segurado poderá ingressar com a ação pessoalmente ou por representante, advogado ou não, sendo-lhe facultado fazê-lo por requerimento padronizado, ao qual acrescerá as razões do recurso e os documentos que embasam seu pedido. A lei estabelece procedimento oral, embora permita às partes peticionar e pedir a dispensa de comparecimento. Cabe ao presidente da seção, como juiz de instrução, conduzir o processo com o auxílio dos demais integrantes da Corte e com base na lei processual geral, norma que lhe atribui poderes inquisitórios para requerer de ofício quaisquer documentos e provas necessárias ao julgamento da lide, inclusive ordenar consulta médica em audiência ou nova perícia, que será custeada pela *CPAM* litigante. Colhidas as manifestações dos assessores, ele redigirá a sentença que solucionará a controvérsia.

Tratando-se de demanda com valor acima de cinco mil euros, ou de valor indeterminado, a parte irresignada poderá ingressar, em até um mês, com recurso da decisão proferida pelo Tribunal Judiciário, apresentando-o diretamente à Corte de Apelação, nesta etapa ainda lhe sendo autorizado litigar pessoalmente ou por representante, advogado ou não, adotando-se o procedimento ordinário civil. Do julgamento resultante caberá recurso à Corte de Cassação, instância na qual será obrigatória a representação por advogado.

## 4.4. Aspectos centrais às reformas

Uma mudança de tamanha envergadura em estruturas e procedimentos tradicionais ao sistema francês sinaliza uma reorientação que valoriza determinados pontos cardeais, percebendo-se significativo fortalecimento do uso de figuras de direito público no contencioso privado de benefícios da segurança social.

O primeiro deles reconhece que a impugnação à decisão denegatória do benefício dever ser dirigida a instâncias com imparcialidade assegurada, tanto no âmbito administrativo como no judicial. Desse modo, a exigência de prévio recurso oferecido à comissão especialmente formada para este fim, *CRA* ou *CMRA*, considera que estes órgãos devem se constituir, respectivamente, por composição paritária de administradores representantes de empregadores e empregados ou por maioria de médicos externos à Caixa prolatora da decisão impugnada, protegendo-se, assim, o órgão decisório recursal. Do mesmo modo, devem ser asseguradas instâncias judiciárias com composição isenta de potenciais conflitos de interesse.

Outro ponto importante das reformas acompanha a tradição de o direito administrativo francês, em numerosas situações, condicionar o acesso à jurisdição à interposição de recurso administrativo prévio contra o indeferimento do pleito[45]. A partir dessa premissa, a decisão sobre o recurso, seja ela expressa ou implícita, constitui-se em requisito indispensável para se oferecer ação judicial. Ademais, da mesma fonte administrativa decorre prevalecer a abordagem inquisitorial na condução dos processos, não dependendo a autoridade condutora do procedimento, esteja ele ainda em fase privada ou já judicializado, de indispensável iniciativa da parte para ordenar a produção de informações necessárias à melhor solução do litígio.

Por fim, otimizou-se o acesso à justiça, permitindo-se impugnar eventual decisão denegatória por meios facilitados e prontamente disponíveis,

45. Cf. O estudo do Conselho de Estado francês sobre recursos administrativos prévios obrigatórios (*Les recours administratifs préalables obligatoires-RAPO*), disponível em: https://www.conseil-etat.fr/publications-colloques/etudes/les-recours-administratifs-prealables-obligatoires-rapo.

capazes de viabilizar pedidos do segurado em nome próprio ou por representação, dispensada a exigência de constituição de advogado para essa tarefa na fase ordinária do procedimento.

Ao mesmo tempo em que reforçam a acessibilidade e a qualidade da justiça para os jurisdicionados e melhoram o cotidiano dos profissionais envolvidos, tais reformas também já apresentam resultados quantitativos: no ano de 2020, contabilizaram-se, para todas as matérias sob a gestão das *CPAMs*, 96.000 dossiês analisados pelos *CRAs* e 31.546 submetidos às *CMRAs*. Em contrapartida, no Judiciário se somaram, relativas ao contencioso da segurança social, 13.199 decisões de primeira instância e 2.572 em apelação, restando, em primeira instância, 57.665 dossiês como passivo geral[46], pequena parcela de um número total de 1.115.319 casos a serem julgados pelos Tribunais Judiciários, considerando-se todas as suas atribuições[47].

## 5. CONCLUSÃO

A reforma substancial de estruturas jurídicas quase centenárias, como transcorreu para o contencioso de segurança social da França, é um evento que revela o apuro das abordagens escolhidas a partir da reflexão sobre as vantagens e dificuldades do sistema reformado. Nesse sentido, um ponto particularmente importante é o entendimento de que a decisão sobre benefícios previdenciários financiados pelo Estado deve se pautar por critérios jurídicos de julgamento, a serem aplicados, sem embargo dos necessários pareceres médicos ou das razões administrativas, com atendimento à lei na integralidade de seus aspectos materiais e processuais, afastando-se o risco de produzir decisões de outra maneira.

Outro aspecto relevante que decorre dessa abordagem é o de se ordenar ao administrador empregar estruturas que permitam, ainda em fase

46. Cf. os dados coletados pelo Ministério da Justiça francês em: http://www.justice.gouv.fr/art_pix/rapport_diagnostic_stocks.pdf.

47. Cf. os dados coletados pelo Ministério da Justiça francês sobre os principais quantitativos do Judiciário em: http://www.justice.gouv.fr/art_pix/chiffres_cles_2021_web.pdf.

anterior à judicial, a melhor preparação do procedimento, de modo a que nele sejam utilizadas as necessárias ferramentas jurídicas que devem conduzir o processo decisório. Dessa feita, a imposição de que se forme uma instância recursal isenta e independente, que permita efetivo contraditório e adote abordagem inquisitória, de modo a propiciar a melhor decisão juridicamente motivada, legitima condicionar o acesso ao Judiciário ao prévio oferecimento de recurso, bem como estabelecer prazo peremptório para o segurado impugnar em juízo a decisão administrativa.

Esse mecanismo, pelo qual se busca resolver questões centrais ao litígio no âmbito do órgão gestor, revela-se capaz de promover a redução expressiva do número de ações judiciais, desde que o administrador, público ou privado, emule, com maior proximidade possível, o que aconteceria em juízo, desse modo tornando redundante se repetir tais passos procedimentais no Judiciário. Evidentemente, se não for conferido a este recurso a atenção devida, ele acaba por se tornar mera etapa formal, destituída de efeito prático, o que é tratado no sistema francês pela determinação de que a demora em sua resposta implicará em negativa tácita do pedido.

Sobressai, portanto, a necessidade de a instância recursal imparcial atuar com poderes e deveres capazes de formar sua decisão pelo uso de meios jurídicos, sem o que permanecerá o risco de apenas se chancelar as mesmas eventuais falhas da denegação impugnada, elevando a probabilidade de que o procedimento e a subsequente decisão de mérito sejam integralmente reconstruídos em processo judicial, malgrado o recurso oferecido. Para os benefícios por incapacidade, classe em que, apesar do enorme número de casos, espera-se constituir prova hábil sobre as condições físicas de cada segurado, mostra-se de inegável importância que tais elementos sejam produzidos e examinados com obediência aos ditames jurídicos antes assinalados.

A manutenção de acesso direto do segurado ao juízo, sem a necessidade de estar representado por advogado nas fases iniciais, circunstância que pode suscitar receios quanto à efetiva defesa dos direitos do hipossuficiente, encontra razoabilidade na concreta aplicação de um procedimento inquisitório, no qual o julgador independente e imparcial buscará de ofício verificar todos os elementos probatórios e legais aplicáveis ao benefício vindicado, independentemente de prévia iniciativa das partes do processo, tanto na instância administrativa como na judicial.

Desse modo, diante do predominante financiamento público dos direitos em questão, cabe ao Estado assegurar que a pessoa receba o que lhe for juridicamente garantido, atuando com essa perspectiva não apenas em relação aos direitos materiais em disputa, mas também no procedimento de adjudicação desses direitos, mesmo que ele ocorra em litígio entre pessoas de direito privado, ainda mais diante de expressivo desequilíbrio das forças em confronto.

Há que se ponderar, pois, o quanto essa ordem de ideias implantada no contencioso previdenciário francês pode auxiliar nas reflexões que procurem aperfeiçoar, no Brasil, a justiça e a eficiência do atual contencioso administrativo e judicial relativo a benefícios previdenciários, em especial os decorrentes de incapacidade para o trabalho.

## REFERÊNCIAS

BONINO, Pauline. La France contre les droits de l'Homme? La difficile ratification par la France de la Convention Européenne des Droits de l'Homme (1950-1974). *Relations Internationales,* n. 174, p. 91-108, 2018. Disponível em: https://www.cairn.info/revue-relations-internationales-2018-2-page-91.htm. Acesso em: 15 nov. 2022.

BOUILLOUX, Alain *et al. Guide du contentieux de la sécurité sociale 2021/2022.* Paris: LexisNexis, 2021.

CANISY, Alban de. Le nouveau régime des retraites dans les entreprises privées. *Revue des Deux Mondes,* v. 42, n. 2, p. 411-423, 1937. Disponível em: http://www.jstor.org/stable/44855555. Acesso em: 15 nov. 2022.

CHAUCHARD, Jean-Pierre, KERBOURC'H, Jean-Yves, WILLMANN, Christophe. *Droit de la sécurité sociale.* Paris: LGDJ, 2022.

DAWSON, John. *The oracles of the law.* Michigan: The University of Michigan, 1973.

FERRY, Antoine. La sécurité sociale depuis les ordonnances de 1967. *Revue d'Économie Politique,* v. 82, n. 5, p. 983-997, 1972. Disponível em: http://www.jstor.org/stable/24694906. Acesso em: 15 nov. 2022.

FRANCE. Caisse Nationale de l'Assurance Maladie des Travailleurs Salariés. *Circulaire CIR-24/2020.* Paris: CNAMTS, 11 août 2020. Disponível em: http://www.

mediam.ext.cnamts.fr/ameli/cons/CIRCC/2020/CIR-24-2020.PDF. Acesso em: 15 nov. 2022.

FRANCE. *Code de la sécurité sociale*. Paris: Légifrance, 14 mars 2023. Disponível em: https://www.legifrance.gouv.fr/codes/id/LEGITEXT000006073189/. Acesso em: 15 nov. 2022.

FRANCE. *Convention d'Objectifs et de Gestion entre l'État et la Cnam 2018- 2022*. Paris: COG-CNAM, 13 déc. 2021. 222 p. Disponível em: https://www.ameli.fr/sites/default/files/convention-objectifs-gestion-2018-2022-assurance-maladie_web.pdf.pdf. Acesso em: 15 nov. 2022.

FRANCE. Gouvernement. *Réforme de la justice*. Paris: Gouverment, 24 août 2021. Disponível em: https://www.gouvernement.fr/action/reforme-de-la-justice. Acesso em: 15 nov. 2022.

FRANCE. Le Conseil d'État. *Les recours administratifs préalables obligatoires*. Paris: Conseil d'État – RAPO, 29 mai 2008. Disponível em: https://www.conseil-etat.fr/publications-colloques/etudes/les-recours-administratifs-prealables-obligatoires-rapo. Acesso em: 15 nov. 2022.

FRANCE. *Loi du 5 avril 1928 sur les assurances sociales*. Paris: La Sécurité Sociale, 5 avril 1928. 32 p. Disponível em: https://www.securitesociale.fr/files/live/sites/SSFR/files/medias/DSS/2020/Loi%205%20avril%201928.pdf. Acesso em: 15 nov. 2022.

FRANCE. *Loi nº 2002-73 du 17 janvier 2002 de modernisation sociale*. Paris : Légifrance, 29 janv. 2017. Disponível em: https://www.legifrance.gouv.fr/jorf/id/JORFTEXT000000408905. Acesso em: 15 nov. 2022.

FRANCE. *Loi nº 2016-1547 du 18 novembre 2016 de modernisation de la justice du XXI e siècle*. Paris: Légifrance, 1 janv. 2023. Disponível em: https://www.legifrance.gouv.fr/loda/id/JORFTEXT000033418805/. Acesso em: 15 nov. 2022.

FRANCE. *Loi nº 2019-222 du 23 mars 2019 de programmation 2018-2022 et de réforme pour la justice*. Paris: Légifrance, 31 déc. 2022. Disponível em: https://www.legifrance.gouv.fr/jorf/id/JORFTEXT000038261631/. Acesso em: 15 nov. 2022.

FRANCE. Ministère de la Justice. *Les chiffres clés de la justice*. Paris: Ministère de la Justice, 2021. 42 p. Disponível em: http://www.justice.gouv.fr/art_pix/chiffres_cles_2021_web.pdf. Acesso em: 15 nov. 2022.

FRANCE. Ministère de la Justice. *Mission d'appui aux chefs de cour et à la DSJ visant au diagnostic de l'état des stocks*: rapport final. Paris: Inspection Générale de la

Justice, n. 109-21: 2021/00016, nov. 2021. 57 p. Disponível em: http://www.justice.gouv.fr/art_pix/rapport_diagnostic_stocks.pdf. Acesso em: 15 nov. 2022.

FRANCE. Ministère de la Justice. *Présentation de l'ordre judiciaire*. Paris: Ministère de la Justice, 25 mai 2021. Disponível em: http://www.justice.gouv.fr/organisation-de-la-justice-10031/lordre-judiciaire-10033. Acesso em: 15 nov. 2022.

JOXE, Pierre. *Soif de justice:* au secours des juridictions sociales. Paris: Fayard, 2014.

LAROQUE, Michel. La gouvernance de la protection sociale: des origines de la sécurité sociale aux ordonnances de 1967. *In* : COMITÉ RÉGIONAL D'HISTOIRE DE LA SÉCURITÉ SOCIALE MIDI-PYRÉNÉES. *La Gouvernance de la Protection Sociale*. Toulouse: Presses de l'Université Toulouse, 2014.

LASSER, Mitchel. Le style judiciaire français en question: une analyse réaliste des effets de la jurisprudence européenne sur "le procès équitable". *Droit et société*, n. 91, p. 473-489, 2015. Disponível em: https://www.cairn.info/revue-droit-et-societe1-2015-3-page-473.htm. Acesso em: 15 nov. 2022.

MANAOUIL, Cécile *et al*. Le contentieux technique de la sécurité sociale soumis aux exigences européennes. *Médecine & Droit*, n. 62–63, p. 152-158, 2003. Disponível em: https://pdf.sciencedirectassets.com/271964/1-s2.0-S1246739100X00243/1-s2.0-S1246739103000605/main.pdf?X-Amz-Security. Acesso em: 15 nov.2022.

MODERNE, Franck. Origine et évolution de la juridiction administrative en France. *La Revue Administrative*, v. 52, n. 9, p. 15-22, 1999. Disponível em: http://www.jstor.org/stable/40773370. Acesso em: 15 nov. 2022.

NEZOSI, Gilles. Quelle gouvernance au sein de la sécurité sociale? *Regards*, v. 52, n. 2, p. 39-47, 2017. Disponível em: https://en3s.fr/articles-regards/52/NEZOSI.pdf. Acesso em: 15 nov. 2022.

NICOLAS DA SILVA. Mutualité et capitalisme entre 1789 et 1947: de la subversion à l'intégration. *Revue Internationale de l'Economie Sociale*, n. 357, p. 1-14, 2020. Disponível em: https://hal.science/hal-03228414. Acesso em: 15 nov. 2022.

RENARD, Philippe. Les contrats pluriannuels de gestion: vingt ans après. *Regards*, v. 52, n. 2, p. 137-148, 2017. Disponível em: https://www.cairn.info/revue-regards-2017-2-page-137.htm. Acesso em: 15 nov. 2022.

SAYN, Isabelle *et al*. *Naissance et évolution d'une juridiction*: le contentieux général de la sécurité sociale entre ordre judiciaire et droit administratif. Saint-Etienne: Université de Saint-Etienne (CERCRID), mars. 2007. 139 p. Disponível em:

https://shs.hal.science/halshs-00195181/PDF/Sayn_2007_Tass.pdf. Acesso em: 15 nov. 2022.

TAQUET, François. *Le contentieux de la sécurité sociale*. Paris: Litec, 1993.

THUILLIER, Guy. Aux origines de la sécurité sociale: les retraites ses fermes générales (1768-1790). *La Revue Administrative*, v. 47, n. 282, p. 568–573, 1994. Disponível em: http://www.jstor.org/stable/40770152. Acesso em: 15 nov. 2022.

TIVEAUD, Jean-Marie. La lente construction des systèmes de retraite en France de 1750 à 1945. *Revue d'Economie Financière*, n. 40, p. 21-54, 1997. Disponível em: https://www.persee.fr/doc/ecofi_0987-3368_1997_num_40_2_2305. Acesso em: 15 nov. 2022.

UNIÃO EUROPEIA. European Court of Human Rights. Council of Europe. *Convenção Europeia dos Direitos do Homem*. Paris: ECHR-COE, [2013]. Disponível em: https://www.echr.coe.int/documents/convention_por.pdf. Acesso em: 15 nov. 2022.

VERKINDT, Pierre-Yves. Les contentieux de sécurité sociale au regard du droit à un procès équitable. *In* : INSTITUT DU TRAVAIL DE BORDEAUX. *Le Droit Ouvrier*. Paris: LGDJ, 2016. p.400-406. Disponível em: https://ledroitouvrier.cgt.fr/IMG/pdf/201607_doctrine_verkindt.pdf. Acesso em: 15 nov. 2022.

# 5

# A RENDA MENSAL DA APOSENTADORIA POR INCAPACIDADE PERMANENTE NO RGPS APÓS A EMENDA CONSTITUCIONAL 103/2019

*Frederico Amado*[1]

**SUMÁRIO:** Introdução – 1. Tratamento diferenciado do acidente de trabalho e contribuição sat – 2. Principiologia e déficit previdenciário – 3. Conclusão – Referências.

## INTRODUÇÃO

Muito vem se questionando na doutrina e na jurisprudência a respeito da validade das regras da Emenda 103/2019, no que tange à renda mensal do benefício de aposentadoria por incapacidade permanente não decorrente do acidente do trabalho, que passou a ter a renda mensal a

1. Professor de Direito Previdenciário. Procurador Federal. Autor de Direito Previdenciário da Editora Juspodivm.

partir de 60% do salário de benefício, embora não possa ser inferior a um salário mínimo.

Teses de inconstitucionalidade material têm sido ventiladas na doutrina e em algumas decisões judiciais pontuais, a exemplo da Turma Regional de Uniformização da 4ª Região do JEF.

O objetivo deste breve escrito é abordar o tema do ponto de vista técnico, podendo os argumentos a favor e contra a tese acima ventilada.

## 1. TRATAMENTO DIFERENCIADO DO ACIDENTE DE TRABALHO E CONTRIBUIÇÃO SAT

Até o advento da Lei 9.032/95, a renda mensal da aposentadoria por incapacidade permanente (antiga invalidez) decorrente do acidente de trabalho tinha uma fórmula de cálculo mais favorável o segurado no âmbito da Lei 8.213/91, pois podia ser utilizado o salário de contribuição do dia do acidente para a fixação do salário de benefício, se mais favorável ao segurado, nos termos do artigo 28, §1º, da Lei 8.213/91:

> "§ 1º Quando o benefício for decorrente de acidente do trabalho, considerar-se-á, ao invés do salário-de-benefício calculado de acordo com o disposto nesta subseção, o salário-de-contribuição vigente no dia do acidente se mais vantajoso, aplicando-se-lhe o disposto no § 2º do art. 29. (Revogado pela Lei nº 9.032, de 1995)

Após a Lei 9.032/95 e até o advento da EC 103/2019, a renda mensal da aposentadoria por invalidez comum e decorrente do acidente de trabalho foram unificadas em 100% do salário de benefício com a mesma base de cálculo sem regramento diferenciado para o benefício acidentário.

De efeito, é histórico na legislação de Previdência Social do Brasil se dar um tratamento diferenciado ao acidente de trabalho, pois o segurado se acidenta no exercício de atividade laboral remunerada produzindo para toda a sociedade.

Isso sempre se verificou e ainda se verifica em diversas situações jurídicas, a exemplo da dispensa de carência nos benefícios por incapacidade laboral fruto de doenças ocupacionais (art. 26, II[2], Lei 8.213/91) e da

2. Art. 26. Independe de carência a concessão das seguintes prestações: II – auxílio-doença e aposentadoria por invalidez nos casos de acidente de qualquer natureza ou causa e de doença

estabilidade provisória de 12 meses no emprego pela percepção do auxílio por incapacidade temporária fruto de acidente de trabalho (art. 118[3], Lei 8.213/91).

Nesse sentido, nos termos do artigo 129, II[4], da Lei 8.213/91, as ações previdenciárias decorrentes do acidente de trabalho devem tramitar até durante as férias forenses, o que não foi previsto para as demandas previdenciárias não acidentárias.

De efeito, à luz do Princípio Constitucional da Seletividade, cabe ao legislador escolher os riscos sociais mais relevantes para a proteção previdenciária e a melhor forma de valorá-los, máxime se se tratar do Poder Constituinte Derivado, como ocorreu na aposentadoria por incapacidade permanente e na pensão por morte fruto de acidente laboral.

Outrossim, para a cobertura das despesas com os benefícios decorrentes do acidente de trabalho é legalmente prevista a contribuição SAT (Seguro Acidente de Trabalho) em favor dos empregados (art. 22, II), trabalhadores avulsos (art. 22, II), empregados domésticos (art. 24, II) e segurados especiais (art. 25, II) na Lei 8.212/91.

Destarte, em havendo uma diferenciação tributária no custeio previdenciário em favor do acidente de trabalho, permitindo uma maior arrecadação nesta seara, é evidente que isto permite o pagamento de um

---

profissional ou do trabalho, bem como nos casos de segurado que, após filiar-se ao RGPS, for acometido de alguma das doenças e afecções especificadas em lista elaborada pelos Ministérios da Saúde e da Previdência Social, atualizada a cada 3 (três) anos, de acordo com os critérios de estigma, deformação, mutilação, deficiência ou outro fator que lhe confira especificidade e gravidade que mereçam tratamento particularizado. (Redação dada pela Lei nº 13.135, de 2015).

3. Art. 118. O segurado que sofreu acidente do trabalho tem garantida, pelo prazo mínimo de doze meses, a manutenção do seu contrato de trabalho na empresa, após a cessação do auxílio-doença acidentário, independentemente de percepção de auxílio-acidente.

4. Art. 129. Os litígios e medidas cautelares relativos a acidentes do trabalho serão apreciados: II – na via judicial, pela Justiça dos Estados e do Distrito Federal, segundo o rito sumaríssimo, inclusive durante as férias forenses, mediante petição instruída pela prova de efetiva notificação do evento à Previdência Social, através de Comunicação de Acidente do Trabalho–CAT.

benefício com renda mensal superior em decorrência do acidente de trabalho.

Deste modo, o fator de discrímen *"acidente de trabalho"* é constitucionalmente válido para ensejar uma maior renda mensal do benefício de aposentadoria por invalidez (atual aposentadoria por incapacidade permanente), posto que o segurado se tornou permanentemente incapaz para o exercício de atividades laborais no exercício profissional, produzindo riqueza para toda a sociedade, possuindo uma fonte de custeio diferenciada (contribuição SAT).

Aliás, o Poder Judiciário sempre aquiesceu por décadas com essa diferenciação da renda mensal que precedeu à Lei 9.032/95 e foi restabelecida com o advento da EC 103/2019 no que tange à aposentadoria por incapacidade permanente, inexistindo decisão do STF que tenha pronunciado a inconstitucionalidade desse fator de discriminação por violação ao Princípio da Isonomia.

Demais disso, mesmo antes da EC 103/2019, essa diferenciação já era aplicada no RPPS, pois a regra deste regime é a concessão de aposentadoria por invalidez com proventos proporcionais ao tempo de contribuição, excepcionando apenas os proventos integrais no caso de acidente de trabalho e doenças graves previstas na lei do ente federativo, nos termos do artigo 40, §1º, inciso I[5], da Lei Maior, no texto anterior.

Essa sistemática de dar tratamento diferenciado ao acidente de trabalho no RPPS na renda mensal da aposentadoria por invalidez já foi confirmada pelo STF, ao afirmar que as exceções aos proventos proporcionais são taxativas e confirmando a regra de proporcionalidade dos proventos:

> *RE 656860 / MT – MATO GROSSO*
>
> *RECURSO EXTRAORDINÁRIO*
>
> *Relator(a): Min. TEORI ZAVASCKI*
>
> *Julgamento: 21/08/2014*

5. I – por invalidez permanente, sendo os proventos proporcionais ao tempo de contribuição, exceto se decorrente de acidente em serviço, moléstia profissional ou doença grave, contagiosa ou incurável, na forma da lei. (Redação dada pela Emenda Constitucional nº 41, 19.12.2003).

> *Publicação: 18/09/2014*
>
> *Órgão julgador: Tribunal Pleno*
>
> Repercussão Geral – Mérito
>
> *Publicação*
>
> ACÓRDÃO ELETRÔNICO REPERCUSSÃO GERAL – MÉRITO DJe-181 DIVULG 17-09-2014 PUBLIC 18-09-2014 RTJ VOL-00230-01 PP-00621
>
> Ementa: CONSTITUCIONAL. ADMINISTRATIVO. SERVIDOR PÚBLICO. APOSENTADORIA POR INVALIDEZ COM PROVENTOS INTEGRAIS. ART. 40, § 1º, I, DA CF. SUBMISSÃO AO DISPOSTO EM LEI ORDINÁRIA. 1. O art. 40, § 1º, I, da Constituição Federal assegura aos servidores públicos abrangidos pelo regime de previdência nele estabelecido o direito a aposentadoria por invalidez com proventos proporcionais ao tempo de contribuição. O benefício será devido com proventos integrais quando a invalidez for decorrente de acidente em serviço, moléstia profissional ou doença grave, contagiosa ou incurável, "na forma da lei". 2. Pertence, portanto, ao domínio normativo ordinário a definição das doenças e moléstias que ensejam aposentadoria por invalidez com proventos integrais, cujo rol, segundo a jurisprudência assentada pelo STF, tem natureza taxativa. 3. Recurso extraordinário a que se dá provimento.

Ademais, nem sempre a aposentadoria por incapacidade permanente não decorrente do acidente de trabalho terá renda mensal inferior à oriunda de acidente de trabalho na sistemática do artigo 26 da EC 103/2019.

A teor do artigo 26 da EC 203/2019, considerando que o valor base será de 60% do salário de benefício, com acréscimo de 2% por ano de contribuição que o homem ultrapassar a 20 anos de contribuição e a mulher ultrapassar a 15 anos de tempo de contribuição, conclui-se que o homem inválido que contar a partir de 41 anos de contribuição e a mulher a partir de 36 anos de tempo de contribuição terão proventos acima de 100% do salário de benefício (ultra integrais).

Isto posto, enquanto a aposentadoria por incapacidade permanente decorrente de acidente de trabalho é fixada em 100% do salário de benefício, a não acidentária partir de 60% do salário de benefício, mas não é limitada a 100% do salário de benefício, podendo atingir, v.g., 102% se a mulher possuir 36 anos de tempo de contribuição e se o homem possuir 41 anos de tempo de contribuição.

Ademais, vale registrar que a renda mensal da aposentadoria por incapacidade permanente não poderá ser inferior a um salário mínimo, nos termos do artigo 201, §2º, da Constituição.

## 2. PRINCIPIOLOGIA E *DÉFICIT* PREVIDENCIÁRIO

Por sua vez, a regra constante do artigo 26, §2º, inciso III, da EC 103/2019, não é ofensiva do Princípio da Razoabilidade e do Princípio da Proporcionalidade (subprincípios da adequação, necessidade e proporcionalidade em sentido estrito), tratando-se de critério uniforme entre o RGPS e o RPPS federal de fixação da renda mensal da aposentadoria por incapacidade permanente não decorrente do acidente de trabalho.

Mas é uma regra dura e indesejada, embora legitimada como escolha do legislador constitucional derivado para conter as crescentes despesas previdenciárias da União. Isso porque em diversas situações a renda do auxílio por incapacidade temporária, fixada em 91% do salário de benefício, será maior que a renda mensal da aposentadoria por incapacidade permanente.

Conquanto se trate de benefício não programável, por uma seleção constitucional, deve ser prestigiado de modo diferenciado o segurado que possuir um maior período contributivo, não sendo isonômico o benefício ser concedido com a mesma renda mensal entre um segurado com um ano de tempo de contribuição e outro com trinta anos de tempo de contribuição.

Ademais, à luz do Princípio Constitucional da Separação dos Poderes, que integra o núcleo intangível da Constituição Federal de 1988, somente deve o Poder Judiciário afastar regras que manifestamente afrontem o texto constitucional, máxime quando editado pelo Poder Constituinte Reformador, o que evidentemente não ocorre com a regra do artigo 26, §2º, inciso III, da EC 103/2019.

Outrossim, a sistemática de manutenção da renda do auxílio por incapacidade temporária em 91% do salário de benefício, podendo em alguns casos concretos ter renda superior à aposentadoria por incapacidade permanente não decorrente do acidente de trabalho, não afronta os Princípios da Proporcionalidade e Razoabilidade, haja vista se tratar de mero benefício transitório.

Aliás, esse sistema já se verificava comumente no RPPS antes da Reforma Constitucional de 2019 em comento, que já contava com uma regra de proporcionalidade dos proventos da aposentadoria por invalidez mesmo antes da EC 103/2019, sendo comum a concessão de auxílio-doença ou licença de saúde pelos RPPS's correspondentes à integralidade da remuneração do servidor público, a exemplo do servidor federal na Lei 8.112/90[6].

De seu turno, a vedação ao retrocesso é um princípio inerente aos direitos fundamentais e que deve ser aplicado aos direitos previdenciários em um viés coletivo em se tratando de previdência pública de fundo único, como é o caso do RGPS, nos termos do artigo 248 da Constituição.

As reformas previdenciárias são fatos político-jurídicos constantes nas nações, a fim de ajustar as regras de previdência à mutação dos fatos sociais, considerando que deve se manter equilibrado o seguinte binômio: proteção previdenciária x custeio.

A aplicação absoluta e radical no viés individual do Princípio da Vedação ao Retrocesso à previdência pública de fundo único impediria qualquer alteração que elevasse a idade da aposentadoria, ampliasse o tempo de contribuição ou o período de carência ou reduzisse a renda mensal de um benefício previdenciário.

Isso engessaria a previdência pública e levaria o Estado à bancarrota, pois é sabido que a expectativa de sobrevida vem aumentando bastante, o que exige ajustes nas regras de concessão dos benefícios e também nas regras tributárias de custeio.

A Emenda 103/2019 preservou o núcleo protetivo essencial da aposentadoria por incapacidade permanente, inclusive a garantia de que no RGPS o benefício não poderá ser inferior a um salário mínimo, não

6. Art. 202.Será concedida ao servidor licença para tratamento de saúde, a pedido ou de ofício, com base em perícia médica, **sem prejuízo da remuneração a que fizer jus**.

afrontando o viés coletivo do Princípio da Vedação ao Retrocesso, e sim o realizando, pois deu vinda longa ao atual modelo de previdência pública.

Convém transcrever a doutrina do professor CANOTILHO:

> O princípio da proibição de retrocesso social pode formular-se assim: o núcleo essencial dos direitos sociais já realizado e efectivado através de medidas legislativas (...) deve considerar-se constitucionalmente garantido, sendo inconstitucionais quaisquer medidas estaduais que, sem a criação de outros esquemas alternativos ou compensatórios, se traduzam, na prática, numa anulação, revogação ou aniquilação pura e simples desse núcleo essencial. (CANOTILHO, 2021, p. 339-340).

Veja-se passagem de voto do Ministro FUX na ADC 42:

> Entender como vedação ao retrocesso qualquer tipo de reforma legislativa ou administrativa que possa causar decréscimo na satisfação de um dado valor constitucional seria ignorar um elemento básico da realidade: a escassez. Rememore-se que, frequentemente, legisladores e administradores somente poderão implementar avanços na concretização de determinados objetivos constitucionais por meio de medidas que causam efeitos negativos em outros objetivos igualmente caros ao constituinte. O engessamento das possibilidades de escolhas na formulação de políticas públicas, a impedir a redistribuição de recursos disponíveis entre as diversas finalidades carentes de satisfação na sociedade, em nome de uma suposta "vedação ao retrocesso" sem base no texto constitucional, viola o núcleo básico do princípio democrático e transfere indevidamente ao Judiciário funções inerentes aos Poderes Legislativo e Executivo. Não fosse o suficiente, ainda afasta arranjos mais eficientes para o desenvolvimento sustentável do país como um todo.

De efeito, ainda de acordo com o STF *"o princípio da vedação ao retrocesso social não pode impedir o dinamismo da atividade legiferante do Estado, mormente quando não se está diante de alterações prejudiciais ao núcleo fundamental das garantias sociais"* (ADI 4.350, Relator Ministro Luiz Fux, Tribunal Pleno, DJe 3.12.2014).

O verdadeiro retrocesso seria a insolvência do RGPS, que é deficitário e que conta anualmente com a complementação da União, na situação extrema da crescente dívida previdenciária ao ponto de que o ente central não dispusesse de recursos financeiros para honrar com a complementação, o que infelizmente vem ocorrendo em alguns RPPS's estaduais há anos.

O real retrocesso, que por certo não ocorrerá justamente em razão dos ajustes previdenciários constitucionais perpetrados pela Emenda 103/2019, é a União não possuir recursos anuais para honrar a totalidade do pagamento dos benefícios no âmbito do RGPS, gerando um caos social e um verdadeiro e inconstitucional desamparo social.

De acordo com o Princípio da Seletividade, que ensejou a regra que consta do artigo 194, parágrafo único, inciso III, da Constituição, cabe unicamente ao legislador selecionar os riscos sociais que ensejarão a concessão dos benefícios e dos serviços da seguridade social.

Dessa forma, não cabe ao Poder Judiciário legislar e indicar a renda da aposentadoria por incapacidade permanente, sendo essa missão constitucional do Poder Legislativo, máxime quando se trata de regra editada pelo poder constituinte constituído no artigo 23 da EC 103/2019.

Nos termos do caput do artigo 201, da Constituição, *a previdência social deve observar critérios que preservem o seu equilíbrio financeiro e atuarial*, a fim de assegurar a incolumidade das contas previdenciárias para as presentes e futuras gerações.

É certo que é preciso haver um equilíbrio entre as receitas que ingressam no fundo previdenciário e as despesas com o pagamento dos benefícios, a fim de equilibrar o binômio proteção social x custeio.

Não é justo onerar excessivamente as futuras gerações com o pagamento de benefícios em valores insustentáveis, o que afronta o Princípio do Pacto Intergeracional.

E foi justamente o desequilíbrio financeiro e atuarial que assola o RGPS que ensejou a edição da Emenda 103/2019, que trouxe regras mais rígidas e justificáveis para a concessão de aposentadorias e pensões por morte no âmbito da previdência pública brasileira.

Inúmeras mudanças sociais ainda ameaçam o equilíbrio financeiro e atuarial do RGPS, conforme narrado na exposição de motivos da PEC 6:

> Transição demográfica e previdência
>
> 24. Desafios contemporâneos internacionais. A caracterização do processo de transição demográfica de envelhecimento populacional não é particularidade do Brasil: a maioria dos Países do mundo está vivenciando

transformações demográficas importantes, principalmente relacionadas ao processo de paulatino envelhecimento de suas populações, fenômeno que exige maior atenção às políticas públicas no âmbito do Estado de Bem-Estar Social, como saúde, assistência e previdência. Diante do crescimento absoluto no número de idosos, e esses atingindo idades cada vez mais avançadas, é esperado o aumento da demanda por cuidados de saúde e por benefícios previdenciários que permitam a manutenção do nível de renda em meio à perda da capacidade laborativa. Logo, tal situação impõe importantes desafios para o futuro.

25. Mudanças na sociedade. Vivenciamos tipos simultâneos de transição: demográfica, caracterizada por baixas taxas de mortalidade, diminuição da fecundidade e esperança de vida mais longa, resultando no processo acelerado de envelhecimento populacional; e socioeconômica (caraterizada pelas mudanças nas relações de mercado de trabalho, novos arranjos familiares, mudança de valores, melhora da inserção da mulher no mundo laboral e revolução tecnológica com substituição de postos de trabalho que exigem menor qualificação ou maior esforço físico por novas tecnologias como, por exemplo, a mecanização na agricultura).

26. Transição demográfica. O Brasil está passando por uma rápida transição demográfica e por grandes transformações no mercado de trabalho. As pessoas estão vivendo cada vez mais: a expectativa de vida ao nascer passou de 45 anos em 1940, para 76 anos hoje. De acordo com o IBGE, chegará a 80 anos em 2042. No entanto a idade de aposentadoria do brasileiro continua a mesma desde a era Vargas, em 1940.

27. Crescimento do total de idosos. A decomposição das projeções de evolução da população por grupos etários até 2060 revela um forte crescimento do total de idosos com 65 anos ou mais, o qual parte de cerca de 19,2 milhões, em 2018, e deve atingir a marca de cerca de 58,2 milhões em 2060, ou seja, praticamente se multiplica por 3 (conforme projeção da população do IBGE). No caso das pessoas com 80 anos ou mais, esse total deve crescer de 4,1 para 19,1 milhões entre 2018 e 2060, ou seja, praticamente será multiplicado por 5. Neste mesmo período, a população de 90 anos ou mais será multiplicada por 7 (de 0,7 para 5,1 milhões).

28. Envelhecimento populacional. Embora se destaque o crescimento do total de idosos em termos absolutos, a análise da composição da população é determinante. A participação dos idosos no total da população em idade ativa (razão de dependência dos idosos) aumentará de cerca de 10,8% em 2010 para 42,6% em 2060. A velocidade acelerada do envelhecimento populacional reflete-se também na comparação entre as taxas de crescimento dos grupos etários. Entre 2018 e 2060, a população total e o grupo de 15 a 64 anos verificará variação média anual de 0,2% a.a. e

-0,1% a.a., respectivamente, enquanto que os idosos de 65 e 80 anos ou mais vivenciarão incremento médio anual estimado, respectivamente, da ordem de 2,7% a.a. e 3,7% a.a. A população de 90 anos ou mais crescerá, entre 2018 e 2060, ao ritmo médio anual de 4,7% a.a. Sumariamente, hoje um a cada 10 brasileiros é idoso com 65 anos ou mais e, em 2060, será um a cada 4 brasileiros. As pessoas de 60 anos ou mais serão cerca de um 1/3 da população brasileira em 2060.

29. Fim do "bônus demográfico". Em relação à evolução da participação de crianças, adolescentes e idosos na população total, observou-se uma redução até 2017, período denominado de "bônus demográfico", significando o crescimento relativo da população em idade ativa em comparação aos grupos dependentes. Dito de outra forma, segundo a projeção demográfica do IBGE, o ápice da participação das pessoas de 15 a 64 anos na população total teria ocorrido em 2017 (69,5%), passando a cair continuamente até 2060 (59,8%). Portanto, com o fim do "bônus demográfico", segue-se trajetória contínua de aumento da razão de dependência total nas próximas décadas, que deve gerar forte pressão nas despesas da Seguridade Social.

30. Redução da taxa de fecundidade. A queda na taxa de fecundidade (números de filhos por mulher fértil) ao longo do tempo é um dos fenômenos demográficos que vem ocorrendo de forma acelerada no País. Em 1960, era cerca de 6 filhos por mulher, reduzindo-se para menos de 1,8 atualmente e esperado que atinja um patamar de cerca de 1,66 filhos por mulher em 2060.

31. Aumento da expectativa (esperança) de vida ao nascer. Segundo o IBGE, a expectativa de vida ao nascer de um brasileiro atingiu, em 2017, 76 anos (72,5 anos para os homens e 79,6 anos para as mulheres) e deve alcançar, em 2060, cerca de 81,0 anos (77,9 anos para os homens e 84,2 anos para as mulheres). Por ser avaliado no momento do nascimento, comparações deste indicador são influenciadas, em larga medida, por diferentes incidências de mortalidade infantil e de mortes na juventude por causas violentas, problemas que precisam ser combatidos por políticas públicas, mas dissociados da temática previdenciária.

32. Importância do conceito de expectativa de sobrevida. O indicador demográfico com repercussão direta em termos previdenciários é a expectativa de sobrevida em idades avançadas, uma vez que tal conceito reflete em certo grau a expectativa de duração média para pagamento de benefícios previdenciários permanentes (aposentadorias e pensões). Atualmente, a expectativa de sobrevida aos 65 anos é de 18, 7 anos, logo, uma pessoa nessa idade deve viver, em média, até os 83, 7 anos. Diferentemente do que ocorre com o indicador de expectativa de vida ao

nascer, a variação dos valores do indicador de expectativa de sobrevida em idades avançadas entre as Unidades da Federação é bastante reduzida. Em relação à idade média que atingirão os idosos com 65 anos, o menor valor (81 anos) encontra-se em Rondônia e o maior (85 anos) no Espírito Santo. Quando agregamos por região as diferenças são ainda menores: 84,5 anos no Sul e Sudeste, 83,3 no Centro-Oeste, 82,9 no Nordeste e 82,2 no Norte.

33. Aumento da expectativa de sobrevida em idades avançadas. O crescimento da expectativa de sobrevida aos 65 anos cresceu de cerca de 10,6 anos em 1940, para 18,7 anos em 2017, e deve aumentar nas próximas décadas até cerca de 21,2 anos em 2060. A expectativa de vida dos homens com 65 anos cresceu de 9,3 para 16,9 anos entre 1940 e 2017. A das mulheres saltou de 11,5 para 20,1 anos. Portanto, para um homem e uma mulher que cheguem aos 65 anos de idade, é esperado que eles vivam até os 81,9 e 85,1 anos, respectivamente.

34. Aposentadorias precoces e expectativa de sobrevida. No âmbito do RGPS, existe a possibilidade de a pessoa se aposentar por tempo de contribuição, sem a exigência de uma idade mínima, o que acarreta a concessão de aposentadorias com idades médias de 55,6 anos e 52,8 para o homens e mulheres, respectivamente. Nessas faixas etárias, a expectativa de sobrevida é de 24,2 anos e 30,9 anos para homens e mulheres, o que implica elevadas durações médias de aposentadorias. No caso das mulheres, a duração esperada é maior que o tempo de contribuição exigido (30 anos). É importante destacar que os trabalhadores urbanos mais pobres não conseguem contribuir tempo suficiente para se aposentar nessa modalidade, se aposentando por idade, em média: homens aos 65,5 (mínimo de 65 anos) e mulheres aos 61,5 anos (mínimo de 60 anos). Enquanto na aposentadoria por tempo de contribuição o valor médio do benefício está R$ 2.231, na aposentadoria por idade urbana está em R$ 1.252.

35. Redução da participação relativa do grupo etário em idade ativa. A análise do grupo etário de 15 a 64 anos (idade ativa) é fundamental por esses abarcarem praticamente a totalidade dos contribuintes para a previdência social. Desde 2018, o crescimento desse grupo etário passa a ser inferior ao ritmo de incremento da população total. Em 2060, o total de pessoas em idade ativa deve ser de aproximadamente 136 milhões de pessoas, sendo, assim, menor do que o contingente atual, com queda esperada a partir de 2038. Portanto, o componente demográfico atuará fortemente no sentido de redução do total de contribuintes para o sistema previdenciário brasileiro, um enorme desafio para garantia da sua sustentabilidade, considerando tratar-se de regime de repartição simples,

> pelo qual os recursos utilizados para pagar os atuais benefícios são arrecadados dos trabalhadores da ativa.
>
> 36. Deterioração da relação entre contribuintes e beneficiários. Atualmente, a relação estimada é de dois contribuintes para cada beneficiário de aposentadoria e pensão por morte. Projeções dessa relação para futuro apontam para uma redução dessa relação para 1 por volta da década de 2040 e, a partir da década de 2050, para abaixo de 1, ou seja, deverão existir mais beneficiários do que contribuintes para a previdência. Mesmo que se reduza muito a informalidade, ainda teremos uma relação bem mais desfavorável que a atual.

Vale registrar que as despesas com o RGPS representavam 4,6% do PIB em 1995 para 8,6% do PIB em 2018, conforme dado registrado na exposição de motivos da PEC 6.

Conforme dados oficiais do Governo federal divulgados em janeiro de 2021, o RGPS teve um déficit de 227,3 bilhões de Reais em 2019 e de 269,8 bilhões de Reais em 2020, de modo que mesmo após a reforma implementada pela Emenda 103/2019 vem aumentando acima da inflação oficial o complemento anual aportado pela União no Fundo do RGPS.

Desse modo, as novas regras da Emenda 103/2019 objetivam preservar o atual modelo de previdência pública de fundo único, patrimônio do povo brasileiro, garantindo o seu núcleo intangível com uma reforma que se fez necessária.

Sobre o tema, transcreve-se passagem de nossa obra:

> Parcela da doutrina ainda aponta o Princípio da Vedação ao Retrocesso Social como norma que lastreia a Previdência Social no Brasil, que veda a redução da proteção previdenciária para que se preserve o mínimo existencial dos segurados.
>
> Contudo, entende-se não se tratar de Princípio da Seguridade Social, vez que a vedação ao retrocesso é uma característica geral dos direitos fundamentais, fruto de conquistas históricas de um povo, visando impedir o desfazimento de avanços na evolução de um povo.
>
> Ademais, alguns retrocessos na proteção previdenciária poderão se afigurar justificáveis, a exemplo do que se verificou na Emenda 20/1998, quando o auxílio-reclusão e o salário-família foram limitados aos de baixa renda.
>
> Em situação de crise, ou se limita a proteção ou o regime quebra, como está ocorrendo em alguns RPPS's estaduais no Brasil. É uma infelicidade

> restringir direitos sociais, mas o discurso da proteção previdenciária não pode ser dissociado do custeio, pois a conta precisa ser paga.
>
> Pior do que retroceder em termos de proteção previdenciária é quebrar o regime. Neste contexto, adveio a EC 103/2019, que é estudada dentro desta obra. O ideal é a ampliação da proteção previdenciária, mas nem sempre há contrapartida para isso. (AMADO, 2021, p. 229)

A Emenda 103/2019 veio na verdade realizar o Princípio do Equilíbrio Financeiro e Atuarial e da Seletividade, e do ponto de vista coletivo não afronta o Princípio da Vedação do Retrocesso (o realiza), pois objetiva preservar o modelo de previdência pública e garantir que a União tenha recursos para honrar as crescentes despesas no Regime Geral de Previdência Social.

O núcleo do benefício da aposentadoria por incapacidade permanente no RGPS foi conservado na Emenda 103/2019, com a garantia de renda não inferior a um salário mínimo, existindo ainda situações em que o valor do benefício será integral, a exemplo do segurado inválido por acidente de trabalho ou que possua quarenta ou trinta e cinco anos de contribuição, homem ou mulher, respectivamente.

## 3. CONCLUSÃO

Pelo exposto, concluo que embora rígida e de enorme rejeição social, a nova regra sobre a renda mensal da aposentadoria por incapacidade permanente no RGPS (especialmente a não decorrente do acidente de trabalho) não chega a ser inconstitucional, cabendo apenas ao Poder Constituinte a legitimidade da decisão de modificá-la.

## REFERÊNCIAS

AMADO, Frederico. *Curso de direito e processo previdenciário*. 14. ed. Juspodivm, 2021.

CANOTILHO, J. J. Gomes. *Direito constitucional e teoria da constituição*. Coimbra: Almedina, 2021. 7. ed., 2. reimp.

# 6

# A COMPETÊNCIA DELEGADA DEPOIS DA EC 103/2019: A CONSTITUCIONALIDADE DA LEI 13.876/2019

*Hermes Arrais Alencar*[1]

**SUMÁRIO:** 1. Competência jurisdicional para apreciar ações em face do inss – 1.1. Justiça federal – 1.2. Competência para ações previdenciárias em sentido estrito – 2. Competência delegada à justiça estadual antes da EC 103/2019 – 2.1. EC 103/2019. Competência delegada. Alteração do § 3º do art. 109 da CF. Pretensão governamental acolhida pelo Congresso Nacional – 2.2. Competência delegada e a Lei nº 13.876, de 20.9.2019 – 2.3. Competência delegada e a constitucionalidade da Lei nº 13.876, de 20.9.2019 – 2.3.1. Lei nº 9.718 colimava ampliar a base de cálculo da contribuição para financiamento da seguridade social – Cofins – 2.3.2. Lei 9.506, de 1997, pretendia instituir fonte nova de custeio da seguridade social, contribuição social sobre o subsídio de agente

1. Procurador Federal; mestre em Direito Previdenciário pela PUC SP. Professor e Coordenador CPHA. Professor e Coordenador Pós-graduação on-line do CPJur. Professor e Coordenador Pós-graduação on-line da FadiTech. Professor e Coordenador Pós-graduação Híbrida da Fametro/Manaus-AM. Professor da Pós e Preparatório Concursos da Rede LFG. Autor de obras jurídicas, dentre elas: Cálculo de Benefícios Previdenciários, 13. ed. SaraivaJur, 2023.

político – 2.4. Da constitucionalidade declarada pelo STJ no julgamento do IAC nº 6 – 2.5. TRF-3 incidente de arguição de Inconstitucionalidade Cível nº 5012488-76.2020.4.03.0000 – 3. Conclusão – Referências.

## 1. COMPETÊNCIA JURISDICIONAL PARA APRECIAR AÇÕES EM FACE DO INSS

A competência para apreciação no âmbito judicial, nos termos do art. 109 da Constituição Federal, compete à Justiça Federal apreciar a matéria previdenciária, sempre que o INSS for parte interessada na condição de autora, ré, assistente ou oponente, ao passo que as causas de benefícios fundadas em acidente do trabalho são de competência da Justiça Estadual.

Depois de satisfeito o prévio requerimento administrativo, conforme entendimento firmado pelo Colendo STF no Tema de repercussão geral nº 350, a propositura de ação judicial na qual o autor postule benefício previdenciário de aposentadoria por tempo de contribuição; aposentadoria especial; aposentadoria por idade; salário-família; salário-maternidade e auxílio-reclusão (previstos no art. 18 da Lei 8213, de 1991) será da alçada da Justiça Federal Comum, a competência para apreciar e julgar a lide, admitida a competência delegada prevista nos §§ 3º e 4º do art. 109.

Existem também as prestações previdenciárias anotadas no art. 18 da Lei de Benefícios lastreados na incapacidade laborativa, nominados de auxílio-acidente; auxílio-doença; aposentadoria por invalidez e, no caso de morte do segurado, pensão por morte ao(s) dependente(s). Esses benefícios são deferidos caso, quando for o caso, haja satisfação do requisito da carência, bem como da qualidade de segurado e o requisito específico da incapacidade para o trabalho decorrente de acidente ou doença.

Caso a doença ou acidente que fundamente a incapacidade (ou morte) não tiver liame causal com o trabalho os benefícios serão nominados de previdenciários em sentido estrito. A competência jurisdicional é da Justiça Federal Comum, admitida a competência delegada prevista nos §§ 3º e 4º do art. 109.

De outra toada, serão chamados de benefícios acidentários aqueles nos quais a causa da incapacidade do segurado seja um acidente ou uma doença com nexo causal com o ambiente de trabalho. Para estes aplica-se a ressalva constitucional alocada no art. 109, inciso, I, sendo competência absoluta da Justiça Estadual de primeiro e de segundo grau.

## 1.1. Justiça Federal

A Lei n. 5.010, de 30 de maio de 1966 estabelece a organização do primeiro grau de jurisdição da Justiça Federal e determina que em cada um dos estados, assim como o Distrito Federal, se constituirá uma **seção judiciária**.

Localizadas nas capitais das unidades da federação, as seções judiciárias são formadas por um conjunto de varas federais, onde atuam os juízes federais.

O segundo grau de jurisdição da Justiça Federal é composto por seis Tribunais Regionais Federais (TRFs), com sedes em:

- Brasília (TRF 1ª Região);
- Rio de Janeiro (TRF 2ª Região);
- São Paulo (TRF 3ª Região);
- Porto Alegre (TRF 4ª Região);
- Recife (TRF 5ª Região); e
- Belo Horizonte (TRF 6ª Região – Lei nº 14.226, de 2021).

Os TRFs englobam as seguintes seções judiciárias:

- TRF 1ª Região – Acre, Amapá, Amazonas, Bahia, Distrito Federal, Goiás, Maranhão, Mato Grosso, Pará, Piauí, Rondônia, Roraima e Tocantins;
- TRF 2ª Região – Espírito Santo e Rio de Janeiro;
- TRF 3ª Região – Mato Grosso do Sul e São Paulo;
- TRF 4ª Região – Paraná, Rio Grande do Sul e Santa Catarina;
- TRF 5ª Região – Alagoas, Ceará, Paraíba, Pernambuco, Rio Grande do Norte e Sergipe;
- TRF 6ª Região – Minas Gerais (Lei nº 14.226, de 2021).

Por relevante, cabe anotar que houve no ano de 2013 a promulgação da Emenda Constitucional (EC) nº 73, criando os Tribunais Regionais Federais da 6ª, 7ª, 8ª e 9ª Regiões, atribuindo a eles as seções judiciárias:

- TRF da 6ª Região, com sede em Curitiba, Estado do Paraná, e jurisdição nos Estados do Paraná, Santa Catarina e Mato Grosso do Sul;
- TRF da 7ª Região, com sede em Belo Horizonte, Estado de Minas Gerais, e jurisdição no Estado de Minas Gerais;
- TRF da 8ª Região, com sede em Salvador, Estado da Bahia, e jurisdição nos Estados da Bahia e Sergipe; e
- TRF da 9ª Região, com sede em Manaus, Estado do Amazonas, e jurisdição nos Estados do Amazonas, Acre, Rondônia e Roraima.

A EC 73, de 2013 foi alvo da Ação Direta de Inconstitucionalidade (ADIn) n. 5017 (Número Único: 9990287-82.2013.1.00.0000), tendo o à época relator, Ministro JOAQUIM BARBOSA, deferido[2] medida cautelar para suspender os efeitos da EC 73/2013. A Adin 5017 ainda não foi apreciada pelo plenário do STF, encontrando-se, assim, por força da tutela provisória deferida, obstado os efeitos da EC 73/2013.

## 1.2. Competência para ações previdenciárias em sentido estrito

Quanto à competência para apreciação, nos termos do art. 109 da Constituição Federal de 1988, à Justiça Federal compete apreciar ações que versem sobre a matéria previdenciária em sentido estrito[3], ao passo que as causas de acidente do trabalho[4] são de incumbência da Justiça Estadual.[5]

---

2. http://portal.stf.jus.br/processos/downloadPeca.asp?id=158713747&ext=.pdf.

3. A Jurisprudência STF se firmou no sentido de que, quando o INSS figurar como parte ou tiver interesse na matéria, a competência é da Justiça Federal. (RE 545.199 AgR, rel. min. Ellen Gracie, j. 24-11-2009, 2ª T, DJE de 18-12-2009. Vide RE 461.005, rel. min. Ricardo Lewandowski, j. 8-4-2008, 1ª T, DJE de 9-5-2008).

4. Súmula nº 235/STF – É competente para a ação de acidente do trabalho a Justiça Cível comum, inclusive em segunda instância, ainda que seja parte da autarquia seguradora.

5. Art. 109. Aos juízes federais compete processar e julgar:

   I – as causas em que a União, entidade autárquica ou empresa pública federal forem interessadas na condição de autoras, rés, assistentes ou oponentes, exceto as de falência, as de acidentes de trabalho e as sujeitas à Justiça Eleitoral e à Justiça do Trabalho [...].

Nas ações previdenciárias *stricto sensu*, conforme orientação sumular do STF, nº 689[6], o segurado pode ajuizar ação contra a instituição previdenciária (INSS) perante o juízo federal do seu domicílio ou nas varas federais da capital do estado-membro.

Nos moldes da Súmula nº 23 do E. TRF 3ª Região, proposta a demanda previdenciária em Subseção diversa da do domicílio do segurado ou da Subseção da capital, é defeso ao magistrado federal, de ofício, declinar a competência.

Dessume-se do enunciado da Súmula nº 23 que é territorial (e não funcional) a divisão da Seção Judiciária da Justiça Federal em Subseções.

Sendo territorial, a competência é relativa, não podendo ser declinada de ofício pelo magistrado, conforme Súmula nº 33 do STJ: "A incompetência relativa não pode ser declarada de ofício".

Ademais, em conformidade com Estatuto Processual Civil (art. 64 e 65) a incompetência relativa deve ser alegada como questão preliminar de contestação, sendo prorrogada a competência caso o réu deixe de deduzi-la na resposta.

## 2. COMPETÊNCIA DELEGADA À JUSTIÇA ESTADUAL ANTES DA EC 103/2019

A Carta Magna de 1988 possibilitou a delegação da competência federal no âmbito previdenciário à justiça estadual, no art. 109, § 3º (redação original):

> Serão processadas e julgadas na justiça estadual, no foro do domicílio dos segurados ou beneficiários, as causas em que forem parte instituição de previdência social e segurado, sempre que a comarca não seja sede de vara do juízo federal, e, se verificada essa condição, a lei poderá permitir que outras causas sejam também processadas e julgadas pela justiça estadual.[7]

6. O segurado pode ajuizar ação contra a instituição previdenciária perante o juízo federal do seu domicílio ou nas varas federais da capital do estado-membro.

7. Atenção. A nova redação do § 3º do art. 109 dada pela EC 103/2019 será analisada em tópico próprio adiante.

A título de exceção, sempre que a comarca não seja sede de Vara Federal, os beneficiários da previdência (segurados[8] e dependentes) poderão (trata-se de faculdade[9] colocada à disposição do beneficiário da Previdência Social) ajuizar as demandas previdenciárias na Justiça Estadual contra o INSS.

Conquanto a norma constitucional refira-se a ações que envolvam "instituição de previdência social e segurado" a jurisprudência é unânime ao admitir que a facilitação do acesso à justiça concretizada na regra da competência delegada também deve compreender o idoso e o deficiente, em situação de miserabilidade, que postulem em face da autarquia federal (INSS) responsável pela operacionalização do benefício constitucional da Assistência Social (art. 203, V, CF, c/c art. 20 e 21 da Lei 8.742, de 1993). Nesse sentido:

> Súmula nº 22 do TRF-3ª Região (PRSU 2005.03.00.021046-4): É extensível aos beneficiários da Assistência Social (inciso V do art. 203 da CF) a regra de delegação de competência do parágrafo 3º do art. 109 da Constituição Federal, sendo exclusiva a legitimidade passiva do INSS.

A delegação da competência federal opera-se apenas em favor do juízo estadual de primeira instância, assim, o reexame necessário da sentença e o recurso voluntário das partes deverão ser encaminhados ao Tribunal Regional Federal (não ao Tribunal de Justiça).[10]

A competência delegada trazida no § 3º do art. 109 é norma aplicável exclusivamente nas comarcas que não sejam sede de vara federal.

Inaugurada vara federal na comarca onde se processa ação previdenciária em face do INSS, cessa[11] de imediato a competência delegada,

---

8. Súmula nº 20 do TRF 3ª Região (PRSU 2002.03.00.052631-4): "A regra do parágrafo 3º do artigo 109 da Constituição Federal abrange não só os segurados e beneficiários da previdência Social, como também aqueles que pretendem ver declarada tal condição".

9. Súmula nº 24 do TRF 3ª Região (PRSU 2005.03.00.021045-2): "É facultado aos segurados ou beneficiários da Previdência Social ajuizar ação na Justiça Estadual de seu domicílio, sempre que esse não for sede de Vara da Justiça Federal".

10. Art. 109 da Constituição Federal:

    § 4º – Na hipótese do parágrafo anterior, o recurso cabível será sempre para o Tribunal Regional Federal na área de jurisdição do juiz de primeiro grau.

11. TRF-3: "CONFLITO DE COMPETÊNCIA. JUSTIÇA ESTADUAL e JUSTIÇA FEDERAL. AÇÃO PREVIDENCIÁRIA PROPOSTA PERANTE A JUSTIÇA ESTADUAL.

devendo a Justiça Estadual remeter os autos à Justiça Federal por versar competência absoluta prevista no Art. 109, I, da Constituição Federal é inaplicável a *perpetuatio jurisdictionis*.

Constata-se que a competência delegada contida no § 3º do art. 109 versa norma de cunho eminentemente transitório, que restará exaurida por completo após a conclusão do processo de interiorização da justiça federal, motivo pelo qual em nosso sentir mais apropriado teria sido a alocação da competência delegada no Ato das Disposições Constitucionais Transitórias – ADCT, e não no corpo permanente do Texto Constitucional.

## 2.1. EC 103/2019. Competência delegada. Alteração do § 3º do art. 109 da CF. Pretensão governamental acolhida pelo Congresso Nacional

A redação original do § 3º do art. 109 da CF/88 trazia dois comandos:

a) **serão processadas** e julgadas na justiça estadual, no foro do domicílio dos segurados ou beneficiários, as causas em que forem parte instituição de previdência social e segurado, **sempre que a comarca não seja sede de vara do juízo federal;**

---

SUPERVENIENTE CRIAÇÃO DE VARA FEDERAL NA SEDE DA COMARCA. EXECUÇÃO DO JULGADO. COMPETÊNCIA DA JUSTIÇA FEDERAL.

1. A ação previdenciária foi proposta junto ao Juízo Estadual, em consonância com o disposto no Art. 109, § 3º, da Constituição Federal, que prevê a competência federal delegada nas causas em que forem parte instituição de previdência social e segurado, sempre que a comarca não seja sede de vara do juízo federal. Na fase de execução do julgado, suscitou-se o presente conflito.

2. A criação superveniente de Vara Federal na sede da Comarca onde foi ajuizada a ação previdenciária induz à competência absoluta prevista no Art. 109, I, da Constituição Federal.

3. Hipótese que constitui exceção ao princípio da *perpetuatio jurisdictionis*, e que, por consequência, afasta a aplicação da regra processual segundo a qual a execução do título judicial deverá ser processada perante o juízo que decidiu a causa em primeiro grau de jurisdição.

4. Conflito de competência conhecido para declarar a competência da Justiça Federal de Jundiaí/SP para a execução do julgado" (CC 2016.03.00.006974-1/SP; Relator Desembargador Federal BAPTISTA PEREIRA; J. em 08/09/2016; maioria; D.E. 20/09/2016).

b) e, se verificada essa condição, a lei poderá permitir que outras causas sejam também processadas e julgadas pela justiça estadual.

O primeiro regramento é considerado norma de eficácia plena, de modo que comprovado tratar-se de ação (a) ajuizada por segurado ou beneficiário; (b) contra a Previdência, em questão não acidentária; (c) e a comarca do foro do domicílio do autor não seja sede de vara do juízo federal, impõe-se aplicabilidade imediata do comando contido no § 3º do art. 109, atribuindo-se roupagem federal à Justiça Estadual para processar e sentenciar o feito unicamente em primeiro grau.

Ademais, não há margem à legislação infraconstitucional de reduzir o mandamento imperativo da primeira parte do § 3º do art. 109.

A segunda parte do dispositivo (letra "b") não é auto exequível, refere-se a norma de eficácia limitada, dependente de edição de lei para atribuir situações nas quais poderia o Juiz de Direito "em outras causas" atuar em matéria federal.

Portanto, de aplicabilidade mediata, dito de outro modo, enquanto não editada a norma legal, a Justiça Estadual não poderia investir-se de competência federal para conhecer e julgar ações federais diversas das causas previdenciárias (letra "a").

Com a alteração firmada na Emenda da Reforma, a letra "a" torna-se norma constitucional dependente de regulamentação, e a situação da letra "b" deixou de existir.

| | TEXTO CF/88 REDAÇÃO ORIGINAL | EC 103/2019 |
|---|---|---|
| **Ações previdenciárias** | **Serão processadas** e julgadas na justiça estadual, no foro do domicílio dos **segurados** ou beneficiários, as causas em que forem parte instituição de previdência social e segurado, sempre que a **comarca não seja sede de vara do juízo federal**, e, se verificada | **Lei poderá** autorizar que as causas de competência da Justiça Federal, em que forem parte instituição de previdência social e segurado, possam ser processadas e julgadas na justiça estadual, quando a comarca do domicílio do segurado não for sede de vara federal. |

| | TEXTO CF/88 REDAÇÃO ORIGINAL | EC 103/2019 |
|---|---|---|
| **Outras espécies de ações** | essa condição, a lei poderá permitir que outras causas sejam também processadas e julgadas pela justiça estadual. | |

Com relação à eficácia das normas:

| | |
|---|---|
| Norma de eficácia plena | **Texto CF/88 redação original (art. 109, § 3º): Serão processadas** e julgadas na justiça estadual, no foro do domicílio dos **segurados** ou beneficiários, as causas em que forem parte instituição de previdência social e segurado, sempre que a **comarca não seja sede de vara do juízo federal**. |
| Norma de eficácia limitada | **Texto CF/88 redação original (art. 109, § 3º, *in fine*):** se verificada essa condição, **a lei poderá permitir** que outras causas sejam também processadas e julgadas pela justiça estadual. |
| Norma de eficácia limitada | **EC 103/2019 (art. 109, §3º):** Lei poderá autorizar que as causas de competência da Justiça Federal, em que forem parte instituição de previdência social e segurado, possam ser processadas e julgadas na justiça estadual, quando a comarca do domicílio do segurado não for sede de vara federal. |

Com relação às causas previdenciárias:

1) na redação original do § 3º do art. 109, **lei não poderia** impor restrição ao direito proclamado na norma constitucional;

2) na atual redação do § 3º do art. 109, lei exerce papel de destaque, define os contornos da norma constitucional, podendo estabelecer os casos de aplicação da competência delegada e até mesmo de supressão dessa delegação.

## 2.2. Competência Delegada e a Lei nº 13.876, de 20.9.2019

Publicada em 23.09.2019, a Lei 13.876 promove nova redação à lei que organiza a Justiça Federal, Lei nº 5.010, de 1966, mas com vigência a contar de 1º de janeiro de 2020.

**Eis a alteração da** Lei nº 5.010, de 1966, a partir de 1.1.2020:

> Lei. 13.876, de 2019:
>
> Art. 3º O art. 15 da Lei nº 5.010, de 30 de maio de 1966, passa a vigorar com a seguinte redação:
>
> Art. 15. Quando a Comarca não for sede de Vara Federal, poderão ser processadas e julgadas na Justiça Estadual:
>
> (...)
>
> III – as causas em que forem parte **instituição de previdência social e segurado** e que se referirem a benefícios de natureza pecuniária, **quando a Comarca de domicílio do segurado estiver localizada a mais de 70 km (setenta quilômetros) de Município sede de Vara Federal**;
>
> ..........................................................................................
>
> § 1º Sem prejuízo do disposto no art. 42 desta Lei e no parágrafo único do art. 237 da Lei nº 13.105, de 16 de março de 2015 (Código de Processo Civil), poderão os Juízes e os auxiliares da Justiça Federal praticar atos e diligências processuais no território de qualquer Município abrangido pela seção, subseção ou circunscrição da respectiva Vara Federal.
>
> § 2º **Caberá ao respectivo Tribunal** Regional Federal **indicar as Comarcas que se enquadram no critério de distância** previsto no inciso III do caput deste artigo.
>
> (...)
>
> Art. 5º Esta Lei entra em vigor:
>
> I – quanto ao art. 3º, a partir do dia 1º de janeiro de 2020. (grifo nosso).

A Lei 13.876 é fruto do Projeto de Lei 2.999, de 2019, que inicialmente versava unicamente a questão afeta ao pagamento de honorários periciais nas ações de benefícios por incapacidade nas quais o INSS é parte ré.

Depois de aprovado na Câmara dos Deputados, o PL 2.999 seguiu ao Senado Federal, onde recebeu acréscimo[12] afeto à "mitigação" da com-

12. Disponível em: https://www.camara.leg.br/proposicoesWeb/prop_mostrarintegra?codteor=1790275&filename=EMS+2999/2019.

petência delegada, decorrente de acolhida de emenda[13] apresentada pela Senadora Soraya Thronicke.

A senadora autora da emenda para mitigação da competência delegada traz dentre a justificativa, em apoio à inclusão do novo texto, os números de processos cadastrados na Justiça Estadual no ano de 2018, em decorrência da competência previdenciária delegada, total de 248.751. Desse montante, a Senadora destaca a elevada quantidade de demandas previdenciárias cadastradas na Justiça Estadual no Estado de São Paulo: 102.151 processos judiciais decorrentes da competência delegada. A seu turno, na Justiça Federal, foram cadastrados 1.220.093 processos judiciais previdenciários.

Da globalidade dos dados apresentados, referentes a 2018, a senadora concluiu:

a) mais de 40% dos processos previdenciários cadastrados na Justiça Estadual por força da competência constitucionalmente delegada estão concentrados no Estado de São Paulo;
b) foram cadastrados na Justiça Estadual menos de 30% da quantidade de processos previdenciários cadastrados na Justiça Federal.

Na sequência, a senadora apresentou o número de audiências realizadas, registrando que para a representação do INSS em audiências perante a Justiça Estadual, foram realizados 13.032 deslocamentos, sendo 5% desses deslocamentos estavam atrelados às ações acidentárias, ao passo que 95% diziam respeito à competência previdenciária delegada.

Da justificativa constam os deslocamentos para a representação do INSS em audiências na Justiça Federal, para ações previdenciárias, por sua vez, ocorreram 135.776 vezes. Número dez vezes maior, denotando o aparelhamento e a abrangência da Justiça Federal, em sua desconcentração.

Outro dado trazido pela senadora foi o número de acordos homologados em juízo. Perante a Justiça Estadual, foram homologadas 8.124

13. Disponível em: https://legis.senado.leg.br/sdleg-getter/documento?dm=7981807&ts=1569236083964&disposition=inline.

propostas de acordo oferecidas pelos representantes do INSS em juízo, exclusivamente em demandas decorrentes da competência delegada.

Em análise conjugada, diz a nobre senadora, com o quantitativo de processos cadastrados (supra), tem-se que menos de 5% das demandas previdenciárias em tramitação na Justiça Estadual se encerraram consensualmente. Enfatiza que na Justiça Federal o montante é bastante superior: 148.754 propostas de acordo formuladas pelos representantes do INSS foram homologadas em juízo.

Dados apresentados na justificativa:

Sentenças. No decorrer do ano de 2018, foram prolatadas 144.700 sentenças em ações judiciais envolvendo o INSS na Justiça Estadual. Do total, 16% estavam ligadas a ações acidentárias e 84% a ações decorrentes da competência constitucional delegada. Na Justiça Federal, por outro lado, houve 671.438 sentenças em ações previdenciárias.

Recorribilidade (pacificação social). Com efeito, na Justiça Estadual, as sentenças proferidas em ações movidas contra o INSS foram objeto de recurso em 79.813 vezes (13% desse montante dizem respeito às ações acidentárias; 87%, às ações previdenciárias da competência delegada). Percebe-se que mais de 50% das sentenças proferidas contra o INSS na Justiça Estadual são objeto de impugnação recursal (destaque para o quantitativo de recursos em ações relativas a benefício por incapacidade: 24%). Na Justiça Federal, o número é impactante: das 671.438 sentenças proferidas em ações previdenciárias, apenas 154.023 foram objeto de insurgência recursal, o que representa 23% de taxa de recorribilidade. Em ações relativas a benefício por incapacidade (grande volume de demandas previdenciárias), a taxa recursal é infinitamente inferior àquela verificada na Justiça Estadual: 6,98%.

Diante de todos os números apresentados, a senadora conclui: "O dado refinado demonstra a qualidade das sentenças proferidas na Justiça Federal em ações previdenciárias, seja pela notória especialização, seja pela adequada estruturação dos órgãos de instrução/julgamento".

Mais adiante, a senadora traz o "Resumo dos impactos positivos da mitigação da competência delegada", concluindo que a mitigação da competência delegada, ao longo de 10 anos, reduzirá as despesas da União em R$ 38,3 bilhões, assim discriminadas:

a) R$ 26,1 bilhões com menor pagamento de juros e correção monetária;

b) R$ 10,8 bilhões com a redução das despesas operacionais da AGU/PGF e INSS; e

c) R$ 1,4 bilhão com a redução de despesas com perícias médicas judiciais.

Adicionalmente, a senadora esclarece que a mitigação da competência delegada importará na redução em 27.1 bilhões, ao longo de 10 anos, dos custos operacionais pelos Tribunais de Justiça.

No Senado houve acolhida[14] da emenda de mitigação da competência delegada.

Diante da alteração efetivada pelo Senado, o PL 2999 **retornou à Câmara**, onde o voto inicial do Relator Dep. Hiran Gonçalves foi pela "inconstitucionalidade"[15] da modificação da Lei que organiza a Justiça Federal (Lei 5.101, de 1966), **posteriormente, em novo voto entendeu pela constitucionalidade.**[16]

Aprovado o substitutivo na Câmara o PL 2.999/2019 foi remetido ao Poder Executivo para sanção.

O art. 3º da Lei 13.876 (que prevê a mitigação da competência delegada) foi sancionada pela Presidência da República, publicada em **23.09.2019**.

## 2.3. Competência delegada e a constitucionalidade da lei nº 13.876, de 20.9.2019

Como visto supra, a Lei 13.876, foi publicada em 23.09.2019, antes, portanto da promulgação da Emenda Constitucional 103, no entanto,

---

14. Disponível em: https://www.camara.leg.br/proposicoesWeb/prop_mostrarintegra?codteor=1790275&filename=Tramitacao-PL+2999/2019.

15. Disponível em: https://www.camara.leg.br/proposicoesWeb/prop_mostrarintegra?codteor=1797746&filename=PPP+1+CCJC+%3D%3E+PL+2999/201.

16. Disponível em: https://www.camara.leg.br/proposicoesWeb/prop_mostrarintegra?codteor=1801636&filename=Tramitacao-PL+2999/2019.

é de vital importância destacar que a **vigência da restrição do alcance da competência delegada deu-se apenas a contar de 1º de janeiro de 2020, quando já vigente a Emenda da reforma da Previdência.**

A Lei 13.876 ao inaugurar a mitigação da competência delegada, traz questionamento acerca da **constitucionalidade,** sob enfoque de que o novel regramento sobre competência foi **publicado antes da promulgação da Emenda Constitucional 103/2019.**

A norma teria nascido despida de alicerce constitucional, diante da incompatibilidade de suas disposições e o Texto Magno vigente em setembro de 2019.

Confessamos que já comungamos desse entendimento, porém, evoluímos para alcançar a constitucionalidade da norma em apreço, uma vez que somente com o imperativo da vigência a norma promove alteração no ordenamento jurídico, de tal sorte que durante todo o ano de 2019, esteve plenamente vigente a Lei 5.101, de 1966, autorizando a competência delegada de forma plena.

Como visto, a primeira parte do § 3º, redação original, do art. 109, é norma de eficácia plena: "**Serão processadas e julgadas na justiça estadual**, no foro do domicílio dos segurados ou beneficiários, as causas em que forem parte instituição de previdência social e segurado, sempre que a comarca não seja sede de vara do juízo federal", não confere a norma constitucional margem de discricionariedade ao legislador infraconstitucional para desautorizar o acesso à justiça estadual.

O Texto Maior determina "**serão processadas e julgadas na justiça estadual**", lei alguma pode restringir o conteúdo desse mandamento constitucional quando satisfeitos os requisitos ditados na Carta Magna: (a) nas causas em que forem parte instituição de previdência social e segurado, (b) **sempre que a comarca** do domicílio dos segurados ou beneficiários, **não seja sede de vara do juízo federal.**

Durante todo o longo lapso temporal de vigência da redação original do § 3º do art. 109 da CF (de 1988 a novembro de 2019), não houve nenhuma norma vigente que contrariasse o mandamento constitucional.

A Lei 13.876, de 2019, traz restrição da competência delegada apenas a contar do ano de 2020, momento no qual há perfeita subsunção ao comando existente no § 3º, nova redação, do art. 109, § 3º, da CF/88.

Situação completamente diferente seria a publicação e "vigência" de lei contendo a mitigação da competência delegada antes do dia 12.11.2019, data da promulgação da Emenda da reforma, hipótese que a Lei 13.876 não se enquadra diante da expressa previsão alocada no art. 5º que difere a modificação das normas jurídicas somente a partir de 1.1.2020.

O art. 5º da Lei 13.876, de 2019, ao estabelecer que a mitigação da competência delegada somente entra em vigor no dia 1º de janeiro de 2020, quando já vigente a Reforma da Previdência, resulta no fato incontestável de que durante a *vacatio legis* da Lei 13.876 não houve afronta constitucional à redação original do § 3º do art. 109 da CF, ao contrário, houve seu mais pleno e completo respeito.

Como antes explicitado, na atual redação do § 3º do art. 109, a lei exerce papel de destaque na definição dos contornos da norma constitucional, podendo trazer desde singelos limites até a exclusão completa da competência delegada para processar e julgar as ações previdenciárias.

O cotejo da constitucionalidade deve dar-se no momento no qual ocorra efetiva alteração das normas jurídicas aplicáveis, ou seja, a contar da vigência, pois somente a partir da vigência do art. 3º da Lei 13.876, de 2019, houve efetiva revogação das disposições originais da Lei que organiza a Justiça Federal de primeira instância (Lei 5010).

Convém expor o entendimento firmado pelo Colendo STF acerca da inconstitucionalidade de norma publicada e "**vigente**" antes de promulgada emenda constitucional que lhe dê suporte.

### 2.3.1. Lei nº 9.718 colimava ampliar a base de cálculo da Contribuição para Financiamento da Seguridade Social – COFINS

Publicada no dia 27 de novembro de 1998 (antes da promulgação da EC 20, de 15.12.1998) a Lei n. 9.718 ampliando a base de cálculo da Contribuição para Financiamento da Seguridde Social – COFINS, para determinar a incidência, além da base de cálculo "faturamento", também a "receita" da empresa, expressão mais ampla que faturamento.

A Lei n. 9.718 (por igual a Lei 13.876) foi publicada pouco antes da promulgação da EC n. 20, de 15 de dezembro de 1998. Tendo em vista que somente com a publicação da EC n. 20 houve ampliação no Texto Constitucional da base de cálculo da COFINS, para receita ou faturamento, o STF, no julgamento[17] do RE 357.950/RS e RE 390.840/MG, **declarou inconstitucional** a ampliação trazida pela Lei n. 9.718, porque, **à época que editada essa lei ordinária, não havia respaldo constitucional** para tributar a "receita".

Eis Trecho[18] do RE 357.950/RS no qual o STF bem esclarece a impossiblidade de convalidar norma nascida inconstitucional:

> Descabe, também, partir para o que seria a repristinação, a constitucionalização de diploma que, ao nascer, mostrou-se em conflito com a Constituição Federal. Admita-se a inconstitucionalidade progressiva. No entanto, a constitucionalidade posterior contraria a ordem natural das coisas. A hierarquia das fontes legais, a rigidez da Carta, a revelá-la documento supremo, conduz à necessidade de as leis hierarquicamente inferiores observarem-na, sob pena de transmudá-la, com nefasta inversão de valores. Ou bem a lei surge no cenário jurídico em harmonia com a Constituição Federal, ou com ela conflita, e aí afigura-se írrita, não sendo possível o aproveitamento, considerado texto constitucional posterior e que, portanto, à época não existia. Está consagrado que o vício da constitucionalidade há de ser assinalado em face dos parâmetros maiores, dos parâmetros da Lei Fundamental existentes no momento em que aperfeiçoado o ato normativo. A constitucionalidade de certo diploma legal deve se fazer presente de acordo com a **ordem jurídica em vigor**, da jurisprudência, não cabendo reverter a ordem natural das coisas. Daí a inconstitucionalidade do § 1º do artigo 3º da Lei nº 9.718/98. (grifo nosso).

17. RE 357.950/RS e RE 390.840/MG. DECISÃO: O Plenário do STF, ao apreciar a controvérsia jurídica pertinente à ampliação da base de cálculo do PIS/COFINS (RE 357.950/RS, Rel. Min. MARCO AURÉLIO), declarou, "incidenter tantum", a inconstitucionalidade do § 1º do art. 3º da Lei nº 9.718/98, por entender que a noção de faturamento referida no art. 195, I, da Constituição da República, na redação anterior à EC nº 20/98, não legitimava a incidência de tais contribuições sobre a totalidade das receitas auferidas pelas empresas contribuintes, advertindo, ainda, que a superveniente promulgação da EC nº 20/98 não teve o condão de validar legislação ordinária anterior, que se mostrava originariamente inconstitucional.

18. Disponível em: http://www.stf.jus.br/imprensa/pdf/re357950.pdf.

### 2.3.2. Lei 9.506, de 1997, pretendia instituir fonte nova de custeio da seguridade social, contribuição social sobre o subsídio de agente político

Outro exemplo envolvendo a Reforma da Previdência de 1998, é a da inconstitucionalidade ditada pela colenda Corte Suprema da Lei 9.506, de 1997, que pretendeu instituir fonte nova de custeio da seguridade social, qual seja, contribuição social sobre o subsídio de agente político.

A instituição dessa nova contribuição, que não estaria incidindo sobre "a folha de salários, o faturamento e os lucros" (C.F., art. 195, I, sem a EC 20/98), exigiria a técnica da competência residual da União, art. 154, I, ex vi do disposto no art. 195, § 4º, ambos da C.F. É dizer, somente por lei complementar poderia ser instituída citada contribuição.

Concluiu Ministro Ayres Brito que o posterior advento da Emenda da Reforma de 1998 não teria o condão de retirar a pecha de inconstitucionalidade da Lei 9.506 existente na data de sua vigência, ocorrida na data da publicação:

> A jurisprudência do Supremo Tribunal Federal é firme no sentido de que a alteração constitucional não tem o condão de tornar legítima norma anteriormente considerada inconstitucional diante da Constituição Federal **então vigente**. (grifo nosso).

Da mesma forma que como procedeu a inconstitucional Lei nº 9.718, a Lei 9.506 entrou em vigor na data da publicação, com a pretensão de revogar as disposições legais então existentes, porém, sem suporte constitucional contemporâneo para esse desiderato.

A diferença entre as Leis 9.718 e 9.506 frente a Lei 13.876 é a vigência, enquanto aquelas entraram em vigor na data da publicação (antes, portanto, da alteração constitucional que lhe daria suporte), a Lei 13.876 teve o cuidado especial de atribuir sua vigência para momento futuro, ano subsequente, quando presente respaldo constitucional para reduzir o cabimento da competência delegada.

## 2.4. Da constitucionalidade declarada pelo STJ no julgamento do IAC nº 6

Em 21 de outubro de 2021, o C. Superior Tribunal de Justiça concluiu o julgamento do Incidente de Assunção de Competência nº 6, oportunidade na qual, à **unanimidade**, fixou-se a seguinte tese jurídica:

> **Tese firmada:**
>
> Os efeitos da Lei nº 13.876/2019 na modificação de competência para o processamento e julgamento dos processos que tramitam na Justiça Estadual no exercício da competência federal delegada insculpido no art. 109, § 3º, da Constituição Federal, após as alterações promovidas pela Emenda Constitucional 103, de 12 de novembro de 2019, **aplicar-se-ão aos feitos ajuizados após 1º de janeiro de 2020**.
>
> As ações, em fase de conhecimento ou de execução, ajuizadas anteriormente a essa data, continuarão a ser processadas e julgadas no juízo estadual, nos termos em que previsto pelo § 3º do art. 109 da Constituição Federal, pelo inciso III do art. 15 da Lei n. 5.010, de 30 de maio de 1965, em sua redação original. (grifo nosso).

Ao analisar os efeitos temporais da Lei nº 13.876/2019 na modificação de competência para o processamento e julgamento dos processos que tramitam na Justiça estadual no exercício da competência federal delegada, o Colendo Superior Tribunal de Justiça promoveu ao prévio juízo acerca da constitucionalidade do art. 15, III, da Lei nº 5.010/1966, com redação dada pela Lei nº 13.876/2019.

A constitucionalidade tratava-se de questão preliminar indissociável da discussão principal, só podendo o STJ avançar na análise pretendida se considerasse, *a priori*, que a Lei nº 13.876/2019 seria constitucional.

A deliberação do relator no sentido da constitucionliadade foi acompanahda pelos seus pares, com efeito, no julgamento do IAC 6, observa-se da ementa: item "2.1" – "Das alterações promovidas pela Lei nº 13.876/2019 e sua constitucionalidade" – do voto do Relator, Ministro Mauro Campbell Marques.

Do voto acolhido à unanimidade, o STJ afastou a tese levantada pela Associação Brasileira dos Advogados Previdenciários, que na qualidade de *amicus curiae postulou* a **inconstitucionalidade das alterações promovidas pela Lei 13.876/2019**.

Eis trecho do julgado:

> (...) Não se desconhece as inúmeros discussões sobre o fato de a competência delegada em matéria previdenciária não comportar redução válida por ato normativo infraconstitucional. Segundo essa corrente, defendida, em termos, pela Associação Brasileira dos Advogados Previdenciários na qualidade de amicus curiae, a Lei nº 13.876/19 estaria eivada

> de inconstitucionalidade material, e, mesmo com o advento da EC nº 103/2019, não haveria falar em constitucionalidade superveniente do texto legal, porquanto inconstitucionalidade não é vício sanável por alteração posterior da Constituição.
>
> **Sem razão, entretanto.**
>
> Isso porque, **como bem colocado por Sua Excelência Ministra Maria Thereza de Assis Moura em voto proferido em procedimento administrativo no Conselho da Justiça Federal do SEI 0006509-2019.4.90.8000 e que deu origem à Resolução CJF 603/2019 não houve alteração de competência absoluta, que continua sendo da Justiça Federal**. A propósito, cita-se o seguinte trecho: 'Poderia haver controvérsia sobre alteração de competência absoluta, o que, todavia, não se entremostra. Isso porque, sob esse aspecto – competência absoluta – não houve alteração, continua sendo da Justiça.
>
> Dessa feita, **além de as alterações promovidas pela Lei nº 13.876/19 não padecerem de qualquer vício de inconstitucionalidade como apontado pelo Associação Brasileira dos Advogados Previdenciários, são aplicáveis somente aos processos ajuizados após a vacatio legis estabelecida pelo art. 5º, I**. Lado outro, os feitos em andamento, estejam eles ou não em fase de execução, até essa data, continuam sob a jurisdição em que estão, não havendo falar, pois, em perpetuação da jurisdição. (grifo nosso).

Cabe enfatizar que a rejeição da tese de que a Lei 13.876/2019 seria inconstitucional constou **expressamente** do item "7" da ementa do v. acórdão do IAC 6, *in verbis*:

> (...) 7 – **Tese da Associação Brasileira dos Advogados Previdenciários que na qualidade de amicus curiae, aponta a ocorrência de inconstitucionalidade à Lei nº 13.876/19 rejeitada**. Conforme voto de Sua Excelência Ministra Maria Thereza de Assis Moura, proferido em procedimento administrativo no Conselho da Justiça Federal do SEI 0006509-2019.4.90.8000 e que deu origem à Resolução CJF 603/2019, enquanto tal argumento exige a ocorrência de modificação de competência absoluta prevista em norma constitucional originária; a hipótese encerra apenas a delimitação de seu alcance, permanecendo, pois, hígida, a jurisdição da Justiça Federal. (grifo nosso).

Cabe anotar que o **julgamento proferido no IAC 6 pelo STJ** é capitulado como **precedente vinculante**, inclusive quanto à própria constitucionalidade dos dispositivos, *ex vi* do **art. 947, § 3º, do CPC**: "O acórdão proferido em assunção de competência vinculará todos os juízes e órgãos fracionários, exceto se houver revisão de tese".

## 2.5. TRF-3 Incidente de Arguição de Inconstitucionalidade cível nº 5012488-76.2020.4.03.0000

Perante o Egrégio Tribunal Regional Federal da 3ª Região houve a apresentação de incidente de arguição de inconstitucionalidade do art. 3º da Lei nº 13.876/19, sob nº 5012488-76.2020.4.03.0000, acolhido pela Décima Turma, com remessa da questão constitucional ao Órgão Especial do TRF-3, em respeito à Claúsula de Reserva de Plenário prevista no art. 97[19] da CF/88 (e arts. 948 a 950 do Estatuto processul Civil), conforme Ementa abaixo transcrita:

> ARGUIÇÃO DE INCONSTITUCIONALIDADE. ART. 97, DA CONSTITUIÇÃO FEDERAL. PREVIDENCIÁRIO. PROCESSO CIVIL. COMPETÊNCIA FEDERAL DELEGADA. EMENDA CONSTITUCIONAL Nº 103/19 E LEI 13.876/19. INCONSTITUCIONALIDADE. 1. A Carta Magna, na redação primitiva do Art. 109, § 3º, fixava a competência delegada nas causas previdenciárias em norma-regra de eficácia plena e aplicabilidade imediata, vale dizer, já previa em seu texto todos os elementos necessários para identificar a hipótese em que o segurado poderia valer-se da prerrogativa de ajuizar demanda na justiça estadual de seu domicílio. 2. A redação posterior à Emenda Constitucional nº 103/19 não mais estabelece, em si mesma, qualquer regra de competência jurisdicional, mas limita-se a outorgar ao legislador a possibilidade de instituir a competência delegada nas causas previdenciárias. Trata-se de norma de eficácia limitada, condicionada a posterior integração pelo legislador, na ausência da qual não haveria possibilidade de delegação.
>
> 3. Tendo em mira as datas de publicação da EC nº 103/19 e da Lei nº 13.876/19 e seus respectivos conteúdos, a inexorável conclusão a que se chega é de que a Lei nº 13.876/19, ao estabelecer novos requisitos para o exercício da faculdade processual garantida constitucionalmente, violou

19. CF. Art. 97. Somente pelo voto da maioria absoluta de seus membros ou dos membros do respectivo órgão especial poderão os tribunais declarar a inconstitucionalidade de lei ou ato normativo do Poder Público.

> o Art. 109, § 3º, da CF, na redação vigente por ocasião da sua publicação. 4. Sob ótica estritamente formal, quando a regra constitucional estabelece em seu antecedente normativo determinados pressupostos e, em seu consequente normativo, uma permissão, proibição, ou obrigação como conteúdo de dever-ser, não é admitido que a lei ordinária acresça novos pressupostos, sob pena de violação da estrutura da norma constitucional. 5. A nova legislação, ao restringir o acesso à competência federal delegada, impõe óbices a plena realização do direito fundamental de acesso à justiça, assegurado no Art. 5º, inciso XXXV, cujo corolário é, entre outros, a previsão de competência delegada para o juízo estadual da comarca de domicílio de segurado da previdência social. 6. Da mesma forma, a lei carece de razoabilidade ao adotar como critério a distância de 70 quilômetros entre a comarca de domicílio do segurado e o município sede de vara federal. Não obstante o inegável avanço da interiorização da justiça federal desde a promulgação da Constituição em 1988, esse processo não se dá de forma linear em todo o país e o novo critério de distribuição de competência delegada, por ser uniforme, desconsidera as particularidades das diversas regiões, seções e subseções judiciárias, conferindo, portanto, tratamento igual a situações desiguais. 7. A partir da Emenda Constitucional nº 103/19, o que antes era um direito assegurado ao autor de demandar contra o INSS no juízo estadual de seu domicílio converteu-se em mera autorização para o legislador, segundo seu juízo de conveniência e oportunidade, estabelecer a delegação de competência nas causas entre segurado e instituição de previdência, quando a comarca de domicílio daquele não abrigar vara federal. 8. Assim, somente após a reforma constitucional teria o legislador autorização constitucional para estabelecer os pressupostos deflagradores da delegação de competência e qualquer disciplina legal dessa natureza no período de vigência da redação original da Constituição mostra-se inconstitucional. 9. Arguição de Inconstitucionalidade acolhida para remessa do feito ao Órgão Especial e suspenso o julgamento do agravo de instrumento.

A Procuradoria Regional Federal da Terceira Região apresentou memoriais, bem como na data do julgamento, em 14/09/2022, efetivou sustentação oral perante o Colendo Órgão Especial do Tribunal Regional Federal da 3ª Região, defendendo a constitucionalidade da norma restritiva da competência delegada.

Memoriais AGU Incidente Inconstitucionalidade ED INSS

Trecho Sustentação oral (diferença entre as Leis 9.718 e 9.506 frente à Lei 13.876)

Após o voto do Desembargador Federal BAPTISTA PEREIRA (Relator) afastando as preliminares suscitadas, julgando procedente o incidente de arguição de inconstitucionalidade para declarar a inconstitucionalidade do Art. 3º, da Lei 13.876/19, pediu vista a Desembargadora Federal MARLI FERREIRA.

Situação atual do incidente de arguição de inconstitucionalidade do art. 3º da Lei nº 13.876/19, sob nº 5012488-76.2020.4.03.0000: aguardando julgamento.

## 3. CONCLUSÃO

A constitucionalidade da Lei 13.876 de 2019, deve prevalecer, uma vez que a restrição da competência delegada nao impactou o ordenamento juridico antes da vigência da reforma da previdência (EC 103/2019), mas apenas após 1º de janeiro de 2020, oportunidade na qual havia pefeita subsunção da novel disposição legal ao mandamento constitucional alocado no § 3º, nova redação, do art. 109 da Carta Magna.

Importante anotar que o Colendo STJ no julgamento do IAC nº 6, em 21/10/2021, transitado em Julgado em 14/02/2022 (precedente vinculante, art. 947, § 3º, do CPC) firmou a constitucionalidade da Lei 13.876.

No entanto, cabe enfatizar a existência de Incidente de Arguição de Inconstitucionalidade da Lei 13.876, Proc. Cível nº 5012488-76.2020.4.03.0000, ainda pendente de conclusão do julgamento perante o Órgão Especial do Tribunal Regional Federal da 3ª Região.

## REFERÊNCIAS

ALENCAR, Hermes Arrais. *Cálculo de benefícios previdenciários*: teses revisionais: da teoria à prática. 13. ed. São Paulo: SaraivaJus, 2023.

ALENCAR, Hermes Arrais. *Direito previdenciário para concursos públicos*. 6. ed. São Paulo: SaraivaJus, 2019.

ALENCAR, Hermes Arrais. Novo critério de cálculo das aposentadorias *in:* ALENCAR, Hermes Arrais. *RGPS após a reforma da previdência de 2019*: atualizado com o Decreto 10.410, DOU 1.7.2020. 3. ed. [*S.l.*]: Ed. do autor, 2021. *E-book* (151 p.).

ALENCAR, Hermes Arrais. *Reforma da previdência*: emenda constitucional n. 103/2019 e o regime geral de previdência social. 1. ed. São Paulo: SaraivaJus, 2020.

BRASIL. [Constituição (1988)]. *Constituição da República Federativa do Brasil de 1988*. Brasília, DF: Presidência da República, [2023]. Disponível em: https://www.planalto.gov.br/ccivil_03/constituicao/constituicao.htm. Acesso em: 14 mar. 2023.

BRASIL. *Lei nº 5.010, de 30 de maio de 1966*. Organiza a Justiça Federal de primeira instância, e dá outras providências. Brasília, DF: Presidência da República, [1989]. Disponível em: https://www.planalto.gov.br/ccivil_03/LEIS/L5010.htm#art15. Acesso em: 14 mar. 2023.

BRASIL. *Lei nº 8.213, de 24 de julho de 1991*. Dispõe sobre os Planos de Benefícios da Previdência Social e dá outras providências. Brasília, DF: Presidência da República, [2015]. Disponível em: https://www.planalto.gov.br/ccivil_03/leis/l8213cons.htm. Acesso em: 14 mar. 2023.

BRASIL. *Lei nº 13.876, de 20 de setembro de 2019*. Dispõe sobre honorários periciais em ações em que o Instituto Nacional do Seguro Social (INSS) figure como parte e altera a Consolidação das Leis Trabalhistas (CLT), aprovada pelo Decreto-Lei nº 5.452, de 1º de maio de 1943, a Lei nº 5.010, de 30 de maio de 1966, e a Lei nº 8.213, de 24 de julho de 1991. Brasília, DF: Presidência da República, [2019]. Disponível em: https://www.planalto.gov.br/ccivil_03/_ato2019-2022/2019/lei/L13876.htm. Acesso em: 14 mar. 2023.

BRASIL. Superior Tribunal de Justiça. *Incidente de Assunção de Competência (IAC 6)*. Efeitos da Lei nº 13.876/2019 na modificação de competência para o processamento e julgamento dos processos que tramitam na Justiça Estadual no exercício da competência federal delegada. Relator: Mauro Campbell Marques. Tribunal de origem: Justiça Federal do Rio Grande do Sul (JFRS). Admissão: 18 de dezembro de 2019. Julgado em: 21 de outubro de 2021. Trânsito em julgado: 14 de fevereiro de 2022. Acórdão publicado em: 4 de novembro de 2021. Brasília, DF: Superior Tribunal de Justiça, [2022]. Disponível em: https://processo.stj.jus.br/repetitivos/temas_repetitivos/pesquisa.jsp?novaConsulta=true&tipo_pesquisa=I&cod_tema_inicial=6&cod_tema_final=6. Acesso em: 14 mar. 2023.

BRASIL. Supremo Tribunal Federal. *Recurso Extraordinário RE 631240.* Tema 350: Prévio requerimento administrativo como condição para o acesso ao Judiciário. Recurso extraordinário em que se discute, à luz dos artigos 2º e 5º, XXXV, da Constituição Federal, a exigibilidade, ou não, do prévio requerimento administrativo, perante o Instituto Nacional do Seguro Social – INSS, órgão especializado, como requisito para o exercício do direito à postulação jurisdicional. Relator: Min. Roberto Barroso. Baixa definitiva dos autos: 4 de maio de 2017. Transitado em julgado: 3 de maio de 2017. Recebimento dos autos: 18 de abril de 2017. Brasília, DF: Supremo Tribunal Federal, [2017]. Disponível em: https://portal.stf.jus.br/jurisprudenciaRepercussao/verAndamentoProcesso.asp?incidente=3966199&numeroProcesso=631240&classeProcesso=RE&numeroTema=350. Acesso em: 14 mar. 2023.

# 7

# NOVAS FONTES DE FINANCIAMENTO DA PREVIDÊNCIA SOCIAL: EM BUSCA DO EQUILÍBRIO FINANCEIRO E ATUARIAL

*Marcelo Barroso Lima Brito de Campos*[1]

**SUMÁRIO:** Introdução – 1. A relação entre custeio e benefício previdenciários: necessidade de equilíbrio financeiro e atuarial – 2. A busca

---

1. Pós-doutor em Direito Tributário (UFMG). Doutor em Direito Público (PUC Minas). Mestre em Administração Pública pela Escola de Governo da Fundação João Pinheiro (FJP-MG). Bacharel em Direito (UFMG). Professor do Mestrado e da Graduação de Direito Previdenciário, Direito Constitucional e Direito Tributário (Universidade FUMEC). Professor da Escola da Magistratura Federal do Paraná (ESMAFE-PR). Associado Benemérito e Conselheiro do Instituto Brasileiro de Direito Previdenciário (IBDP). Professor do Instituto de Estudos Previdenciários (IEPREV). Professor do Regime Próprio de Previdência Social na Pós-Graduação *lato sensu* (PUC Paraná e PUC Santa Catarina). Procurador do Estado de Minas Gerais (AGE-MG). Chefe da Procuradoria de Tributos e Assuntos Fiscais (PTF AGE-MG 2015/2018). Procurador-Chefe do Instituto de Previdência dos Servidores do Estado de Minas Gerais (IPSEMG 2003). Advogado. Membro da Academia Brasileira de Direito Previdenciário (ABDP). Membro da Academia Brasileira de Direito da Seguridade Social (ABDSS). Membro do Instituto dos Advogados de Minas Gerais – IAMG. Coordenador de Direito e Processo Previdenciário da Escola Superior de Advocacia da Ordem dos Advogados do Brasil, Seção Minas Gerais (ESA-OAB/MG 2010/2015). Membro da Comissão de Direito Previdenciário da (OAB/MG). Membro titular do Conselho Fiscal (OAB Prev-MG 2018/2020). Presidente do Conselho Deliberativo da (PREVCOM-MG desde 2018). Membro do corpo editorial da Revista Brasileira de Direito Previdenciário (desde 2011). Autor de livros e diversos artigos científicos. Conferencista. Palestrante. Parecerista.

pelo equilíbrio financeiro e atuarial por meio das reformas constitucionais previdenciárias já instituídas: utilização dos métodos tradicionais de aumento de contribuições e redução do valor dos benefícios – 3. Quebrando paradigmas: a busca do equilíbrio financeiro e atuarial da previdência social por meio das novas fontes de financiamento – 4. Conclusões – Referências.

## INTRODUÇÃO

A previdência social brasileira passou a exigir, em nível constitucional, a partir da Emenda à Constituição nº 20, de 1988, o equilíbrio financeiro e atuarial entre o custeio e o benefício.

Esse motivo sustentou diversas reformas constitucionais do sistema previdenciário pátrio. Com efeito, a busca pelo equilíbrio financeiro e atuarial fomentou as alterações normativas em nível constitucional, nas quais se pode perceber uma majoração do encargo tributário imposto aos servidores públicos ativos, aposentados e pensionistas.

Este a artigo, mediante pesquisa bibliográfica e jurisprudencial, utilizando-se do método dedutivo, visa apresentar, de forma propositiva, as novas formas de custear a previdência social, por meio de fontes de custeio.

## 1. A RELAÇÃO ENTRE CUSTEIO E BENEFÍCIO PREVIDENCIÁRIOS: NECESSIDADE DE EQUILÍBRIO FINANCEIRO E ATUARIAL

A previdência social brasileira é parte integrante do sistema de seguridade social ao lado da saúde e da assistência social, conforme definição estabelecida no art. 194 da Constituição de 1988, compondo um plexo integrado de ações de iniciativa do Estado e da sociedade.

Das três áreas da seguridade social, a previdência social é aquela que exige uma relação direta entre custeio e benefício, por parte do beneficiário e de seu empregador, quando existente.

Na saúde pública, consubstanciada pelo Sistema Único de Saúde (SUS), definido no art. 198 da Constituição de 1988, o assistido tem direito aos serviços independentemente de sua condição de contribuinte ou não, pois a saúde é direito de todos e dever do Estado (CF, art. 196).

Os beneficiários da assistência social, nessa condição, não têm como ser contribuintes, eis que sua condição de miserabilidade impede que façam o custeio desse sistema de proteção. A assistência social deve ser prestada a quem dela necessitar (CF, art. 203).

A previdência social, por sua vez, em qualquer de seus regimes, exige que o segurado, para fazer jus ao benefício (ou instituir benefício em favor de seus dependentes), seja contribuinte direto desse sistema de proteção social. À contribuição do segurado se soma a contribuição daquele que emprega sua mão de obra.

Com efeito, a previdência social se divide nos regimes previdenciários: Geral, próprios dos servidores titulares de cargos efetivos, dos militares e complementares. Em qualquer deles deve existir a contribuição de segurado como condição prévia para implementação de um benefício previdenciário.

O art. 201 da Constituição de 1988 estabelece o caráter contributivo do Regime Geral de Previdência Social (RGPS) e o art. 195, II do mesmo texto constitucional prevê a contribuição social do trabalhador e dos demais segurados da previdência social, podendo ser adotadas alíquotas progressivas de acordo com o valor do salário de contribuição. No inciso I, do art. 195, da Constituição de 1988, também está prevista a contribuição do empregador, da empresa e da entidade a ela equiparada na forma da lei.

Os regimes próprios de previdência social dos servidores públicos titulares de cargos efetivos (RPPS) também tem caráter contributivo, mediante contribuição dos servidores (públicos) ativos, aposentados e pensionistas, além da contribuição do ente federativo (CF, art. 40, *caput* e § 18 c/c art. 149, *caput*, §§ 1º, 1º-A, 1º-B e 1º-C).

Os militares, ainda que sujeitos ao sistema de proteção social específico (Sistema de Proteção Social dos Militares – SPSM), também realizam as contribuições para sua inatividade funcional e para instituir benefícios aos seus dependentes (CF, art. 42 – SPSM estadual – e 142 – SPSM federal, bem como Lei nº 13.954/2019).

A previdência privada, complementar, baseada na constituição de reservas que garantam o benefício contratado, por sua natureza contratual, facultativa e de formação de patrimônio para fazer face ao pagamento de benefício futuro é iminentemente contributivo (CF, art. 202).

Nesse contexto, apresentado de forma panorâmica e sem a pretensão de esgotar o assunto ou mesmo ater-se às especificidades, pode-se afirmar que o benefício previdenciário está diretamente ligado ao custeio realizado mediante contribuições dos segurados e seus empregadores. Como se vê, a relação custeio e benefício na previdência social, própria de um sistema bismarckiano[2], é evidente.

Desde já se deve observar, no entanto, que o custeio realizado por parte do segurado e de seu empregador não esgota a fonte de financiamento da previdência social, baseada na diversidade como princípio (CF, art. 194, VI). A máxima prevalece: não se devem colocar todos os ovos na mesma cesta, por isso a previdência social tem várias outras fontes de custeio. Tal aspecto será retomado mais adiante, porquanto, no momento, é importante entender como se devem relacionar o custeio e o benefício previdenciários.

A Emenda à Constituição nº 20, de 16 de dezembro de 1998 inseriu no art. 40 e art. 201, o equilíbrio financeiro e atuarial que deve guardar a relação de custeio e benefício previdenciários.

A previdência social deve observar critérios que preservem o equilíbrio financeiro e atuarial, a fim de assegurar e consolidar a saúde financeira do regime.

O equilíbrio refere-se à relação entre receitas e despesas. O regime não pode gastar mais do que arrecada.

Equilíbrio financeiro significa que as contribuições devam ser suficientes para cobrir os compromissos em um exercício financeiro, correspondente ao ano civil.

Equilíbrio atuarial significa que o total dos recursos é capaz de saldar os compromissos assumidos a médio e longo prazo. A melhor forma de avaliar esse equilíbrio é trazer os compromissos futuros a tempo presente.[3]

---

2. Referência feita ao Chanceler Alemão Otto von Bismarck, que, em 1883, criou o sistema previdenciário de caráter contributivo retributivo.

3. Por exemplo, o art. 9º, § 1º, da EC 103/2019, estabeleceu regra transitória determinando que o equilíbrio financeiro e atuarial do RPPS deverá ser comprovado por meio de garantia

O Supremo Tribunal Federal em diversos precedentes reforçou a necessidade de manter o equilíbrio financeiro e atuarial do RPPS, como ocorreu no julgamento da ADI 3.628/AP, pelo qual julgou inconstitucional a transferência para a Autarquia Amapá Previdência (Aprev) da responsabilidade pelo pagamento das aposentadorias e pensões que tivessem sido concedidas pelos Poderes do Estado, pelo Ministério Público ou pelo Tribunal de Contas, sem contrapartida dos segurados ou do próprio Estado, eis que acarretaria grave ofensa à regra em comento. Nesse caso a responsabilidade é do Tesouro estadual. Segundo o Ministro Dias Toffoli.

No julgamento da ADI 3105, que decidiu pela constitucionalidade da contribuição dos aposentados e pensionistas do RPPS, o STF considerou que a previsão dessa exação se justifica em obediência, dentre outros, ao princípio do equilíbrio financeiro e atuarial.

Ainda, ao decidir sobre a aplicação do instituto da decadência na previdência social, o Sodalício Supremo assim se manifestou, *in verbis*:

> O direito à previdência social constitui direito fundamental e, uma vez implementados os pressupostos de sua aquisição, não deve ser afetado pelo decurso do tempo. Como consequência, inexiste prazo decadencial para a concessão inicial do benefício previdenciário. É legítima, todavia, a instituição de prazo decadencial de dez anos para a revisão de benefício já concedido, com fundamento no princípio da segurança jurídica, no interesse em evitar a eternização dos litígios e na busca de equilíbrio financeiro e atuarial para o sistema previdenciário. O prazo decadencial de dez anos, instituído pela MP 1.523, de 28-6-1997, tem como termo inicial o dia 1º-8-1997, por força de disposição nela expressamente prevista. Tal regra incide, inclusive, sobre benefícios concedidos anteriormente, sem que isso importe em retroatividade vedada pela Constituição. Inexiste direito adquirido a regime jurídico não sujeito a decadência (RE 626.489, rel. min. Roberto Barroso, j. 16-10-2013, P, *DJE* de 23-9-2014, Tema 313).

Nota-se a importância de se implementar o necessário equilíbrio financeiro e atuarial do sistema previdenciário brasileiro, com o objetivo

---

de equivalência, a valor presente, entre o fluxo das receitas estimadas e das despesas projetadas, apuradas atuarialmente, que, juntamente com os bens, direitos e ativos vinculados, comparados às obrigações assumidas, evidenciem a solvência e a liquidez do plano de benefícios.

de autossuficiência e sustentabilidade, de modo a prestar com eficiência o benefício previdenciário.

No entanto, é possível notar também que a busca por esse equilíbrio financeiro e atuarial veio de forma desequilibrada, eis que focou, especialmente, na redução do gasto com os benefícios previdenciários dos trabalhadores e dos agentes públicos, bem como na majoração das contribuições destes últimos. Esse método foi aplicado nas reformas constitucionais da previdência e desconsiderou a necessidade de fortalecer o sistema com novas fontes de receita.

## 2. A BUSCA PELO EQUILÍBRIO FINANCEIRO E ATUARIAL POR MEIO DAS REFORMAS CONSTITUCIONAIS PREVIDENCIÁRIAS JÁ INSTITUÍDAS: UTILIZAÇÃO DOS MÉTODOS TRADICIONAIS DE AUMENTO DE CONTRIBUIÇÕES E REDUÇÃO DO VALOR DOS BENEFÍCIOS

A previdência social brasileira não foi reformada uma única vez. As reformas da previdência social são representadas por diversas alterações normativas: constitucionais, legais e infralegais, bem como por meio de políticas públicas previdenciárias diversas. O corte epistemológico deste artigo concentrará sobre as reformas constitucionais para construir o raciocínio a ser defendido.

As normas sobre previdência social previstas na Constituição da República Federativa de 1988 foram alteradas pelas seguintes Emendas à Constituição: nº 3, de 1993; nº 20, de 1998; nº 41, de 2003; nº 47, de 2005; nº 70, de 2012; nº 88, de 2015 e nº 103, de 2019.

Dessas reformas constitucionais destacam-se nas EC nº 3/93, 20/98, 41/03 e 103/19 a preocupação governamental em equilibrar a previdência por meio de medidas incidentes sobre as contribuições dos segurados e sobre a redução do valor dos benefícios previdenciários em todos os regimes, principalmente.

A seguir serão destacados, sem a intenção de esgotar o assunto, os principais pontos das reformas constitucionais que tiveram a preocupação com o aumento das contribuições previdenciárias (especialmente dos servidores públicos) e a redução do valor dos benefícios.

A Emenda à Constituição nº 3, de 1993 inaugura a previsão constitucional para que a lei estabeleça a contribuição previdenciária dos servidores públicos federais a fim de custear as suas aposentadorias e as pensões por ele instituídas. Cria-se, pois, o fundamento constitucional de instituição do tributo – contribuição previdenciária – dos servidores públicos federais.

A grande reforma constitucional protagonizada pela EC nº 20/98 é marcada pela utilização dos métodos de redução de gastos com benefícios previdenciários e aumento de arrecadação, como se pode destacar nos seguintes pontos de forma exemplificativa:

a) Proibição de percepção simultânea de proventos de aposentadoria decorrentes do art. 40 (RPPS) ou dos arts. 42 (SPSM estadual) e 142 (SPSM federal), todos da Constituição de 1988 com a remuneração de cargo, emprego ou função pública, ressalvados os cargos acumuláveis na forma da Constituição, os cargos eletivos e os cargos em comissão declarados em lei de livre nomeação e exoneração (CF, art. 37, § 10, na redação da EC 20/98).

b) Constitucionalização do caráter contributivo para a previdência social dos servidores públicos de RPPS (CF, art. 40, *caput*, na redação da EC 20/98).

c) Reforço do caráter contributivo para a previdência dos segurados do RGPS (CF, art. 201, *caput*, na redação da EC 20/98)[4].

d) Criação do teto de proventos limitado à remuneração do servidor público no cargo efetivo em que se deu a aposentadoria (CF, art. 40, § 2º, na redação da EC 20/98).

e) Aplicação no RPPS do teto constitucional remuneratório do art. 37, XI, da Constituição de 1988 à soma total dos proventos

4. Trata-se de um reforço, porquanto no RGPS, a contributividade já existia nos termos do art. 201, §1º, na redação original da Constituição de 1988, segundo o qual qualquer pessoa poderia participar dos benefícios da previdência social, mediante contribuição na forma dos planos previdenciários. Diversamente era a situação do servidor público pertencente ao RPPS, em relação ao qual não havia contribuição previdenciária para custeio da sua aposentadoria.

de inatividade, inclusive quando decorrentes da acumulação de cargos ou empregos públicos, bem como de outras atividades sujeitas a contribuição para o regime geral de previdência social, e ao montante resultante da adição de proventos de inatividade com remuneração de cargo acumulável na forma da Constituição, cargo em comissão declarado em lei de livre nomeação e exoneração, e de cargo eletivo (CF, art. 40, § 11, na redação da EC 20/98).

f) Possibilidade do RPPS adotar como teto de pagamento de benefícios o valor limite de proventos do RGPS, mediante a criação do Regime de Previdência Complementar (RPC) (CF, art. 40, §§ 14 ao 16, na redação da EC 20/98).

Em que pese a análise deste artigo se concentrar nas reformas constitucionais, merece destaque a implementação em nível legal, por meio da Lei nº 9.876/99, do fator previdenciário no RGPS, que seguramente, de modo geral, teve a pretensão de reduzir o gasto com o pagamento de benefícios previdenciários.

Na Emenda à Constituição nº 41, de 2003, também se atuou no mesmo sentido de redução de gastos com benefícios previdenciários e aumento de arrecadação, como se pode observar nos seguintes aspectos:

a) Inclusão da solidariedade no RPPS como fundamento da instituição da contribuição dos inativos e pensionistas do referido regime previdenciário (CF, art. 40, *caput* c/c § 18, na redação da EC 41/03).

b) Mudança na forma de cálculo dos benefícios previdenciários do RPPS abolindo a regra da integralidade para os novos servidores e seus dependentes que passam a ter seus proventos calculados com base no sistema de média (CF, art. 40, § 3º, na redação da EC 41/03 c/c Lei nº 10.887/2004, art. 1º).

c) Mudança na forma de reajuste dos benefícios previdenciários do RPPS abolindo a regra da paridade para os novos servidores e seus dependentes que passam a ter seus proventos reajustados com base em lei específica (CF, art. 40, § 8º, na redação da EC 41/03).

d) Redução do valor da pensão que deixa de ser integral quando ultrapassar o valor teto de benefícios do RGPS, incidindo um redutor de 30% sobre o valor que exceder (CF, art. 40, § 7º, na redação da EC 41/03).

e) Transformação do sistema de cálculo de proventos no RPPS de benefício definido (BD) para o de contribuição definida (CD) (CF, art. 40, § 3º, na redação da EC 41/03).

Com a Emenda à Constituição nº 103, de 2019, os procedimentos não foram diferentes, eis que o constituinte derivado seguiu promovendo alterações normativas no sentido de aumentar a arrecadação e diminuir o valor dos benefícios na previdência social. Seguem os destaques:

a) Rompimento do vínculo do servidor com o cargo público que gerou o tempo de contribuição, em função da aposentadoria no RGPS ou no RPPS, evitando que o servidor receba aposentadoria e remuneração ao mesmo tempo (CF, art. 37, § 14, na redação da EC 103/19).

b) Proibição de complementação de aposentadorias fora da previdência complementar ou da extinção do RPPS (CF, art. 37, § 15, na redação da EC 103/19).

c) Proibição para o servidor público de incorporação de vantagens de caráter temporário ou vinculadas ao exercício de função de confiança ou de cargo em comissão à remuneração do cargo efetivo (CF, art. 39, § 9º, na redação da EC 103/19).

d) Limitação obrigatória do valor dos proventos de aposentadoria no RPPS ao valor limite estabelecido para o RGPS, mediante a instituição obrigatória do RPC (CF, art. 40, § 2º, na redação da EC 103/19).

e) Aumento das hipóteses de acumulação de aposentadorias (CF, art. 40, § 6º, na redação da EC 103/19).

f) Possibilidade de limitar o valor do abono de permanência até o limite da contribuição previdenciária, eis que antes era o próprio valor (CF, art. 40, § 19, na redação da EC 103/19).

g) Proibição de criação de novos RPPS determinando a aplicação do RGPS aos servidores cujas unidades não criou aquele regime (CF, art. 40, § 22, na redação da EC 103/19).

h) Criação da técnica da progressividade nas alíquotas previdenciárias dos servidores públicos como forma de majorar a arrecadação (CF, art. 149, § 1º, da EC 103/19).

i) Possibilidade de majoração da base de cálculo da contribuição previdenciária do aposentado e pensionista do RPPS, que era no valor que excedesse ao teto do RGPS, para o valor que exceda um salário mínimo, em caso de déficit do sistema (CF, art. 149, § 1º-A, na redação da EC 103/19).

j) Possibilidade de criação da alíquota extraordinária dos servidores públicos ativos, aposentados e pensionistas federais (CF, art. 149, § 1º-B e § 1º-C, na redação da EC 103/19).

k) Fixação da idade mínima de aposentadoria no RGPS e no RPPS Federal, homem aos 65 e mulher aos 62 anos de idade (CF, art. 201, § 7º, I, na redação da EC 103/19).

l) Regras transitórias rígidas, especialmente no RPPS, para ter direito ao benefício de forma integral e com reajuste pela paridade (EC 103, arts. 4º e 20).

m) Nova regra de cálculo da pensão por morte do RPPS federal e no RGPS, que pode reduzir drasticamente o valor do benefício, podendo chegar a 36% do valor recebido pelo segurado em vida (EC 103, art. 23).

n) Restrição de recebimento de valores no caso de acumulação de pensão por morte deixada por cônjuge ou companheiro no RPPS, RGPS ou SPSM (EC 103, art. 24).

o) Nova regra de cálculo de proventos para o RPPS federal e RGPS aplicando um percentual de 60% mais 2% ao ano acima de 20 anos, sobre uma média de 100% de todo o período contributivo, contra os 80% do sistema anterior, que permitia descartar 20% dos piores resultados e sobre o qual não incidia qualquer percentual (EC 103, art. 26).

p) Modificação na progressividade das alíquotas de contribuição no RGPS como forma de majorar a arrecadação (EC 103, art. 28).

q) Revogação da imunidade tributária previdenciária dobrada do servidor, quando este, na forma da lei, for portador de doença incapacitante (antigo § 21, do art. 40, da Constituição de 1988)

A intenção desse artigo não é discutir o mérito de cada um dos pontos destacados nas reformas constitucionais, se foram ou não adequados, necessários, justos ou proporcionais. Certamente há polêmica sobre o assunto que merece a devida discussão. O objetivo aqui é demonstrar, de fato, que as alterações normativo-constitucionais se concentraram principalmente no aumento da arrecadação e na redução do gasto com proventos e pensões, sob o encargo do segurado e dependente do RGPS e do RPPS.

Na verdade, essa constatação demonstra que as reformas não tiveram uma visão holística, porquanto poderia buscar ou manter o equilíbrio do sistema mediante outras medidas que não exigissem tanto e somente dos trabalhadores, agentes públicos e pensionistas.

Existem outras formas de buscar o equilíbrio do sistema, uma delas é a busca de novas receitas para a previdência social.

## 3. QUEBRANDO PARADIGMAS: A BUSCA DO EQUILÍBRIO FINANCEIRO E ATUARIAL DA PREVIDÊNCIA SOCIAL POR MEIO DAS NOVAS FONTES DE FINANCIAMENTO

O povo brasileiro é abençoado pela riqueza natural que possui, mas precisa dar um melhor tratamento jurídico e econômico a ela.

A República Federativa do Brasil tem extenso território dotado de diversos biomas[5] como a Amazônia, a caatinga, o cerrado, o pantanal, a mata atlântica e os pampas. Há, no Brasil, uma geodiversidade[6] que permite ao povo brasileiro dela se servir para sua vida digna na Terra, especialmente com relação ao petróleo, gás natural, minério e água.

O Brasil, apesar de importar combustíveis e derivados de petróleo, é auto suficiente nesse recurso bruto, sendo atualmente o 9º produtor

---

5. Entende-se por bioma o agrupamento de unidades biológicas em categorias baseadas em suas formas vegetais dominantes. Confira: //brasilescola.uol.com.br/biologia/conceituando-bioma.htm.

6. Entende-se por geodiversidade "a variedade de ambientes geológicos, fenômenos e processos ativos geradores de paisagens, rochas, minerais, fósseis, solos e outros depósitos superficiais que constituem a base para a vida na Terra." Confira: https://www.ofitexto.com.br/comunitexto/uma-breve-discussao-sobre-a-definicao-de-geodiversidade/.

mundial, necessitando investir mais para produzir plenamente seus derivados.[7] Em relação ao gás natural, o Brasil ainda tem tímida exploração, mas avança a passos lentos na utilização desse recurso.

O Estado brasileiro possui imenso potencial de recursos minerais, tais como ferro, nióbio, alumínio, bauxita, cobre, estanho, manganês, níquel e ouro, dentre outros. Há intensa exploração desses recursos por meio de mais de 3.000 minas espalhadas em todo o território nacional, que faz do Brasil um dos cinco maiores produtores minerais do mundo.[8]

A República Federativa do Brasil é o segundo maior produtor de minério de ferro do mundo, responsável por 19% da produção mundial, contra 21% da China, que está em primeiro lugar.[9] Ainda, o Brasil possui as maiores reservas de nióbio do mundo e atualmente é o maior produtor mundial, responsável por 95% da produção.[10] Esse mineral é utilizado em ligas, principalmente em aço, além de ser empregado em joias, óptica, eletrônica e no setor nuclear.

O potencial hidráulico brasileiro é incrível, seja nas águas de superfície: rios, lagos e mares, seja nos aquíferos (reservatórios de água subterrâneas). Sabe-se que o Aquífero Guarani é um dos maiores do mundo e o Brasil detém cerca de 70% de sua capacidade.[11] O Brasil pode ser considerado auto suficiente em produção de energia elétrica de baixo custo,

7. chrome-extension://efaidnbmnnnibpcajpcglclefindmkaj/https://www.ie.ufrj.br/images/IE/IEnaMidia/2021/04/UOL%2017-04%20Edmar%20de%20Almeida.pdf.

8. https://www.mogroup.com/pt/insights/blog/mineracao-e-metais/crescimento-da-mineracao-no-brasil/.

9. https://educacao.uol.com.br/disciplinas/geografia/minerio-de-ferro-brasil-e-um-dos-principais-produtores-mundiais.htm?cmpid=copiaecola.

10. chrome-extension://efaidnbmnnnibpcajpcglclefindmkaj/https://sistemas.anm.gov.br/publicacao/mostra_imagem.asp?IDBancoArquivoArquivo=8996#:~:text=O%20Brasil%20possui%20as%20maiores,Sib%C3%A9ria)%2C%20Finl%C3%A2ndia%20dentre%20outros.

11. Confira: https://aguasustentavel.org.br/conteudo/blog/91-fatos-incriveis-sobre-o-aquifero-guarani-um-dos-maiores-do-mundo?gclid=CjwKCAiAh9qdBhAOEiwAvxIok20_XkLOnNsyKUq3HB7QjAsEg4l5e3KogOBa8M5wvNgOBJ10dnHWJxoCakgQAvD_BwE.

por meio das fontes hidráulicas[12] e já consegue exportar o excedente para Argentina e Uruguai.[13]

Sabe-se que, do ponto de vista comercial, essa riqueza compõe as commodities, assim consideradas as mercadorias primárias, no caso, de origem mineral e ambiental, que fornecem matérias primas importantes para a produção industrial global e são negociados em bolsas de valores no mundo inteiro.

Nesse cenário importa saber a quem pertence a maior parte dessa riqueza. O petróleo, o gás natural, os minerais e as águas, pertencem, nos termos do art. 20 da Constituição de 1988, à União, *in verbis*:

> Art. 20. São bens da União:
>
> I – os que atualmente lhe pertencem e os que lhe vierem a ser atribuídos;
>
> II – as terras devolutas indispensáveis à defesa das fronteiras, das fortificações e construções militares, das vias federais de comunicação e à preservação ambiental, definidas em lei;
>
> III – os lagos, rios e quaisquer correntes de água em terrenos de seu domínio, ou que banhem mais de um Estado, sirvam de limites com outros países, ou se estendam a território estrangeiro ou dele provenham, bem como os terrenos marginais e as praias fluviais;
>
> IV as ilhas fluviais e lacustres nas zonas limítrofes com outros países; as praias marítimas; as ilhas oceânicas e as costeiras, excluídas, destas, as que contenham a sede de Municípios, exceto aquelas áreas afetadas ao serviço público e a unidade ambiental federal, e as referidas no art. 26, II;
>
> V – os recursos naturais da plataforma continental e da zona econômica exclusiva;
>
> VI – o mar territorial;
>
> VII – os terrenos de marinha e seus acrescidos;

---

12. https://www.g20brasil.com.br/caracteristicas=-da-producao-de-energia-no-brasil/#:~:text-Hoje%2C%20o%20pa%C3%ADs%20%C3%A9%20considerado,futuras%20de%20 alta%20demanda%20sustent%C3%A1vel.

13. https://www.cnnbrasil.com.br/business/brasil-passa-a-vender-energia-excedente-para--argentina-e-uruguai/#:~:text=O%20Brasil%20come%C3%A7ar%C3%A1%20a%20 exportar,nos%20reservat%C3%B3rios%20de%20usinas%20hidrel%C3%A9tricas.

> VIII – os potenciais de energia hidráulica;
>
> IX – os recursos minerais, inclusive os do subsolo;
>
> X – as cavidades naturais subterrâneas e os sítios arqueológicos e pré-históricos;
>
> XI – as terras tradicionalmente ocupadas pelos índios.

Nesse sentido, a maior parte dessa riqueza natural composta pelo petróleo, gás natural, minerais e água, pertence à União, mas a exploração dela deve ser destinada a todos os entes federados, por força do que dispõe o art. 20, §1º, da Constituição de 1988, *in verbis:*

> CF, art. 20 (...) § 1º É assegurada, nos termos da lei, à União, aos Estados, ao Distrito Federal e aos Municípios a participação no resultado da exploração de petróleo ou gás natural, de recursos hídricos para fins de geração de energia elétrica e de outros recursos minerais no respectivo território, plataforma continental, mar territorial ou zona econômica exclusiva, ou compensação financeira por essa exploração.

O art. 20, § 1º, trata dos denominados *royalties*. O termo inglês *royalties* designa o valor relativo à compensação financeira que as empresas recolhem ao Poder Público pela exploração de riquezas naturais do solo, sobsolo, cursos d´agua, etc e existem em praticamente todos os países.

Os *royalties* ou a compensação financeira pela exploração de riquezas naturais são históricos no Brasil e ficaram mais conhecidos devido à exploração de petróleo (*royalties* do petróleo) e também do gás natural (*royalties* do gás). Compete à Agência Nacional do Petróleo, Gás Natural e Biocombustíveis – ANP a gestão desses recursos naturais. As normas de regência são, principalmente, as Leis nº 7.990/89 (compensação financeira), nº 9.478/1997 (Lei do Petróleo), nº 11.097/2005 (regulação do biodiesel), nº 14.134/21 (gás natural), nº 12.276/2010, nº 12.304/2010 e nº 12.351/2010 (que constituem o marco legal da exploração de petróleo, gás natural e outros hidrocarbonetos), bem como a de nº 12.490/2011 (biocombustíveis).

No caso da exploração dos minerais, os *royalties* são representados pela CFEM – Compensação Financeira pela Exploração Mineral administrada pela Agência Nacional de Mineração – ANM. As normas de regência são, principalmente, as Leis nº 7.990/89 (compensação financeira), Lei nº 8.001/1990 (percentuais de distribuição da compensação) e Lei nº 13.540/2017 (altera as leis anteriores sobre a CFEM).

A exploração de cursos d´água para geração de energia elétrica também gera os chamados *royialties* da água ou da energia elétrica. A fim de concretizar o comando constitucional da participação dos entes federados no resultado da exploração de recursos hídricos para fins de geração de energia elétrica a que se refere o §1º, do art. 20, da Constituição de 1988 foi instituída a Compensação Financeira pela Utilização de Recursos Hídricos para Fins de Geração de Energia Elétrica (CFURH) regulada pela nº 7.990, de 28 de dezembro de 1989. A gestão da CFURH é feita pela Agência Nacional de Energia Elétrica – ANEEL. As principais normas de regência, além da Lei nº 7.990/89, é a Lei nº 8.001/90, com modificações dadas pelas Leis nº 9.433/97, nº 9.984/00, nº 9.993/00, nº 13.360/16 e nº 13.661/18.

Importante conhecer as razões da existência dessas compensações financeiras, do petróleo, do gás natural, dos minerais (CFEM) e da água (CFURH). É certo que a exploração desses recursos naturais causa impactos, por vezes irreversíveis, no meio ambiente. Altera a rotina das pessoas próximas à exploração dessas riquezas. Impõe alterações na economia local. Enfim, a compensação é devida para reparar ou evitar danos em razão da exploração. Mas não é só isso. Em se tratando de riqueza, e patrimônio públicos devem ter a justa remuneração pela sua utilização, por isso também existe a compensação financeira quando a exploração compete a terceiro ou à participação no resultado quando a exploração competir ao Poder Público.

Há ainda uma infinidade de recursos naturais que merecem um melhor tratamento jurídico, tais como a luz solar e os ventos, porquanto o Brasil pode ser tornar uma das maiores potências em produção energia limpa. É cada vez mais crescente a produção de energia solar no Brasil, já acessível diretamente à população.[14] O mesmo está ocorrendo com a energia eólica, cujo crescimento é exponencial no Brasil.[15]

---

14. https://www.portalsolar.com.br/energia-solar-no-brasil.html.

15. https://ecoa.org.br/energia-eolica/.

Sem prejuízo da análise em relação a outras riquezas, entende-se que luz solar e os ventos são recursos naturais e, se são colhidos em território brasileiro para exploração comercial, pertencem à União, nos termos do art. 20, V, da Constituição de 1988. É preciso avançar para assegurar aos entes federativos a participação nos resultados pela exploração da luz solar e dos ventos da plataforma continental, do mar territorial ou da zona econômica exclusiva. Para tanto é necessário emendar o § 1º, do art. 20, da Constituição de 1988, para incluir a luz solar e os ventos: a uma, porque se trata de patrimônio da União e deve ser remunerada a sua utilização e a duas, porque deve compensar o impacto causado pela exploração dessas riquezas na sociedade e no meio ambiente, tal como acontece com o petróleo, o gás natural, os minérios e as águas, pouco importando se são finitos ou não os recursos, isso é detalhe irrelevante, que não descaracteriza o dever de compensar ou participar nos resultados.

Em verdade, a União como proprietária e os todos os entes federados como destinatários dos resultados da exploração dos recursos naturais brasileiros, são meros representantes, eis que os verdadeiros donos da propriedade e do resultado da exploração é o povo brasileiro (CF, art. 1º, parágrafo único), a quem esses bens realmente devem servir.

A dignidade da pessoa humana constitui um dos fundamentos da República Federativa do Brasil (CF, art. 1º, III). Uma das formas de concretizar esse fundamento é colocar os bens e o patrimônio públicos existentes no Brasil à serviço do seu povo.

A propriedade, inclusive a pública, é direito constitucional fundamental (CF, art. 5º, *caput* e inciso XXII) e deve cumprir a sua função social (CF, art. 5º, XXIII). Uma das formas de cumprir a função social da propriedade pública é colocá-la a serviço do povo brasileiro, como meio de se alcançar o fundamento da dignidade da pessoa humana.

O valor social do trabalho, baluarte do pensamento social, e a livre iniciativa, pilar do modelo liberal, são fundamentos da República Federativa do Brasil tratados com igual potência pela Constituição de 1988 (art. 1º, IV). Não é desejo constitucional que um fundamento se sobressaia em relação ao outro. Devem guardar uma relação de equilíbrio entre o social e o liberal. Uma das formas de valorizar o trabalho e minimizar os encargos da livre iniciativa é colocar os bens públicos à serviço do povo brasileiro.

Constitui objetivo fundamental da República Federativa do Brasil construir uma sociedade livre, justa e solidária. Liberdade pressupõe patrimônio, quem os tem ou possa dele usar, gozar, fruir e reivindicar, mais livre é, ainda que dele não possa dispor. Justiça pressupõe acessibilidade aos bens materiais para uma vida digna. Solidariedade implica em partilhar com todo o povo brasileiro as riquezas naturais de sua nação.

Nesse contexto, se deve destinar parte da receita da compensação financeira advinda da exploração das riquezas naturais (os vulgarmente conhecidos *royalties*) para o povo brasileiro, por meio dos seus regimes previdenciários básicos.

Importante destacar que se defende a destinação de parte e não do todo dos referidos recursos para Previdência Social, eis que a outra parte pode (e deve) ser destinada às outras áreas da seguridade social (saúde e assistência social), educação e outras áreas estratégicas ou carentes de mais recursos.

Ainda, há que se destacar que essa medida não prescinde de outras medidas associadas para aperfeiçoamento do sistema previdenciário, tais como aquela que busque permanente política pública de inclusão social no sistema previdenciário das pessoas que estão à margem dessa forma de proteção e aquela que estude a mudança na gestão dos recursos previdenciários, dois temas que certamente devem ser explorados em outro artigo.

Registre-se que essa ideia de repartir com a Previdência Social os *royalties* dos recursos naturais não é inovadora e já teve precedente no Brasil, ainda que não tenha sido plenamente efetivada. A despeito de não ser uma iniciativa neófita, tornou-se necessário retomá-la com pujança para que possa ser colocada em prática. Com efeito, refere-se ao disposto no art. 8º, § 2º, da Lei nº 7.990/89, segundo o qual:

> Art. 8º (...) § 2º. Os recursos originários das compensações financeiras a que se refere este artigo poderão ser utilizados também para capitalização de fundos de previdência (incluído pela Lei nº 10.195/2001)

Nesse sentido, já existe previsão legal para destinar parte dos recursos oriundos da compensação financeira pela exploração de recursos naturais a que se refere o art. 20, § 1º, aos fundos previdenciários a que se referem os arts. 249 e 250, todos da Constituição de 1988:

> Art. 249. Com o objetivo de assegurar recursos para o pagamento de proventos de aposentadoria e pensões concedidas aos respectivos servidores e seus dependentes, em adição aos recursos dos respectivos tesouros, a União, os Estados, o Distrito Federal e os Municípios poderão constituir fundos integrados pelos recursos provenientes de contribuições e por bens, direitos e ativos de qualquer natureza, mediante lei que disporá sobre a natureza e administração desses fundos. (Incluído pela Emenda Constitucional nº 20, de 1998)
>
> Art. 250. Com o objetivo de assegurar recursos para o pagamento dos benefícios concedidos pelo regime geral de previdência social, em adição aos recursos de sua arrecadação, a União poderá constituir fundo integrado por bens, direitos e ativos de qualquer natureza, mediante lei que disporá sobre a natureza e administração desse fundo. (Incluído pela Emenda Constitucional nº 20, de 1998)

No entanto, com relação, exclusivamente aos *royalties* do petróleo e gás natural, deve ser observada a limitação quanto à exclusividade de sua destinação para a educação pública nos Estados, Distrito Federal e Municípios, relativa aos valores arrecadados com contratos celebrados depois de 3/12/2012 (art. 2º, Lei nº 12.858/2013). Entendo que essa limitação é absolutamente inconstitucional, porquanto a destinação dos recursos é competência dos entes federados, por se tratar de receita própria. Trata-se de autonomia do ente federativo (CF, arts. 1º e 18, da Constituição de 1988). A destinação a uma única área não compatibiliza com o real espírito do disposto no art. 20, § 1º, da Constituição, que é atender à sociedade em geral. Essa limitação não pode prevalecer e deve ser revogada ou declarada inconstitucional. Pelos fundamentos expostos nesse artigo, essa restrição deverá ser revista para permitir a destinação de parte dos recursos advindos dos *royalties* do petróleo e do gás natural para Previdência Social (RPPS e RGPS).

Da mesma forma que se critica a restrição imposta pela Lei nº 12.858/2013, se deve criticar a Resolução nº 43, de 2001 do Senado Federal, segundo a qual, no art. 5º, § 2º,[16] qualquer receita proveniente da antecipação de receitas de *royalties* será exclusiva para capitalização

16. Objeto da ADI 3.545/STF ainda não julgada.

de Fundos de Previdência ou para amortização extraordinária de dívidas com a União. A destinação integral de antecipação de receitas de *royalties* para uma única área não compatibiliza com o disposto no art. 20, § 1º, da Constituição, cujo objetivo e promover uma compensação geral para a sociedade e não específica.

Registre-se que a destinação parcial dos *royalties* para a Previdência Social é objeto de dois projetos de lei no Senado Federal a saber:

a) SF PLS 104/2008, de 27/03/2008

> Ementa: Altera o inciso II do art. 49 da Lei nº 9.478, de 6 de agosto de 1997, e o parágrafo 4º do art. 27 da Lei nº 2.004, de 3 de outubro de 1953, para prever distribuição de parcela dos royalties referentes à lavra de petróleo ou gás natural ocorrida em plataforma continental para o custeio da Previdência Social.
>
> Autor: SENADOR Aloizio Mercadante (Fonte: Agência Senado).

b) SF PLS 362/2008, de 07/10/2008

> Ementa: Altera os arts. 6º e 49 da Lei nº 9.478, de 6 de agosto de 1997, para estabelecer que recursos recebidos pela União, a título de royalties pela exploração de petróleo na camada de pré-sal, serão destinados parcialmente à área de saúde, à previdência social e ao FUNDEB.
>
> Autor: SENADOR Paulo Paim (Fonte: Agência Senado).

Diante da controvérsia pode-se perceber que a operacionalização da destinação de parte da receita originária da compensação pela exploração de recursos naturais (*royalties*), exceto do petróleo e gás natural, como exposto, para a Previdência Social já tem autorização constitucional (CF, art. 20, § 1º c/c arts. 249 e 250) e legal (art. 8º da Lei nº 7.990/89), bastando também previsão orçamentária (CF, art. 165) no Plano Plurianual (PPA), no Lei de Diretrizes Orçamentárias (LDO) e na Lei Orçamentária Anual (LOA) ou na legislação de regência dos regimes próprios dos servidores públicos (RPPS).

O Tribunal de Contas do Estado do Rio de Janeiro em resposta à consulta formulada pelo Instituto de Previdência de Paraíba do Sul (PREVSUL), solicitando orientações sobre a possibilidade de utilização dos recursos provenientes de repasses de *royalties* de petróleo para pagamento de despesas previdenciárias, entendeu que:

> As compensações financeiras podem ser utilizadas para aportes ao fundo de previdência, visando à sua capitalização e equacionamento do déficit atuarial, nos moldes do previsto na Lei nº 7.990/89, art. 8º, §2º, devendo cumprir as condições previstas no artigo 1º da Portaria MPS nº 746/2011, especialmente quanto à aplicação dos recursos advindos dos aportes para cobertura de déficit atuarial pelo prazo mínimo de 5 (cinco) anos. (TCE-RJ, Processo nº 209516-6/2021, sessão de 13 de julho de 2022, Relatora Conselheira Andrea Siqueira Martins)

De um modo permissivo, porém bem mais restritivo, por força do disposto na Lei nº 12.858/2013, é o entendimento do Tribunal de Contas do Estado do Espírito Santo, que em resposta à Consulta formulada pelo Instituto de Previdência dos Servidores do Município de Itapemirim considerou que:

> CONSULTA – INSTITUTO DE PREVIDÊNCIA DOS SERVIDORES DO MUNICÍPIO DE ITAPEMIRIM – CONHECIMENTO – IMPOSSIBILIDADE DE O MUNCÍPIO QUE POSSUI DÉFICIT ATUARIAL JUNTO AO REGIME PRÓPRIO DE PREVIDÊNCIA SOCIAL DISPOR DE VALOR DE CRÉDITO RELATIVO A ROYALTIES DE PETRÓLEO PARA PROMOVER O SEU EQUILÍBRIO – CIÊNCIA AO CONSULENTE – ARQUIVAR
>
> Os municípios não podem dispor dos direitos creditórios à compensação financeira e à participação especial no resultado da exploração do petróleo e afins para constituir reserva técnica nem para promover o equilíbrio atuarial do Regime Próprio de Previdência Social, mas podem destiná-los ao fundo de previdência, desde que se refiram a recursos provenientes de contratos firmados antes de 03/12/2012 ou de áreas cuja declaração de comercialidade tenha ocorrido antes de 03/12/2012". (TCE-ES, Processo 04315/2018-1, Sessão Plenária de 04/02/2021, Relatora Conselheira Substituta Márcia Jaccoud Freitas)

O Estado de Rondônia publicou uma legislação progressista condizente com os fundamentos expostos nesse artigo, aplicando parte de sua receita com a CFURH no RPPS de seus servidores, nos termos do art. 76, da Lei Complementar Estadual nº 1.100/2021, *litteris*:

> Art. 76. Os Poderes e Órgãos autônomos poderão destinar, mediante aprovação prévia do Conselho Superior Previdenciário, patrimônio imobiliário e direitos a Fundo Previdenciário do IPERON, com a finalidade de suprir seu passivo atuarial ou déficit financeiro.

> Parágrafo único. A partir de 1° de janeiro de 2022, no prazo de 10 (dez) dias após o recebimento do recurso, o Poder Executivo do Estado repassará, mensalmente, no mínimo, 10% (dez por cento) da receita oriunda da compensação financeira pelo resultado da exploração de recursos hídricos de geração de energia elétrica ao Fundo Previdenciário Capitalizado do IPERON, a ser descontado do seu passivo atuarial.

É essencial que se quebrem os paradigmas. Se existe a necessidade de criar, manter ou recuperar o equilíbrio financeiro e atuarial da Previdência Social em seus regimes básicos (RPPS e RGPS, especialmente), não pode atribuir esse encargo exclusivamente aos trabalhadores, segurados, dependentes, agentes públicos ou seus empregadores. A conta é da sociedade e do Estado (CF, art. 194). Por isso, a busca pelas novas formas de custeio da previdência social é medida de construção do Estado Democrático de Direito (CF, art. 1º). Perseguir as novas fontes de receita da Previdência Social é medida de alteridade e empatia. (CAMPOS; BATISTA JÚNIOR, 2021).

## 4. CONCLUSÕES

A construção do Estado Democrático de Direito no Brasil (CF, art. 1º) perpassa pela observância dos fundamentos (CF, art. 1º) e dos objetivos da República Federativa do Brasil (CF art. 3º).

Destinar parte da receita originada na exploração dos recursos naturais (petróleo, gás natural, minerais e água) a que se refere o art. 20, § 1º, da Constituição de 1988, para a Previdência Social (especialmente para RPPS e o RGPS) constitui medida que ao mesmo tempo:

a) Realiza o princípio da dignidade da pessoa humana (CF, art. 1º III), eis que povo brasileiro terá uma aposentadoria digna e instituirá uma pensão digna para seus dependentes.

b) Alcança a valorização social do trabalho (CF, art. 1º, IV, primeira parte) amparando os trabalhadores no momento dos riscos sociais (*v.g.* idade avançada, invalidez e morte).

c) Impede a majoração de alíquotas das contribuições patronais, prestigiando a livre iniciativa (CF, art. 1º, IV, *in fine*).

d) Garante a utilização adequada dos bens públicos atribuindo ao seu verdadeiro titular – o povo (CF, art. 1º, parágrafo único), a destinação dos recursos.

e) Auxilia na construção de uma sociedade livre, justa e solidária, com a melhor distribuição de riqueza natural (CF, art. 3º, I).

f) Concretiza a função social da propriedade pública, pois nada mais social do que aplicar os recursos públicos na previdência (CF, art. 5º, *caput* e incisos XXII e XXII).

g) Cumpre a dupla finalidade desejada no art. 20, § 1º, da Constituição de 1988, que é a de remunerar o povo brasileiro pela exploração de seus recursos e compensar a sociedade pelos impactos ambientais e econômicos.

h) Retira do trabalhador, segurado, dependente, agente público e seus empregadores, a exclusividade da responsabilidade pelo custeio previdenciário.

i) Ajuda a atingir do equilíbrio financeiro atuarial da previdência social brasileira (CF, arts. 40 e 201).

Em que pese já existir autorização constitucional (CF, art. 20, § 1º c/c arts. 249 e 250) e legal (art. 8º da Lei nº 7.990/89), para destinar parte da receita oriunda da compensação financeira pela exploração de recursos naturais à Previdência Social, torna-se importante quebrar paradigmas mediante:

a) Previsão na legislação orçamentária (CF, art. 165): Plano Plurianual (PPA), Lei de Diretrizes Orçamentárias (LDO) e Lei Orçamentária Anual (LOA).

b) Previsão em leis dos entes federativos, especialmente aquelas destinadas ao RGPS e RPPS.

c) Revogação ou declaração de inconstitucionalidade dos excessos impeditivos da utilização da receita da exploração dos recursos naturais na Previdência Social, tais como art. 2º da Lei nº 12.858/2013, que limita a aplicação dos *royalties* do petróleo e do gás natural à educação.

d) Revogação ou declaração de inconstitucionalidade dos excessos ampliativos da utilização da receita da exploração dos recursos naturais somente na Previdência Social, tais como o art. 5º, §

2º, da Resolução nº 43, de 2001 do Senado Federal, que limita a aplicação dos *royalties* da exploração de recursos naturais à Previdência Social.

e) Alteração do § 1º do art. 20 para aumentar o rol de recursos naturais passíveis de compensação financeira tais como o vento e a luz solar.

Repartir os resultados obtidos com exploração dos recursos naturais com o povo brasileiro, por meio da previdência social, mais do que observar a vedação do retrocesso social, constitui obediência ao princípio do avanço social, necessário ao desenvolvimento da humanidade.

## REFERÊNCIAS

ALMEIDA, Edmar de. *Por que o Brasil importa combustíveis se é autossuficiente em petróleo?* São Paulo, 17 abr. 2021. Facebook: IEnaMídia UFRJ. Disponível em: https://www.ie.ufrj.br/images/IE/IEnaMidia/2021/04/UOL%2017-04%20Edmar%20de%20Almeida.pdf. Acesso em: 5 jan. 2023.

ARAGUAIA, Mariana. Conceituando bioma. *In*: *BRASIL ESCOLA*, [São Paulo], 2020. Disponível em: https://brasilescola.uol.com.br/biologia/conceituando-bioma.htm. Acesso em: 5 jan. 2023.

BRASIL. [Constituição (1988)]. *Constituição da República Federativa do Brasil*. Brasília, DF. Presidência da República, [2020]. Disponível em: https://www.planalto.gov.br/ccivil_03/constituicao/constituicao.htm. Acesso em: 5 jan. 2023.

BRASIL. [Constituição (1988)]. *Emenda Constitucional nº 20, de 15 de dezembro de 1998*. Modifica o sistema de previdência social, estabelece normas de transição e dá outras providências. Brasília, DF: Presidência da República, [1998]. Disponível em: https://www.planalto.gov.br/ccivil_03/constituicao/emendas/emc/emc20.htm#:~:text=%C2%A7%201%C2%BA%20%2D%20%C3%89%20vedada%20a,f%C3%ADsica%2C%20definidos%20em%20lei%20complementar. Acesso em: 6 jan. 2023.

BRASIL. *Lei nº 7.990, de 28 de dezembro de 1989*. Institui, para os Estados, Distrito Federal e Municípios, compensação financeira pelo resultado da exploração de petróleo ou gás natural, de recursos hídricos para fins de geração de energia elétrica, de recursos minerais em seus respectivos territórios, plataformas continental, mar territorial ou zona econômica exclusiva, e dá outras providências. (Art. 21, XIX, da CF). Brasília, DF: Presidência da República, [2001]. Disponível em: https://www.planalto.gov.br/ccivil_03/leis/l7990.htm. Acesso em: 6 jan. 2023.

BRASIL. *Lei nº 12.858, de 9 de setembro de 2013.* Dispõe sobre a destinação para as áreas de educação e saúde de parcela da participação no resultado ou da compensação financeira pela exploração do petróleo e gás natural, com a finalidade de cumprimento da meta prevista no inciso VI do caput do art. 214 e no art. 196 da Constituição Federal; altera a Lei nº 7.990, de 28 de dezembro de 1989; e dá outras providências. Brasília, DF: Presidência da República, [2013]. Disponível em: https://www.planalto.gov.br/ccivil_03/_ato2011-2014/2013/lei/l12858.htm. Acesso em: 5 jan. 2023.

BRASIL. Senado Federal. *Projeto de Lei nº 104, de 27 de março de 2008.* Altera o inciso II do art. 49 da Lei nº 9.478, de 6 de agosto de 1997, e o parágrafo 4º do art. 27 da Lei nº 2.004, de 3 de outubro de 1953, para prever distribuição de parcela dos royalties referentes à lavra de petróleo ou gás natural ocorrida em plataforma continental para o custeio da Previdência Social. Autor: Sen. Aloizio Mercadante. Brasília, DF: Senado Federal, [2011]. Disponível em: https://www25.senado.leg.br/web/atividade/materias/-/materia/84379. Acesso em: 6 jan. 2023.

BRASIL. Senado Federal. *Projeto de lei nº 362, de 7 de outubro de 2008.* Altera os arts. 6º e 49 da Lei nº 9.478, de 6 de agosto de 1997, para estabelecer que recursos recebidos pela União, a título de royalties pela exploração de petróleo na camada de pré-sal, serão destinados parcialmente à área de saúde, à previdência social e ao FUNDEB. Autor: Sen. Paulo Paim. Brasília, DF: Senado Federal, [2011]. Disponível em: https://www25.senado.leg.br/web/atividade/materias/-/materia/87614. Acesso em: 6 jan. 2023.

BRASIL. Supremo Tribunal Federal. *Recurso Extraordinário 626489.* Recurso extraordinário em que se discute, à luz dos artigos 5º, XXXVI; 201, § 1º, da Constituição Federal, a aplicação, ou não, do prazo decadencial previsto na Medida Provisória nº 1.523, de 27 de junho de 1997 aos benefícios concedidos em data anterior a sua edição. Tema 313: aplicação do prazo decadencial previsto na Medida Provisória nº 1.523/97 a benefícios concedidos antes da sua edição. Relator: Min. Roberto Barroso. Baixa definitiva dos autos: 6 de dezembro de 2016. Transitado em julgado: 2 de dezembro de 2016. Publicação, DJE: 1 de dezembro de 2016. Julgado mérito de tema com repercussão geral: 16 de outubro de 2013. Publicado acórdão, DJE: 23 de setembro de 2014. Brasília, DF: Supremo Tribunal Federal, [2016]. Disponível em: https://

portal.stf.jus.br/jurisprudenciaRepercussao/verAndamentoProcesso.asp?incidente=3910753&numeroProcesso=626489&classeProcesso=RE&numeroTema=313. Acesso em: 5 jan. 2023.

CAMPOS, Marcelo Barroso Lima Brito de; BATISTA JÚNIOR, Onofre Alves. A possibilidade de vinculação do imposto de renda retido na fonte a fundos de previdência. *Direito Público:* Revista Jurídica da Advocacia-Geral do Estado de Minas Gerias, Belo Horizonte, v.18, n.1, p. 165-182, jan./dez., 2021.

ENERGIA eólica é a mais promissora para o Brasil. *In*: *ECOA*: ecologia em ação, [Campo Grande], 13 out. 2022. Disponível em: https://ecoa.org.br/energia-eolica/. Acesso em: 5 jan. 2023.

ENERGIA solar no Brasil. *In*: *PORTAL SOLAR*, [São Paulo], 2019. Disponível em: https://www.portalsolar.com.br/energia-solar-no-brasil.html. Acesso em: 5 jan. 2023.

ESPÍRITO SANTO. Tribunal de Contas do Estado do Espírito Santo. *Processo nº 04315/2018-1.* Sessão Plenária: 4 de fevereiro de 2021. Relatora: Cons. Subst. Márcia Jaccoud Freitas. Vitória: TCEES, [2021]. Disponível em: https://www.tce.es.gov.br>consultas-processo. Acesso em: 6 jan. 2023.

INDÚSTRIA de mineração no Brasil e seu crescimento. In: METSO OUTOTEC BRASIL. *Blog mineração e refino de metais.* [Sorocaba], 20 maio 2020. Disponível em: https://www.mogroup.com/pt/insights/blog/mineracao-e-metais/crescimento-da-mineracao-no-brasil/. Acesso em: 5 jan. 2023.

INSTITUTO ALTAIR SALES. Fatos incríveis sobre o aquífero Güarani, um dos maiores do mundo! *In*: *INSTITUTO ÁGUA SUSTENTÁVEL*, [Cotia], 25 nov. 2020. Disponível em: https://aguasustentavel.org.br/conteudo/blog/91-fatos-incriveis-sobre-o-aquifero-guarani-um-dos-maiores-do-mundo?gclid=CjwKCAiAh9qdBhAOEiwAvxIok20_XkLOnNsyKUq3HB7QjAsEg4I5e3KogOBa8M5wvNgOBJ10dnHWJxoCakgQAvD_BwE. Acesso em: 5 jan. 2023.

PAREJO, Luiz Carlos. Minério de ferro: Brasil é um dos principais produtores mundiais. *In*: *UOL EDUCAÇÃO*, [São Paulo], 2007. Disponível em: https://educacao.uol.com.br/disciplinas/geografia/minerio-de-ferro-brasil-e-um-dos-principais-produtores-mundiais.htm?cmpid=copiaecola. Acesso em: 5 jan. 2023.

PEREIRA JÚNIOR, Rui Fernandes. Nióbio. *Sumário Mineral 2013,* Brasília, DF, v. 33, p. 94-95, 2014. Disponível em: https://sistemas.anm.gov.br/publicacao/mostra_imagem.asp?IDBancoArquivoArquivo=8996#:~:text=O%20Brasil%20possui%20as%20maiores,Sib%C3%A9ria)%2C%20Finl%C3%A2ndia%20dentre%20outros. Acesso em: 5 jan. 2023.

RIO DE JANEIRO. Tribunal de Contas do Estado do Rio de Janeiro. *Processo nº 209516-6/2021*. Sessão Plenária: 13 de julho de 2022. Relatora: Cons. Andrea Siqueira Martins. Rio de Janeiro: TCERJ, [2022]. Disponível em: https://www.tce.rj.gov.br>consultas-processo. Acesso em: 6 jan. 2023.

RONDÔNIA. Lei Complementar nº 1.100, de 18 de outubro de 2021. Dispõe sobre a Consolidação da Legislação Previdenciária referente ao Regime Próprio de Previdência Social dos Servidores Públicos Civis do Estado de Rondônia e revoga as Leis Complementares nº 228, de 10 de janeiro de 2000, nº 338, de 10 de fevereiro de 2006, nº 432, de 3 de março de 2008 e nº 524, de 28 de setembro de 2009. *Diário Oficial [do] Estado de Rondônia:* ed. 207, 18 out. 2021. Disponível em: https://sapl.al.ro.leg.br/media/sapl/public/normajuridica/2021/9979/lc1100.pdf. Acesso em: 6 jan. 2023.

UMA BREVE discussão sobre a definição de geodiversidade. *In*: *OFICINA DE TEXTOS*, [Cubatão], 2018. Disponível em: https://www.ofitexto.com.br/comunitexto/uma-breve-discussao-sobre-a-definicao-de-geodiversidade/. Acesso em: 5 jan. 2023.

# 8

# A GESTÃO RESPONSÁVEL E SUSTENTÁVEL DOS REGIMES PRÓPRIOS DE PREVIDÊNCIA E A EFETIVAÇÃO DO DIREITO SOCIAL À PROTEÇÃO PREVIDENCIÁRIA

*Marina Brito Battilani*[1]

*Maurício Maia*[2]

**SUMÁRIO:** Introdução – 1. Direito à previdência social como direito fundamental – 2. A Emenda Constitucional nº 103/2019 e o

---

1. Procuradora Federal. Foi Coordenadora Regional de Cobrança e Recuperação de Créditos da Procuradoria Regional Federal da 3ª Região, Assessora Especial da Secretaria Executiva do Ministério do Trabalho e Previdência, Assessora Especial do Advogado-Geral da União e Secretária de Previdência do Ministério do Trabalho e Previdência.

2. Mestre e Doutor em Direito Constitucional pela PUC/SP. Procurador Federal. Procurador-Chefe Adjunto da Procuradoria Federal Especializada junto à ANCINE. Foi Procurador-Geral Substituto da Procuradoria Federal junto à UNIFESP, Chefe de Gabinete da Procuradoria-Regional Federal da 3ª Região, Subprocurador-Regional da PFE/INSS em São Paulo e Diretor de Programa da Secretaria Executiva do Ministério do Trabalho e Previdência. Atuou no Núcleo de Tribunais Superiores do Departamento de Contencioso Previdenciário da Procuradoria-Geral Federal.

estabelecimento de normas de governança dos regimes próprios de previdência social – 3. Ferramentas de governança: o certificado de regularidade previdenciária e o pró-gestão RPPS – 4. Conclusão – Referências.

## INTRODUÇÃO

A previdência social é direito fundamental social garantido expressamente pelo art. 6º da Constituição Federal.

Outrossim, como direito fundamental social, que impõe uma prestação positiva por parte do Estado, há a necessidade de que sejam estabelecidos mecanismos que garantam o pagamento dos benefícios previstos em cada regime, sob pena de não ser efetivado o direito fundamental trazido pela Lei Maior. Há necessidade, pois, de que o regime de previdência social tenha condições de promover o pagamento dos benefícios e a prestação dos serviços que o ordenamento jurídico prevê.

Nesse sentido, é indispensável que, ao lado da observância do mandamento constitucional de respeito a critérios que preservem o equilíbrio financeiro e atuarial dos regimes, sejam observadas normas de governança, de forma a garantir a solvabilidade do sistema e o recebimento das prestações por aqueles que têm direito.

O direito fundamental à previdência social somente é de fato efetivado com a garantia do pagamento das prestações correspondentes a cada risco social protegido pelo ordenamento jurídico e, nesse sentido, de rigor o estabelecimento de normas que determinem aos gestores de tais regimes diretrizes de governança e de garantia de seu equilíbrio financeiro e atuarial.

Ao lado do Regime Geral de Previdência Social – RGPS, compõem o sistema de proteção previdenciária brasileiro os Regimes Próprios de Previdência dos Servidores Públicos – RPPS, que procuram garantir aos servidores públicos dos diversos entes federativos o direito fundamental à Previdência Social.

Atualmente, segundo dados de 31/07/2022 do Ministério do Trabalho e Previdência[3], há 2145 Regimes Próprios de Previdência dos Servido-

3. Disponível em: https://www.gov.br/trabalho-e-previdencia/pt-br/assuntos/dados-e-estatisticas/previdencia/painel-estatistico-da-previdencia/regimes-proprios-de-previdencia-social-1/regime-previdenciario-dos-entes-federativos.

res Públicos (sendo que há 3475 entes federativos cujos seus servidores integram o Regime Geral de Previdência social), sendo, outrossim, a maior parte deles (1036), de entes federativos de pequeno porte, o que justifica a necessidade de que sejam estabelecidas normas de governança, transparência e de garantia do equilíbrio financeiro e atuarial para garantir aos seus participantes e dependentes o acesso às prestações correspondentes aos riscos sociais que se pretende segurar.

Ainda segundo informações disponibilizadas pelo Ministério do Trabalho e Previdência, havia um total, em 31/07/2022[4], de 8.660.531 segurados civis nesses Regimes Próprios de Previdência dos Servidores Públicos, sendo 5.308.554 servidores ativos, 2.733.525 aposentados e 618.452 pensionistas. Nota-se, assim, a relevantíssima quantidade de pessoas que são protegidas com o estabelecimento de normas que assegurem a solvência de tais regimes de previdência, mediante o estabelecimento de critérios de governança e transparência.

Referidos Regimes Próprios de Previdência dos Servidores Públicos geriam, em 31/07/2022, recursos no montante de R$244.375.405.663,53 (duzentos e quarenta e quatro bilhões, trezentos e setenta e cinco milhões, quatrocentos e cinco mil, seiscentos e sessenta e três reais e cinquenta e três centavos)[5], o que demonstra o gigantismo de tais Regimes.

O presente artigo tem por objetivo analisar as normas de governança trazidas pela Emenda Constitucional nº 103/2019 para os regimes próprios de previdência social dos servidores públicos sob a perspectiva de demonstrar que tais normas, na verdade, são parte do núcleo essencial do direito fundamental à previdência social, já que sem elas não haveria o mínimo de efetividade em tal direito, deixando os seus titulares desprotegidos frente aos riscos sociais que a Constituição Federal pretendeu assegurar.

---

4. Disponível em: https://www.gov.br/trabalho-e-previdencia/pt-br/assuntos/dados-e-estatisticas/previdencia/painel-estatistico-da-previdencia/regimes-proprios-de-previdencia-social-1/segurados-e-beneficiarios-dos-rpps-estados-df-e-municipios.

5. Segundo dados do Ministério do Trabalho e Previdência, disponíveis em: https://www.gov.br/trabalho-e-previdencia/pt-br/assuntos/dados-e-estatisticas/previdencia/painel-estatistico-da-previdencia/regimes-proprios-de-previdencia-social-1/investimentos.

Como acima anotado, estamos cuidando de normas que afetam o direito fundamental de mais de oito milhões e meio de pessoas, com a gestão de recursos que passam dos 244 bilhões de reais. Assim, indispensável que haja mecanismos claros de preservação e gestão desses recursos, mediante critérios de governança e transparência, de forma a evitar que esse grande contingente de pessoas fique desassistido, preservando seu direito fundamental constitucionalmente assegurado à previdência social.

## 1. DIREITO À PREVIDÊNCIA SOCIAL COMO DIREITO FUNDAMENTAL

O direito à previdência social é direito fundamental de segunda geração, ou seja, é daqueles direitos fundamentais que, tendo por pressuposto a garantia dos direitos fundamentais de primeira geração, que precipuamente pretendem garantir a liberdade do ser humano frente à possibilidade de arbítrio estatal, pretendem garantir às pessoas o mínimo materialmente necessário para que vivam com dignidade. De fato, nas palavras de Luiz Alberto David Araujo e Vidal Serrano Nunes Júnior (ARAUJO; NUNES JÚNIOR, 2014, p. 159), os direitos fundamentais de segunda geração:

> Traduzem uma etapa de evolução na proteção da dignidade humana. Sua essência é a preocupação com as necessidades do ser humano. Se os direitos fundamentais de primeira geração tinham como preocupação a liberdade contra o arbítrio estatal, os de segunda geração partem de um patamar mais evoluído: o homem, liberto do jugo do Poder Público, reclama agora uma nova forma de proteção de sua dignidade, como seja, a satisfação das necessidades mínimas para que se tenha dignidade e sentido na vida humana. (...)

De fato, o art. 6º da Constituição Federal expressamente coloca o direito à previdência social como direito fundamental social, ao lado da educação, da saúde, da alimentação, do trabalho, da moradia, do transporte, do lazer, da segurança, da proteção à maternidade e à infância, e da assistência aos desamparados.

O direito fundamental à previdência social é detalhado no texto Constitucional em seus artigos 201 e 202, de onde extraímos a matriz constitucional da proteção social previdenciária garantida pelo Estado brasileiro (ao lado, evidentemente, das regras trazidas pelas Emendas Constitucionais que tratam da previdência social).

De outro lado, não podemos deixar de mencionar que, no que toca aos servidores públicos, é o art. 40 da Lei Maior que traz os contornos constitucionais da proteção previdenciária garantida a tal categoria. Trata-se do Regime Próprio de Previdência Social dos servidores, o qual, evidentemente, por se tratar de garantia à previdência social, é também de ser tratado como direito fundamental social, nos termos do mencionado art. 6º da Constituição Federal.

Os direitos fundamentais de segunda geração, direitos sociais, como a previdência social, via de regra, exigem uma prestação positiva do Estado, diferentemente dos direitos fundamentais de primeira geração, os chamados direitos de liberdade que, como regra geral, exigem uma abstenção de atuação estatal[6].

Nesse sentido, e por normalmente exigirem uma prestação positiva do Estado, os direitos fundamentais de segunda geração acabam por ter sua efetivação limitada aos recursos financeiros disponíveis para tanto; se há necessidade de que haja uma prestação positiva estatal, há necessidade de que haja suporte material para tal atuação, é dizer, há a necessidade de que haja recursos financeiros para a efetiva prestação estatal conforme garantida no ordenamento jurídico.

Com o direito à previdência social não é diferente dos demais diretos sociais, embora tenhamos sempre que considerar que, conforme os contornos constitucionais de tal direito fundamental trazidos pela Lei Maior, os regimes de previdência social (seja o regime geral, sejam os regimes próprios dos servidores públicos) terão caráter contributivo e solidário

6. Devemos apontar que utilizamos da expressão "via de regra" para cuidar do caráter de prestações positivas dos direitos fundamentais sociais, de segunda geração, pois compartilhamos da lição de Ingo Wolfgang Sarlet, no sentido de que estes não cuidam apenas de prestações de cunho positivo, mas também de direitos que o autor denomina como "liberdades sociais", como a liberdade de sindicalização, o direito de greve e o reconhecimento de direitos fundamentais dos trabalhadores, como o direito a férias e a um salário mínimo, por exemplo. (SARLET, 2012, p. 48).

(o que impõe a necessidade de contribuições dos participantes do regime para a sua manutenção), *e deverão, necessariamente, observar critérios que preservem o equilíbrio financeiro e atuarial.*

Em se tratando de direito fundamental social, que exigirá uma prestação positiva para sua efetivação (a concessão de um benefício ou serviço da previdência), bem como considerando o caráter contributivo e solidário que a Constituição Federal estabeleceu para os regimes de previdência social, a observância de critérios que preservem o equilíbrio financeiro e atuarial dos regimes, bem como as questões afetas à sua governança, são essenciais para que, de fato, haja a efetivação do direito fundamental em exame.

De nada adianta a previsão vazia de um regime de previdência social, sob qualquer modelo que se possa imaginar, se não houver a previsão de mecanismos que de fato garantam àqueles que vierem a sofrer os riscos sociais previstos pela Lei Maior o recebimento da prestação necessária à sua proteção. Em outras palavras, não adianta ser garantido o benefício de aposentadoria em razão de idade avançada se não forem estabelecidos mecanismos que garantam a sua percepção quando completados os requisitos exigidos pelo ordenamento jurídico; não haveria, desse modo, a efetivação do direito fundamental social previsto pela Constituição. Nesse sentido, a previsão de normas que pretendam assegurar a solvabilidade do regime é parte integrante do próprio direito fundamental à previdência social, já que sem tais normas seriam reduzidas as chances do direito previsto se tornar de fato efetivo.

Dessa forma, a preocupação com a solvabilidade do regime de previdência é preocupação atinente ao próprio núcleo do direito fundamental à previdência social; se o regime não for sustentável, se não houver a garantia de recursos necessários ao oferecimento das prestações previstas pelo ordenamento jurídico quando ocorridos os riscos sociais que se pretende segurar e cumpridos os requisitos previstos na legislação, não haverá, de fato, a garantia do direito fundamental à previdência social, conforme previsto no art. 6º de nossa Constituição Federal.

## 2. A EMENDA CONSTITUCIONAL Nº 103/2019 E O ESTABELECIMENTO DE NORMAS DE GOVERNANÇA DOS REGIMES PRÓPRIOS DE PREVIDÊNCIA SOCIAL

Exatamente nesse sentido, de garantia do direito fundamental à previdência social, e no que toca aos regimes próprios de previdência social, que são o objeto do presente artigo, a Emenda Constitucional nº 103/2019 incluiu no art. 40 da Constituição Federal o § 22[7], que, além de vedar a instituição de novos regimes próprios de previdência social, determina a edição de lei complementar federal que estabeleça normas gerais de organização, de funcionamento e de responsabilidade em sua gestão, trazendo em seus incisos as diretrizes que deverão ser observadas na norma a ser produzida (como o modelo de arrecadação, de aplicação e de utilização dos recursos – inciso II –, a fiscalização pela União e controle externo e social – inciso III –, a definição de equilíbrio financeiro e

---

7. § 22. Vedada a instituição de novos regimes próprios de previdência social, lei complementar federal estabelecerá, para os que já existam, normas gerais de organização, de funcionamento e de responsabilidade em sua gestão, dispondo, entre outros aspectos, sobre: (Incluído pela Emenda Constitucional nº 103, de 2019)

   I – requisitos para sua extinção e consequente migração para o Regime Geral de Previdência Social; (Incluído pela Emenda Constitucional nº 103, de 2019)

   II – modelo de arrecadação, de aplicação e de utilização dos recursos; (Incluído pela Emenda Constitucional nº 103, de 2019)

   III – fiscalização pela União e controle externo e social; (Incluído pela Emenda Constitucional nº 103, de 2019)

   IV – definição de equilíbrio financeiro e atuarial; (Incluído pela Emenda Constitucional nº 103, de 2019)

   V – condições para instituição do fundo com finalidade previdenciária de que trata o art. 249 e para vinculação a ele dos recursos provenientes de contribuições e dos bens, direitos e ativos de qualquer natureza; (Incluído pela Emenda Constitucional nº 103, de 2019)

   VI – mecanismos de equacionamento do deficit atuarial; (Incluído pela Emenda Constitucional nº 103, de 2019)

   VII – estruturação do órgão ou entidade gestora do regime, observados os princípios relacionados com governança, controle interno e transparência; (Incluído pela Emenda Constitucional nº 103, de 2019)

   VIII – condições e hipóteses para responsabilização daqueles que desempenhem atribuições relacionadas, direta ou indiretamente, com a gestão do regime; (Incluído pela Emenda Constitucional nº 103, de 2019)

   IX – condições para adesão a consórcio público; (Incluído pela Emenda Constitucional nº 103, de 2019)

   X – parâmetros para apuração da base de cálculo e definição de alíquota de contribuições ordinárias e extraordinárias. (Incluído pela Emenda Constitucional nº 103, de 2019).

atuarial – inciso IV –, mecanismos de equacionamento do déficit atuarial – inciso VI –, estruturação do órgão ou entidade gestora do regime, observados os princípios relacionados com governança, controle interno e transparência – inciso VII –, dentre outros). Trata-se do estabelecimento de normas de responsabilidade previdenciária para os regimes próprios de previdência social, o que, em nossa visão, é um enorme avanço da Emenda Constitucional nº 103/2019 no sentido da efetivação do direito fundamental à previdência social.

Verifica-se nos ditames do art. 40, § 22, da Constituição Federal, introduzido pela Emenda Constitucional nº 103/2019, o objetivo do Constituinte Reformador de propiciar a boa gestão dos regimes próprios de previdência dos servidores públicos, de forma a prestigiar a efetivação do seu direito fundamental à previdência social. Da mesma forma, nota-se clara preocupação com a governança e a transparência da gestão e aplicação dos recursos dos fundos dos regimes próprios, inclusive com a possibilidade de responsabilização dos seus gestores pela malversação dos recursos.

Devemos anotar que a maioria dos regimes próprios de previdência social dos servidores públicos é vinculada a municípios de pequeno porte, que apresentam evidentes limitações quanto à organização e operação desses regimes, inclusive em razão da falta de pessoal adequadamente qualificado para realizar a sua gestão; nesse sentido, é de fundamental importância que sejam estabelecidos pelo ordenamento jurídico parâmetros mínimos de governança, transparência, bem como de auxílio para que seja de fato encontrado o equilíbrio financeiro e atuarial. O estabelecimento de tais parâmetros normativos tem o condão de não apenas garantir a efetividade do direito fundamental à previdência social, como também de auxiliar a gestão previdenciária, para que esta seja procedida de forma responsável.

Questão inovadora trazida pela Emenda Constitucional nº 103/2019 no tocante a esse ponto foi a imposição de que seja estabelecida a fiscalização pela União Federal dos regimes próprios de previdência social já existentes, independentemente de qual seja o ente federativo instituidor. Poderia haver o questionamento acerca da constitucionalidade de tal disposição do Constituinte Reformador, alegando-se a impossibilidade de imposição de fiscalização de um ente federativo por outro (no caso a

União fiscalizando todos os demais), por supostamente haver violação do pacto federativo, trazido como limite material de reforma à Constituição pelo art. 60, §4º, I, da Constituição Federal; a imposição de fiscalização de um ente federativo por outro supostamente desequilibraria a relação entre os entes federativos, de forma a ofender a cláusula pétrea contida no art. 60, § 4º, I, da Lei maior.

Outrossim, entendemos que a previsão trazida pelo art. 40, § 22, III, da Constituição Federal, introduzido pela Emenda Constitucional nº 103/2019, não está eivada de qualquer inconstitucionalidade material, não havendo qualquer ofensa ao limite material de reforma da Constituição trazido pelo art. 60, § 4º, I, da Lei Maior.

Isso porque as chamadas cláusulas pétreas da Constituição Federal, como são denominados pela doutrina os limites materiais de reforma impostos pelo Poder Constituinte Originário no art. 60, § 4º, da Constituição da República, não impedem que haja qualquer alteração nos bens jurídicos ali protegidos (a forma federativa de Estado, o voto direto, secreto, universal e periódico, a separação dos Poderes, os direitos e garantias individuais), mas tão somente impedem modificações que tenham *tendência a abolir* um desses valores; dessa forma, se uma proposta de emenda à Constituição pretender tratar de algum direto ou garantia individual já protegido pela Lei Maior, por exemplo, não haverá limitação à sua deliberação (ou mesmo aprovação) desde que tal proposta não tenha a tendência de abolir o direito ou garantia individual de que trata. As cláusulas pétreas não tornam aqueles bens jurídicos ali dispostos imutáveis, mas impedem que tais bens sejam suprimidos ou completamente descaracterizados, protegendo as decisões fundamentais do Poder Constituinte Originário, bem como a estrutura do Estado brasileiro por ele desenhada.

Dessa forma, as previsões do art. 60, § 4º, da Constituição Federal, não impõem que as competências e as relações dos entes federativos entre si sejam exatamente aquelas existentes em 5 de outubro de 1988, data da promulgação da Lei Maior, vedando qualquer alteração no pacto federativo, mas impõem que a forma federativa de Estado, que o pacto federativo, não seja abolido pelo Poder Constituinte Reformador; evidentemente que não é qualquer alteração em uma competência de um ente federativo que terá o condão de abolir a forma federativa de Estado ou de descaracterizar o pacto federativo, não havendo que se falar, assim, em imutabilidade, mas em possibilidade limitada de alteração. Desde que o núcleo daquele bem jurídico protegido pela cláusula pétrea seja preservado (e tal aferição é uma missão que cabe ao intérprete da Constituição, bem como ao Supremo Tribunal Federal, como guardião da Lei Maior, nos termos do art. 102, *caput*, da Constituição Federal), não haverá ofensa ao disposto no art. 60, § 4º, da Constituição Federal, ao se deliberar (ou aprovar) uma reforma constitucional, não havendo que se falar em inconstitucionalidade material da Emenda.

No caso da instituição da fiscalização pela União dos regimes próprios de previdência dos demais entes federativos, embora seja evidente que se estabeleceu alguma interferência da União Federal nas esferas dos demais integrantes da Federação (mesmo que limitada aos regimes próprios de previdência social), não nos parece que tal possibilidade tenha o condão de extinguir a forma federativa de Estado ou de desequilibrar o pacto federativo de maneira que este não mais seja existente. A norma tem o objetivo de efetivar a proteção do direito fundamental à previdência social dos servidores públicos de todas as esferas da federação, o que, inclusive, fortalece o pacto federativo e dá concretude ao disposto no art. 6º da Lei Maior[8].

Como forma de já dar efetividade ao comando constitucional de respeito às normas de responsabilidade previdenciária, e prevendo que poderia haver um considerável período de tempo até que o Congresso Nacional editasse a lei complementar exigida pelo art. 22, §4º, da Constituição Federal, o que seria deletério aos regimes próprios de previdência social existentes, por postergar a exigência de sua gestão com observância de normas de governança e de preservação de critérios de preservação do seu equilíbrio financeiro e atuarial, inclusive com a possibilidade de responsabilização dos gestores pela gestão descuidada dos fundos, a Emenda Constitucional nº 103/2019 trouxe regra transitória em seu art. 9º, que será vigente até a entrada em vigor da referida lei complementar.

O art. 9º da Emenda Constitucional nº 103/2019[9] determina que, até que entre em vigor a lei complementar exigida pelo art. 40, § 22,

8. Nesse sentido: (LEAL, PORTELA, MAIA, & KAUAM, 2020, p. 64-68).

9. Art. 9º Até que entre em vigor lei complementar que discipline o § 22 do art. 40 da Constituição Federal, aplicam-se aos regimes próprios de previdência social o disposto na Lei nº

da Constituição da República, deverá ser observado o disposto na Lei nº 9.717/1998 (que dispõe sobre regras gerais para a organização e o funcionamento dos regimes próprios de previdência social dos servidores públicos da União, dos Estados, do Distrito Federal e dos Municípios, dos militares dos Estados e do Distrito Federal e dá outras providências) e as diretrizes trazidas pelo próprio art. 9º da Emenda.

---

9.717, de 27 de novembro de 1998, e o disposto neste artigo.

§ 1º O equilíbrio financeiro e atuarial do regime próprio de previdência social deverá ser comprovado por meio de garantia de equivalência, a valor presente, entre o fluxo das receitas estimadas e das despesas projetadas, apuradas atuarialmente, que, juntamente com os bens, direitos e ativos vinculados, comparados às obrigações assumidas, evidenciem a solvência e a liquidez do plano de benefícios.

§ 2º O rol de benefícios dos regimes próprios de previdência social fica limitado às aposentadorias e à pensão por morte.

§ 3º Os afastamentos por incapacidade temporária para o trabalho e o salário-maternidade serão pagos diretamente pelo ente federativo e não correrão à conta do regime próprio de previdência social ao qual o servidor se vincula.

§ 4º Os Estados, o Distrito Federal e os Municípios não poderão estabelecer alíquota inferior à da contribuição dos servidores da União, exceto se demonstrado que o respectivo regime próprio de previdência social não possui deficit atuarial a ser equacionado, hipótese em que a alíquota não poderá ser inferior às alíquotas aplicáveis ao Regime Geral de Previdência Social.

§ 5º Para fins do disposto no § 4º, não será considerada como ausência de deficit a implementação de segregação da massa de segurados ou a previsão em lei de plano de equacionamento de deficit.

§ 6º A instituição do regime de previdência complementar na forma dos §§ 14 a 16 do art. 40 da Constituição Federal e a adequação do órgão ou entidade gestora do regime próprio de previdência social ao § 20 do art. 40 da Constituição Federal deverão ocorrer no prazo máximo de 2 (dois) anos da data de entrada em vigor desta Emenda Constitucional.

§ 7º Os recursos de regime próprio de previdência social poderão ser aplicados na concessão de empréstimos a seus segurados, na modalidade de consignados, observada regulamentação específica estabelecida pelo Conselho Monetário Nacional.

§ 8º Por meio de lei, poderá ser instituída contribuição extraordinária pelo prazo máximo de 20 (vinte) anos, nos termos dos §§ 1º-B e 1º-C do art. 149 da Constituição Federal.

§ 9º O parcelamento ou a moratória de débitos dos entes federativos com seus regimes próprios de previdência social fica limitado ao prazo a que se refere o § 11 do art. 195 da Constituição.

As regras trazidas pelo art. 9º da Emenda Constitucional nº 103/2019 têm por objetivo, principalmente, garantir a sustentabilidade e o equilíbrio financeiro e atuarial dos regimes próprios de previdência social.

Há o estabelecimento de formas de demonstração da observância dos critérios de equilíbrio financeiro e atuarial, bem como limitação dos benefícios que poderão ser concedidos no âmbito de tais regimes (aposentadorias e pensões por morte), além de determinação de que os afastamentos por incapacidade temporária para o trabalho e o salário-maternidade não correrão por conta do regime próprio de previdência ao qual o servidor estiver vinculado, mas deverão correr por conta do ente federativo respectivo.

Determina-se, ainda, quanto às alíquotas de contribuição dos servidores, que estas não poderão ser inferiores àquelas pagas pelos servidores da União, a menos que se demonstre que o regime próprio de previdência não possuiu déficit atuarial a ser equacionado, quando então, as alíquotas não poderão ser inferiores àquelas previstas para o Regime Geral de Previdência Social.

Foi fixado, ainda, o prazo de dois anos para a instituição do regime complementar de previdência complementar, conforme disposto no art. 40, §§ 14 a 16, da Constituição.

Finalmente, foi estabelecido, ainda, o prazo de sessenta meses para os parcelamentos ou moratórias dos débitos dos entes federativos para com seus respectivos regimes próprios, fomentando, assim, o equilíbrio financeiro e atual de tais regimes.

## 3. FERRAMENTAS DE GOVERNANÇA: O CERTIFICADO DE REGULARIDADE PREVIDENCIÁRIA E O PRÓ-GESTÃO RPPS

Como acima anotado, a Emenda Constitucional nº 103/2019, em seu art. 9º, manteve em vigor as disposições da Lei nº 9.717/1998, até que entre em vigor a Lei Complementar exigida pelo art. 40, § 22, da Constituição Federal. Tal lei estabelece regras gerais para a organização e o funcionamento dos regimes próprios de previdência social dos servidores públicos da União, dos Estados, do Distrito Federal e dos Municípios, dos militares dos Estados e do Distrito Federal e dá outras providências.

Nesse sentido, temos que o art. 7º da referida Lei impõe severas consequências aos entes federativos que descumpram suas disposições, notadamente a suspensão das transferências voluntárias de recursos pela União, o impedimento de celebrar acordos, contratos, convênios ou ajustes, bem como receber empréstimos, financiamentos, avais e subvenções em geral de órgãos ou entidades da Administração direta e indireta da União, além da suspensão de empréstimos e financiamentos por instituições financeiras federais. Devemos ressaltar, outrossim, que, conforme disposição do art. 25, § 3º, da Lei Complementar nº 101/2000, as transferências relativas às ações de educação, saúde e assistência social ficam excluídas da aplicação de sanção de vedação de transferências de recursos pela União.

Para atestar o cumprimento das medidas de responsabilidade previdenciária previstas da Lei nº 9.717/1998, há previsão legal da competência da União para a emissão do Certificado de Regularidade Previdenciária – CRP – que se trata de um documento atualmente emitido pelo Ministério do Trabalho e Previdência. Tal documento, em síntese, atesta que o Ente Federativo segue boas práticas de gestão de seu regime próprio de previdência, aquelas atualmente constantes da Lei nº 9.717/1998 e na Emenda Constitucional nº 103/2019, o que assegurará o cumprimento das obrigações do respectivo regime para com seus beneficiários.

Atualmente, a emissão do CRP é regulamentada pela Portaria MTP nº 1467, de 02 de junho de 2022, em seus artigos 246 a 249. Referida Portaria condiciona a emissão do CRP ao atendimento das disposições de responsabilidade previdenciária trazidas pela Lei nº 9.717/1998 e pela Emenda Constitucional nº 103/2019, disposições estas que, ademais, são minuciadas na própria Portaria.

A exigência do CRP para a comprovação dos critérios de responsabilidade previdenciária trazidos pela Constituição Federal (desde a Emenda Constitucional nº 103/2019) e pela Lei é importante instrumento de garantia da efetivação do direito fundamental à previdência social para os participantes dos Regimes Próprios de Previdência Social dos Servidores Públicos, tendo em vista que obriga os respectivos entes federativos à observarem as normas de governança, transparência e responsabilidade dos regimes previdenciários estabelecidas pelo ordenamento jurídico, impondo-se graves consequências no caso de descumprimento. A emissão do CRP é condicionada a uma série de requisitos estabelecidos constitucional e legalmente, e esmiuçados em portaria, de forma a proteger a solvência e transparência dos regimes próprios de previdência social.

Outro instrumento relevante existente para preservar os regimes próprios de previdência é o Programa de certificação Institucional e Modernização da gestão dos Regimes Próprios de Previdência Social da União, dos estados, do Distrito federal e dos Municípios – Pro-Gestão RPPS, que se trata de um programa de certificação destinado ao reconhecimento de boas práticas de gestão adotadas pelos Regimes Próprios de Previdência Social dos Servidores. Cuida-se de uma avaliação por entidade certificadora externa, credenciada pela Secretaria de Previdência, do sistema de gestão do RPPS[10]. Seu objetivo é incentivar os referidos regimes a adotarem melhores práticas de gestão previdenciária, proporcionando maior controle dos seus ativos e passivos, bem como mais transparência no relacionamento com os segurados e a sociedade.

Atualmente, a adesão ao Pró-Gestão é regida pela já citada Portaria MTP nº 1.467, de 02/06/2022, em seus artigos 236 e 237.

Trata-se de programa de adesão voluntária pelos entes federativos, que qualifica os gestores para o cumprimento das disposições constitucionais e legais relativas à organização e funcionamento dos Regimes Próprios de Previdência Social dos Servidores. Em 31/07/2022, segundo dados do Ministério do Trabalho e Previdência[11], havia 1643 RPPS sem adesão ou certificação, 383 RPPS com adesão e 118 RPPS certificados.

Tal Programa é um exemplo de como se pode intervir para qualificar a gestão dos RPPS, assegurando a observância de normas de governança, transparência e responsabilidade, bem como de critérios de equilíbrio financeiro e atuarial, de forma a preservar a efetivação do direito fundamental à previdência social para os participantes de tais regimes.

10. Nesse sentido, confira-se: www.gov.br/trabalho-e-previdencia/pt-br/assuntos/previdencia-no-servico-publico/pro-gestao-rpps-certificacao-institucional/manualdoProGestaoversao3.3pb.pdf.

11. Disponível em: https://www.gov.br/trabalho-e-previdencia/pt-br/assuntos/dados-e-estatisticas/previdencia/painel-estatistico-da-previdencia/regimes-proprios-de-previdencia-social-1/programa-pro-gestao-rpps.

## 4. CONCLUSÃO

Verifica-se, dessa forma, que a Emenda Constitucional nº 103/2019, no que toca aos regimes próprios de previdência social, além de vedar a instituição de novos regimes, impôs a observância de normas de governança aos regimes existentes, de forma a preservar sua sustentabilidade, com observância efetiva de critérios de preservação de equilíbrio financeiro e atuarial. E o fez de forma imediata, já que, enquanto não advier a lei complementar exigida pelo art. 40, § 22, da Constituição Federal, deverá ser observado, além do disposto na Lei nº 9,717/1998, o disposto no art. 9° da própria Emenda Constitucional nº 103/2019.

Tais disposições implicam a proteção do direito fundamental à previdência social, que, por se tratar de um direito social que impõe uma prestação positiva do Estado, necessita da boa gestão dos recursos aportados nos regimes de previdência social para ser efetivado.

A mera previsão da existência de regimes previdenciários, sem que se garanta a sua sustentabilidade e a existência de recursos para o pagamento das prestações constantes do ordenamento jurídico àqueles que sofreram os riscos sociais segurados, tornaria vazio o comando constitucional contido no art. 6º da Lei Maior que estabelece o direito à previdência social como direito fundamental social.

Em se tratando de um regime de caráter contributivo e solidário, o estabelecimento de mecanismos de governança e de preservação do equilíbrio financeiro e atuarial integram o próprio núcleo essencial do direito fundamental à previdência social. Nesse sentido, a reforma previdenciária trazida pela Emenda Constitucional nº 103/2019, no que toca aos regimes próprios de previdência social, tratou de dar efetividade ao direito fundamental, garantindo, de forma imediata, a observância de normas tendentes a fomentar a sustentabilidade de tais regimes, garantindo aos seus participantes a efetiva proteção social determinada pelo Constituinte Originário.

Atualmente, já existem mecanismos vigentes para propiciar a observância das normas de responsabilidade previdência, governança e transparência pelos gestores dos RPPS, como o Certificado de Regularidade Previdenciária e o Pró-gestão RPPS, os quais, outrossim, poderão ser ainda mais fomentados a partir do advento da lei complementar exigida pelo art. 40, § 22, da Constituição Federal.

## REFERÊNCIAS


ARAUJO, L. A.; NUNES JÚNIOR, V. S. *Curso de direito constitucional.* São Paulo: Verbatim, 2014.

BRASIL. Ministério do Trabalho e Previdência. *Aplicações e investimentos dos recursos.* Brasília, DF: Ministério do Trabalho e Previdência, 24 mar. 2021. Disponível em: https://www.gov.br/trabalho-e-previdencia/pt-br/assuntos/dados-e-estatisticas/previdencia/painel-estatistico-da-previdencia/regimes-proprios-de-previdencia-social-1/investimentos. Acesso em: 14 dez. 2022.

BRASIL: Ministério do Trabalho e Previdência. *Pró-gestão RPPS.* Brasília, DF: Ministério do Trabalho e Previdência, 24 mar. 2021. Disponível em: https://www.gov.br/trabalho-e-previdencia/pt-br/assuntos/dados-e-estatisticas/previdencia/painel-estatistico-da-previdencia/regimes-proprios-de-previdencia-social-1/programa-pro-gestao-rpps. Acesso em: 14 dez. 2022.

BRASIL. Ministério do Trabalho e Previdência. *Regime previdenciário dos entes federativos.* Brasília, DF: Ministério do Trabalho e Previdência, 24 mar. 2021. Disponível em: https://www.gov.br/trabalho-e-previdencia/pt-br/assuntos/dados-e-estatisticas/previdencia/painel-estatistico-da-previdencia/regimes-proprios-de-previdencia-social-1/regime-previdenciario-dos-entes-federativos. Acesso em: 12 dez. 2022.

BRASIL. Ministério do Trabalho e Previdência. Secretaria de Previdência. Subsecretaria dos Regimes Próprios de Previdência Social. *Manual do Pró- Gestão RPPS.* Versão 3.3. Brasília, DF: Ministério do Trabalho e Previdência, 2021. Disponível em: www.gov.br/trabalho-e-previdencia/pt-br/assuntos/previdencia-no-servico-publico/pro-gestao-rpps-certificacao-institucional/manualdoProGestaoversao3.3pb.pdf. Acesso em: 14 dez. 2022.

BRASIL. Ministério do Trabalho e Previdência. *Segurados e beneficiários dos RPPS:* Estados, DF e Municípios. Brasília, DF: Ministério do Trabalho e Previdência, 24 mar. 2021. Disponível em: https://www.gov.br/trabalho-e-previdencia/pt-br/assuntos/dados-e-estatisticas/previdencia/painel-estatistico-da-previdencia/regimes-proprios-de-previdencia-social-1/segurados-e-beneficiarios-dos-rpps-estados-df-e-municipios. Acesso em: 14 dez. 2022.

LEAL, B. B.; PORTELA, F. M.; MAIA, M.; KAUAM, M. C. *Reforma previdenciária.* São Paulo: Revista dos Tribunais, 2020.

SARLET, I. W. *A eficácia dos direitos fundamentais*: uma teoria geral dos direitos fundamentais na perspectiva constitucional. 11. ed. Porto Alegre: Livraria do Advogado, 2012.

# 9

# O RECOLHIMENTO COMPLEMENTAR DA CONTRIBUIÇÃO PREVIDENCIÁRIA NO CONTEXTO DA TUTELA DA PREVIDÊNCIA SOCIAL

*Mario Augusto Carboni*[1]

*Thaísa Juliana Sousa Ribeiro*[2]

*Victor de Ozêda Alla Bernardino*[3]

**SUMÁRIO:** Introdução – 1. O fundamento ensejador da Emenda Constitucional nº 103, de 12 de novembro de 2019: balanceamento

---

1. Procurador da Fazenda Nacional. Foi Procurador-Geral Adjunto na PGFN. Docente no Instituto Brasileiro de Desenvolvimento, Ensino e Pesquisa – IDP e Professor convidado nos cursos de pós-graduação em Direito na Fundação Getúlio Vargas, na Fundação Armando Álvares Penteado-FAAP, na Pontifícia Universidade Católica-PUC/SP, Escola Superior de Direito-ESD, no LLM do Centro de Estudos Econômicos e Sociais – CEDES/SP e na Fundação Escola Superior do Ministério Público do Distrito Federal e Territórios. Doutor e Mestre em Direito pela Universidade de São Paulo.

2. Procuradora da Fazenda Nacional. Foi Coordenadora-Geral de Assuntos Previdenciários da Procuradoria-Geral Adjunta de Consultoria de Previdência, Emprego e Trabalho até maio de 2022. Mestre em Administração Pública pela Escola Brasileira de Administração Pública e de Empresas da Fundação Getúlio Vargas – EBAPE/FGV. Especialista em Direito Tributário pelo Instituto Brasileiro de Estudos Tributários – IBET e em Direito Previdenciário pelo Centro Universitário UniDOM.

3. Procurador da Fazenda Nacional. Coordenador na Consultoria Jurídica junto ao Ministério da Previdência Social. Especialista em Direito Constitucional pela Faculdade de Direito da Universidade Federal de Goiás. Foi assessor de Ministro do Superior Tribunal de Justiça. Foi Coordenador de Assuntos Previdenciários da Procuradoria-Geral Adjunta de Consultoria de Previdência, Emprego e Trabalho até maio de 2022.

das contas públicas da previdência social – 1.1. A concreção da regra constitucional – 2. Análise crítica do recolhimento complementar da contribuição previdenciária: solidariedade, universalidade, equidade de participação no custeio e publicidade – 3. A relação do recolhimento complementar da contribuição previdenciária com o equilíbrio financeiro e atuarial, contributividade e sistema de proteção do seguro social – 4. Considerações finais – Referências.

## INTRODUÇÃO

A partir da revolução mercantilista e, mais tarde, da revolução industrial, o sistema capitalista de produção se solidifica no mundo ocidental. Inserida no contexto da nova concepção econômica de base capitalista, e apoiada em especialistas, divisão de trabalho e ordem hierárquica (WEBER, 2012), a previdência surge como medida social apta a recuperar a condição humana dos trabalhadores (PÓVOAS, 2007). Cada ser humano isolado não conseguiria suportar o peso dos encargos produzidos pelos riscos sociais (MARTINEZ, 2015).

O arranjo paradigmático de proteção social foi o modelo alemão inaugurado com as políticas sociais do chanceler Otto Von Bismarck, que inovou ao instituir um seguro social obrigatório gerenciado pelo Estado (MARTINS, 2015).

Era caracterizado pelo desenvolvimento de sistema contributivo e de capitalização *(funded)* e se firmou como um padrão adotado por diversos Estados da Europa ocidental (EBBINGHAUS, 2011).

Na Inglaterra foi proposto o Plano Beveridge, que se baseou na universalização, na integração das prestações de previdência e assistência, na uniformização das prestações, na organização autônoma da saúde, em maior financiamento do sistema, incluindo do Estado, além da criação de regimes complementares (EBBINGHAUS, 2011).

O modelo inglês se distanciou da técnica da capitalização, com repartição simples (*pay as you go*), o que possibilitou o enfraquecimento do aspecto financeiro e atuarial do sistema protetivo, diferentemente do modelo bismarckiano, em que a prestação se relacionava à cotização, daí sua conotação de seguro social (IBRAHIM, 2011; EBBINGHAUS, 2011).

Essa tendência de universalização, cujo escopo foi conferir alternativa aos problemas da reconstrução no período pós-crise de 1929 e II Guerra Mundial se fundamentou em maiores taxas de natalidade e crescimento econômico, que geraram uma euforia protetora, privilegiando-se a solidariedade.

No Brasil, no sentido de seguro social, a previdência social se desenvolveu nesse ambiente histórico pós-crise de 1929 e II Guerra Mundial (IBRAHIM, 2010), da migração da proteção privada destinada a classes de trabalhadores, pelas caixas de aposentadorias e pensões à segmentação por categoria profissional, nos Institutos de Aposentadoria e Pensão (IBRAHIM, 2011).

A legislação adotou o modelo bismarckiano de proteção previdenciária, mesmo tendo as alterações posteriores e a própria Constituição Federal de 1988 previsto a ampliação da cobertura e benefícios para categorias outrora marginalizadas, sem, contudo, contrapartida financeira (PASSANEZI, 2002).

A partir da década de 1970, houve um decréscimo dos recursos para a previdência em todo o mundo com o crescimento da preocupação em minorar o impacto fiscal da proteção previdenciária coesa com o equilíbrio macroeconômico (EBBINGHAUS, 2011; PASSANEZI, 2002).

Com a crise do *welfare state*, sob a pressão do envelhecimento das sociedades, a diminuição da empregabilidade e o aumento da inflação (ESPING-ANDERSEN, 1995) ganhou força o discurso neoliberal (IBRAHIM, 2011) e os debates públicos internacionais passaram a se centrar na necessidade de reformar os sistemas de previdências públicos financiadas pelo sistema de repartição simples, defendendo-se o fortalecimento do caráter contributivo, diminuição das prestações não assistenciais e, igualmente, o fomento da previdência privada financiada pelo regime de capitalização de reservas (*funded*) (EBBINGHAUS, 2011; REDI, 2004).

Nessa linha, o Banco Mundial (1994) declarou que sistemas públicos de previdência não estariam mais aptos a prover os seus objetivos intrínsecos: redistribuição, segurança e formação de poupança (BANCO MUNDIAL, 1994). Com isso, recomendou a adoção de multipilares, composto de três pilares de previdência, com a finalidade de garantir a segurança contra riscos sociais e aumentar a cobertura previdenciária, tendo sido adotada pelos países integrantes da OCDE, haja vista a situação de déficit nos sistemas previdenciários públicos passou a ser uma realidade entre os países, e que impôs a revisão de regras de acesso aos benefícios previdenciários (OCDE, 2019).

O primeiro pilar seria o público, de filiação compulsória e de repartição simples (*pay as you go*), seguindo-se o modelo beveridgiano de proteção social. O segundo pilar seria privado, embora de filiação obrigatória, financiado pelo regime de capitalização (*funded*), destinado à formação de poupança responsável pelo pagamento dos benefícios previdenciários, pelos fundos de pensão patrocinados pelos empregadores. O Estado atuaria na regulação desse pilar. Já o terceiro pilar teria a mesma finalidade do segundo, mas com filiação facultativa e com regulação estatal menos intensa (BANCO MUNDIAL, 1994).

O Brasil adotou esse caminho. Efetivamente a partir da Emenda Constitucional nº 20/1998, o arranjo previdenciário brasileiro passou a prever três pilares de previdência, embora com conotações diferentes das aduzidas pelo Banco Mundial, e sem a adoção de reformas estruturantes (MARTINS, 2015).

Com a queda das taxas de natalidade, o arrefecimento do crescimento econômico, e o crescimento da despesa frente à estrutura etária da população brasileira (ANSILIERO, COSTANZI; FERNANDES, 2018; PASSANEZI, 2002), a euforia protetora de outrora, em que a solidariedade restou privilegiada, foi sendo mitigada.

O discurso que passou a ser adotado foi o da necessidade de reformas para conter o déficit previdenciário dos regimes de previdência públicos, as quais iniciaram com a Emenda Constitucional nº 20/1988, cuja adoção de multipilares focou no equilíbrio econômico e financeiro do sistema, na linha da preocupação com o desafio de compatibilizar o impacto fiscal da cobertura previdenciária com a estabilidade macroeconômica, considerando que o volume de recursos destinados à previdência social é muito elevado (OCDE, 2019).

Esse foi o pano de fundo da Emenda Constitucional nº 103/2019, que inovou no sistema jurídico-tributário-previdenciário constitucional ao prever modelo de contribuição mínima mensal exigida do segurado do Regime Geral de Previdência Social – RGPS, prevendo, inclusive, a sistemática de que o segurado que obtenha remuneração inferior ao limite mínimo mensal do salário de contribuição (salário-mínimo) possa complementar a contribuição previdenciária, para alcançar o limite mínimo exigido para os benefícios previdenciários, de modo que os benefícios que substituem o salário de contribuição passassem a ter essa mesma base mínima contributiva.

Essa medida privilegiou o equilíbrio financeiro e atuarial e a necessária contributividade para o sistema, sob a ótica do segurado do regime, em detrimento do regime de repartição e da solidariedade contributiva, que ainda alicerçam o sistema previdenciário público brasileiro.

## 1. O FUNDAMENTO ENSEJADOR DA EMENDA CONSTITUCIONAL Nº 103, DE 12 DE NOVEMBRO DE 2019: BALANCEAMENTO DAS CONTAS PÚBLICAS DA PREVIDÊNCIA SOCIAL

Não se põe em xeque que o objetivo da previdência social é proteger os segurados e seus dependentes contra as mazelas sociais, que porventura limitem a capacidade de prover seu próprio sustento e de sua família.

O seu único requisito é a contribuição, diferentemente dos microssistemas de assistência social e saúde, que, juntos, formam o tripé da seguridade social, nos moldes de como delineada na Constituição Federal de 1988.

Esse requisito passou a ser um dever constitucional geral[4] com a edição da Emenda Constitucional nº 20/1998. A novidade da Emenda Constitucional nº 103/2019 é que a contributividade se tornou exigência indispensável para o acesso a benefícios previdenciários, o que ficou muito claro pela vedação da contagem de tempo de contribuição

4. Convém registrar que Emenda Constitucional nº 3, de 17 de março de 1993 inseriu o § 6º ao art.40 da Constituição Federal, dispondo que os proventos de aposentadoria e o benefício de pensão concedidos no âmbito da União também seriam custeados com as contribuições dos servidores. A Lei nº 8.688, de 21 de julho de 1993 regulamentou essa determinação constitucional e dispôs sobre as alíquotas de contribuição para o Plano de Seguridade do servidor público civil dos Poderes da União, das autarquias e das fundações públicas.

ficto para efeito de concessão dos benefícios previdenciários e de contagem recíproca, conforme a dicção do art. 201, § 14, da Constituição Federal[5].

Há certo consenso na literatura que, para a sustentabilidade dos sistemas de previdência, o envelhecimento da população requer revisões das suas regras de funcionamento (FERNANDES *et al.*, 2019; OCDE, 2019), o que também é uma das causas para a inaptidão dos sistemas de previdência públicos em prover os seus objetivos de redistribuição e segurança social (BANCO MUNDIAL, 1994).

Como a maioria dos países – inclusive o Brasil – adota o sistema de repartição simples, o aumento dessa população acarreta a redução do número de trabalhadores ativos e que financiam a parcela de aposentadorias e pensões, o que demanda, notadamente, a redução do benefício previdenciário (em comparação ao salário dos ativos) ou o aumento das alíquotas de contribuição dos ativos, de modo que o equilíbrio financeiro do sistema seja mantido (FERNANDES *et al.*, 2019).

Como relatam Fernandes *et al.* (2019), os desequilíbrios fiscais gerados pela combinação de fatores principais – o fator demográfico e ausência de limitações de cobertura dos benefícios previdenciários – motivaram as reformas da previdência ocorridas desde a Constituição Federal de 1988, em 1998 e em 2003, e cujas alterações na legislação, contudo, foram insuficientes para corrigir os déficits do sistema (FERNANDES *et al.*, 2019).

Com isso, uma nova reforma no sistema de previdência se fundamentaria na elevada despesa frente à estrutura etária atual da população brasileira e na transição demográfica encerrando o chamado bônus demográfico (ANSILIERO, COSTANZI e FERNANDES, 2018).

---

5. Art. 201. A previdência social será organizada sob a forma do Regime Geral de Previdência Social, de caráter contributivo e de filiação obrigatória, observados critérios que preservem o equilíbrio financeiro e atuarial, e atenderá, na forma da lei, a:

(...)

§ 14 É vedada a contagem de tempo de contribuição fictício para efeito de concessão dos benefícios previdenciários e de contagem recíproca.

A Exposição de Motivos nº 29/2019 enviada à apreciação do Congresso Nacional e que originou a PEC nº 6/2019 aduz claramente ao envelhecimento populacional, com o consequente aumento da sobrevida em idades avançadas, acarretando maior duração de benefícios, a elevada despesa diante da estrutura etária da população brasileira e à iminente transição demográfica, com o "fim do bônus demográfico", o que significa a possibilidade de redução das contribuições da população economicamente ativa, e requer "transformações radicais" no mecanismo de funcionamento atuarial do sistema, como causas do crescimento acelerado das despesas previdenciárias.

Além disso, a justificativa para a necessidade de alteração constitucional no sistema previdenciário também aduziu que o nível de despesa previdenciária no Brasil destoa da experiência internacional, pois o padrão de gastos é comparável aos países com população mais envelhecida. E isso dificulta a alocação de recursos para outras políticas públicas, já que, em 2017, a despesa pública com previdência, que está em crescimento acelerado, representou 13,6% do PIB.

Conforme a Exposição de Motivos nº 29/2019, a pressão fiscal oriunda da crescente necessidade de financiamento da previdência tem requerido o contínuo direcionamento de recursos orçamentários de outras políticas públicas.

A necessidade de privilegiar o equilíbrio financeiro de longo prazo, apresentada no bojo da Exposição de Motivos nº 29/2019, também foi aduzida pela proposta de emenda à Constituição enviada ao Congresso Nacional em 2016, que originou a PEC nº 287/2016, que, igualmente, gerou preocupações sobre a necessidade de equilibrar as contas públicas no longo prazo, e em relação à redução de direitos e benefícios sociais (FERNANDES *et al.*, 2019).

Especificamente pela alteração do art. 195, § 14, da Constituição Federal, cumulada com a nova regra do art. 29 da Emenda Constitucional nº 103/2019, inaugurou-se um novo requisito constitucional para acesso às coberturas do RGPS. O constituinte derivado determinou que o segurado somente terá reconhecida, como tempo de contribuição ao RGPS, a competência cuja contribuição seja igual ou superior à contribuição mínima mensal exigida para sua categoria, assegurado o agrupamento de contribuições.

Para tanto, ele admitiu a possibilidade de complementação da contribuição na situação em que a remuneração mensal que lhe sirva de base não atinja o piso mínimo, de modo que o princípio da contributividade para o sistema, que expressamente norteia o sistema de previdência pública, e previsto no art. 201 da Constituição Federal, tornou-se exigência indispensável para o acesso a benefícios previdenciários.

Buscou-se, pois, um certo grau proporcional de equivalência entre o que se recolhe e o que se recebe, considerando esse caráter contributivo e a necessidade de preservação do equilíbrio financeiro e atuarial do sistema previdenciário.

O equilíbrio atuarial implica a elaboração de cálculos envolvendo uma série de variáveis, como indicadores demográficos, de mercado de trabalho e hipóteses embasadas estatística e normativamente do comportamento de grupos ou indivíduos segurados pelo sistema. Isso porque visa a necessidade de avaliar a sustentabilidade do sistema em um horizonte temporal bastante amplo. O equilíbrio atuarial implicaria a existência de reservas e/ou investimentos suficientes para o cumprimento dos compromissos atuais e daqueles projetados para o futuro, considerando os benefícios programáveis e de risco cobertos pelo sistema previdenciário (ANSILIERO; COSTANZI; FERNANDES, 2018).

Sobre o recolhimento complementar da contribuição previdenciária, pode-se afirmar que, normativamente, ele é oriundo da figura do trabalho intermitente, que foi introduzida pelo art. 452-A da CLT, com redação conferida pela Lei nº 13.467, de 13 de julho de 2017.

Essa nova figura contratual rompe os paradigmas até então fixados na legislação trabalhista, na medida em que possui como principal característica períodos de atividade e períodos de inatividade do trabalhador. É um trabalho que gera uma expectativa de ocorrência frequente, mas não rotineira, embora advenha das atividades habituais do empregador.

O rompimento dos paradigmas ocorre, pois, diante da alteração do conceito de habitualidade, subordinação e do pagamento pelos serviços prestados, da forma como disciplinados no art. 3º da CLT.

Sem adentrar na discussão sobre a adequação da política pública para o enfrentamento, com a diminuição do problema do crescente desemprego, sob o ponto de vista estritamente previdenciário, o art. 195 da Constituição Federal já alicerçava a possibilidade de que, para o acesso à cobertura previdenciária, o trabalhador precisava recolher as suas contribuições mensais.

A mudança perpetrada pelo legislador foi a visão da necessidade de existência de certo grau proporcional de comutatividade entre o que se recolhe e o que se recebe, passando o sistema a se preocupar, além da necessária proteção previdenciária ao trabalhador intermitente, na sua sustentabilidade financeira, pois mesmo que haja contribuições incidentes sobre remunerações mensais auferidas abaixo do salário-mínimo, o RGPS deverá, necessariamente, pagar o benefício substituto da remuneração do trabalhador intermitente observado esse piso constitucional.

O sistema previdenciário público, como já aduzido alhures, lastreia-se no regime de repartição e da solidariedade contributiva, mas também sob critérios que preservem o equilíbrio econômico-financeiro e atuarial.

A peculiaridade da situação do trabalhador intermitente foi generalizada pelo constituinte derivado, na Emenda Constitucional nº 103/2019, de modo que se tornou regra a necessidade do recolhimento complementar.

Não obstante o quadro de pressão fiscal, refletido na preocupação em minorar o impacto fiscal da proteção previdenciária coesa com o equilíbrio macroeconômico (EBBINGHAUS, 2011; PASSANEZI, 2002), resultado do envelhecimento das sociedades, da diminuição da empregabilidade e do aumento da inflação (ESPING-ANDERSEN, 1995), juridicamente, essa pressão fiscal pode ser privilegiada em detrimento do postulado da justiça social, sob a ótica do princípio da proibição do retrocesso social?

Esse questionamento se extrai da própria concepção social em que se fundamenta a Constituição Federal de 1988, e, com isso, o legislador constituinte derivado foi confrontado por um cenário fático permeado por questões demográficas e econômicas que forçavam o Brasil, tal qual os Estados membros da OCDE, a recrudescerem suas regras para acesso a benefícios previdenciários (OCDE, 2019).

Como aduz Reale (2002, p. 552) "...o ato de legislar implica consciência especial dos problemas, uma característica 'atitude de dever ser', isto é, a certeza de que lhe cabe 'optar', eleger uma via, da qual resultará a tutela de um campo de interesses reputados legítimos" (REALE, 2002, p. 552).

Ao analisar os métodos interpretativos ao longo da história do Direito, Reale (2002, pp. 430/431), com base em Gény, assinala que, "como o Direito Natural [haja vista a ascensão do Direito costumeiro nos quadros da Dogmática Jurídica] precisa transmutar-se em Direito Positivo, para tornar-se adequado a seus fins e integrar-se na vida da comunidade, é que surgem os meios de determinação e de precisão que se denominam fontes do Direito Positivo (REALE, 2002, p. 430/431).

Nessa seara "se afirmava a corrente do normativismo lógico de Hans Kelsen e de seus epígonos" (REALE, 2002, p. 456), retomando a visão clássica da Ciência Jurídica talhada pelas Escolas da Exegese e Analítica inglesa, pelo apego a construções lógico-formais (REALE, 2002).

Segundo a doutrina traçada por Kelsen (1998), e seguida, por Bobbio (2007), a norma jurídica retira seu fundamento de validade em uma norma jurídica imediatamente superior, e assim por diante, até se chegar à Constituição, que é a lei das leis do Estado.

Isso remete à noção de que fonte jurídica, no seu sentido material, ou seja, dos fatores reais que condicionaram o aparecimento da norma jurídica, é a origem primária do direito, confundindo-se com o problema da gênese do direito. Nesse sentido, a expressão fonte jurídica também é empregada como equivalente ao fundamento de validade da ordem jurídica (CAMPILONGO; GONZAGA; FREIRE, 2017).

Por outro lado, a fonte formal é a forma pela qual o Direito se manifesta. Os aplicadores do Direito a ela recorre como justificativa da sua norma individual (CAMPILONGO; GONZAGA; FREIRE, 2017).

E a fonte formal primária do Direito brasileiro é a Constituição Federal. Sob o esse estrito ângulo, a nova regra constitucional do recolhimento complementar da contribuição previdenciária passa a ser apresentada.

## 1.1. A concreção da regra constitucional

Materializada a proposta de alteração constitucional pela Emenda Constitucional nº 103/2019 foi necessária a alteração da legislação para a efetiva concretização no seio da sociedade da regra disposta no art. 195, § 14 da Constituição Federal e no art. 29 da Emenda Constitucional nº 103/2019.

Nessa linha, o Decreto nº 3.048, de 6 de maio de 1999, que aprova o Regulamento da Previdência Social, foi alterado pelo Decreto nº 10.410, de 30 de junho de 2020, de modo que pudessem ser concretizados os novos contornos constitucionais relativos à necessidade de idêntica base mínima contributiva e os benefícios que substituem o salário de contribuição.

Nesse passo, foram acrescentados ao Regulamento da Previdência Social o art. 19-E e os §§ 27-A ao 27-D no art. 216. Eles visam definir os contornos para a regularização e aproveitamento das contribuições com valor inferior ao salário-mínimo, de modo que possam ser computadas para todos os fins previdenciários, o que pode ocorrer pelo complemento, sem acréscimos até o dia 20 de janeiro do ano subsequente, ou com acréscimos após esse prazo, ou por meio de compensação do valor excedente de uma contribuição em outra, que seja inferior, ou agrupamento das contribuições do mesmo exercício.

A leitura do art. 19-E remete diretamente ao art. 29 da Emenda Constitucional nº 103/2019 e aduz que a contribuição inferior ao mínimo não será considerada na respectiva competência para fins de tempo de contribuição, do cálculo do salário de benefício exigidos para o reconhecimento do direito aos benefícios do RGPS e contagem recíproca, o que se reflete nos institutos a ele afins. A referência à carência e ao cálculo do salário de benefício se explica porque seus conceitos pressupõem o tempo de contribuição.

Em outras palavras, caso o trabalhador receba remunerações inferiores ao limite mínimo mensal do salário de contribuição, no período de um mês, e não complemente a contribuição previdenciária, esse período não será computado para fins do deferimento de futuros benefícios previdenciários.

No ponto, é importante esclarecer que a complementação da contribuição previdenciária é faculdade conferida ao trabalhador. Assim, se ele optar pela contagem do tempo de contribuição referente ao período em que percebeu remuneração inferior a base mínima contributiva, terá a obrigação dele efetuar o recolhimento complementar. Diante dessa obrigação, que deve ser feita nos prazos conferidos pelo Regulamento, ainda há a necessidade de orientação dos segurados do RGPS, de modo que eles não sejam surpreendidos tardiamente da necessidade de recolhimento complementar da contribuição previdenciária, caso se enquadrem nas suas hipóteses de incidência.

Para fins dos ajustes de contribuição previdenciária, será considerada remuneração abaixo do salário-mínimo aquela em que, consolidados os salários de contribuição apurados por categoria, não alcance o limite mínimo do salário de contribuição estabelecido para a competência, nos termos do art. 2º da Portaria INSS nº 230/2020, que dispõe sobre a complementação da contribuição do segurado que, no somatório de remunerações auferidas no período de um mês, a partir de novembro de 2019, recebe remuneração inferior ao limite mínimo mensal do salário de contribuição[6].

Os ajustes de contribuição previdenciária poderão ser solicitados pelos dependentes do segurado falecido, até o dia quinze do mês de janeiro subsequente ao do ano civil correspondente, para fins de reconhecimento de direito para benefício a eles devidos, conforme prevê o § 7º do art. 19-E do Regulamento.

Importante ressaltar que caminha ao encontro da jurisprudência do Supremo Tribunal Federal a fixação de prazo para o exercício de tais ajustes, no caso da concessão inicial de benefício, ou de um prazo inferior ao decenal previsto no art. 103 da Lei nº 8.213, de 24 de julho de 1991, por configurarem uma opção posta aos dependentes do segurado falecido, como se depreende da utilização do verbo "poder" na redação do § 7º do art. 19-E.

Adiante, procurar-se-á analisar se o privilégio pelo equilíbrio econômico e financeiro em detrimento do postulado da justiça social, juridicamente, tem o condão de ofender o princípio da proibição do retrocesso social, considerando-se o desafio da pressão fiscal oriunda da crescente necessidade de financiamento da previdência.

6. Conforme estabelece o art. 4º da Portaria INSS nº 230/2020, a complementação deverá ser realizada por Documento de Arrecadação de Receitas Federais – DARF, com a utilização do número do CPF do segurado/contribuinte, no código de receita 1872 – Complemento de Contribuição Previdenciária, conforme Ato Declaratório Executivo CODAC/RFB nº 05, de 6 de fevereiro de 2020. No bojo da referida Portaria também constam esclarecimentos sobre o DARF.

## 2. ANÁLISE CRÍTICA DO RECOLHIMENTO COMPLEMENTAR DA CONTRIBUIÇÃO PREVIDENCIÁRIA: SOLIDARIEDADE, UNIVERSALIDADE, EQUIDADE DE PARTICIPAÇÃO NO CUSTEIO E PUBLICIDADE

Conforme visto nas linhas anteriores, a Emenda Constitucional nº 103/2019, forte no princípio constitucional do equilíbrio financeiro e atuarial do Sistema Previdenciário, introduziu a regra de que somente será reconhecido como tempo de contribuição ao RGPS a competência cuja contribuição seja superior à contribuição mínima mensal exigida para a respectiva categoria, assegurado o agrupamento de contribuições para atingimento de tal fim.

Não obstante as justificativas que legitimam a inserção do novo regramento no ordenamento jurídico pátrio, que serão abordadas mais a frente, o presente estudo não estaria completo sem que o *novel* instituto fosse submetido à uma detida e crítica análise, sendo confrontado com demais princípios constitucionais atinentes à Seguridade Social, em especial, à Previdência Social, instaurando-se a dialética.

A seguridade Social, nos termos do art. 194 da Constituição Federal de 1988 "compreende um conjunto integrado de ações de iniciativa dos Poderes Públicos e da sociedade, destinadas a assegurar os direitos relativos à saúde, à previdência e à assistência social".

Pode-se compreender a seguridade social como um direito fundamental de 2ª e 3ª dimensão[7], ante seu caráter prestacional positivo e universal (AMADO, 2019), cuja atuação não se restringe apenas ao Poder Público (União, Estados, Distrito Federal e Municípios), mas envolve também a sociedade (pessoas naturais e pessoas jurídicas).

---

7. Vale lembrar que o Supremo Tribunal Federal, ao apreciar o RE nº 626.489/SE, enquadrou a seguridade social como direito fundamental, na medida em que o RGPS constitui um sistema basilar de proteção social de índole pública, institucional e contributiva, cuja proteção é um direito fundamental pautado na dignidade da pessoa humana, na solidariedade, na cidadania e nos valores sociais do trabalho (art. 1º, II, III, e IV da CF/88), bem como nos objetivos da República de erigir uma sociedade livre, justa e solidária, avançando na erradicação da pobreza e na redução das desigualdades sociais (art. 3°, I e III, CF/88).

Ainda de acordo com o art. 194 da Constituição Federal, a seguridade social deve ser orientada pelos princípios da universalidade da cobertura e do atendimento; uniformidade e equivalência dos benefícios e serviços às populações urbanas e rurais; seletividade e distributividade na prestação dos benefícios e serviços; irredutibilidade do valor dos benefícios; equidade na forma de participação no custeio; diversidade da base de financiamento; e gestão quadripartite.

A previdência social, um dos pilares da seguridade social, retira seu substrato mínimo normativo do art. 201 do texto constitucional, podendo ser compreendida como um seguro social compulsório, de índole essencialmente contributiva, que visa assegurar os segurados e seus dependentes de determinados contingências sociais, mediante estruturação de uma rede de proteção, financiada por recursos dos trabalhadores e de toda sociedade, destinada a propiciar, nessas situações, meios indispensáveis à subsistência (ROCHA, 2019).

Percebe-se que a Previdência Social busca, mediante a estruturação de um sistema de proteção contributivo, resguardar o segurado e seus dependentes de determinadas contingências sociais, as quais, a despeito de serem certas ou ao menos prováveis, retiram a condição de subsistência do segurado e seus dependentes, já que impede ou dificulta a obtenção de rendimentos decorrentes da atividade laboral.

Nesse contexto, a Lei nº 8.213, de 1991, traz em seu art. 2º, os princípios e objetivos que guiarão a previdência social, listando dentre eles o princípio da universalidade de participação nos planos previdenciários, corolário do princípio da universalidade da cobertura e do atendimento da seguridade social.

Em reforço, a Lei nº 8.212, de 24 de julho de 1991, que institui o seu Plano de Custeio, elenca entre os princípios e diretrizes a serem observados, o princípio da equidade na forma de participação no custeio e o princípio da universalidade da cobertura e atendimento.

O princípio da universalidade de cobertura e do atendimento pode ser concebido sob duas vertentes, uma subjetiva e outra objetiva. Pela vertente subjetiva, o princípio impulsiona a seguridade social no sentido de alcançar o maior número de pessoas que necessitem de cobertura. Pela vertente objetiva, compele o Poder Público a adotar medidas para cobrir o maior número de contingências sociais, conferindo maior efetividade à proteção social.

Todavia, diante da finitude dos recursos financeiros, a realidade nos mostra que não é possível assegurar todas as contingencias sociais, tampouco alcançar todos os necessitados, de modo que ganha relevo o princípio da seletividade e distributividade na prestação dos benefícios e serviços, que funciona como verdadeiro limitador da universalidade, na medida em que orienta o Poder Público na seleção e definição dos requisitos dos benefícios e serviços a serem ofertados pela seguridade social (seletividade) e na definição do público alvo das medidas, priorizando-se os mais necessitados (distributividade), sempre sopesando as necessidades sociais e os recursos financeiros disponíveis.

Por seu turno, o princípio da equidade na forma de participação no custeio, conforme discorre Wladimir Novaes Martinez (2015), é corolário direto do princípio constitucional da igualdade, verdadeira norma de proteção abundante, já que sua essência é também assegurada pela norma exacional universal prevista no art. 150, II, da Constituição Federal, vedando a instituição de tratamento diferenciado entre contribuintes que se encontrem em situação equivalente.

Portanto, a equidade na participação do custeio pressupõe cobrar mais contribuições de quem tem maior capacidade de pagamento, de modo a assegurar proteção social aos contribuintes que não gozam das mesmas condições, vale dizer, o fundamento da cobrança no âmbito previdenciário é a solidariedade[8] entre o grupo (IBRAHIM, 2015), onde todos contribuem na medida da sua capacidade visando suportar um sistema de seguro social, direcionado a prestação dos benefícios e serviços aos que deles mais necessitam, à luz do princípio da distributividade.

8. Conquanto a compreensão da expressão solidariedade social por vezes exigir um desenvolvimento mais detido dos estudiosos (IBRAHIM, 2011), pode-se compreende-la como uma expressão de reconhecimento das desigualdades em determinada sociedade e a transferência, voluntária ou forçada, das riquezas produzidas pela universalidade, isto é, significa impor uma contribuição pecuniária em desfavor de uns, mas em favor de outros beneficiários, na medida da capacidade contributiva dos diferentes estratos sociais de oferecerem e da necessidade de serem socialmente amparados (MARTINEZ, 2015).

Não obstante o suporte principiológico descortinado, a Emenda Constitucional nº 103/2019, ao incluir no texto constitucional a regra da base mínima contributiva (§ 14 do art. 195), tende a maleabilizar tal substrato, na medida em que pode ser interpretada como aspecto limitador da universalidade de cobertura e do atendimento, bem como evidenciar certo afastamento do corolário da equidade na participação do custeio e enfraquecimento da distributividade na prestação dos benefícios e serviços.

Explicamos.

Pela nova regra constitucional somente será considerado tempo de contribuição as competências com contribuições iguais ou superiores à contribuição mínima mensal exigida para determinada categoria, sem embargo do exercício de atividade laboral inerente à condição de segurado obrigatório e cuja filiação previdenciária é decorrência direta e imediata do exercício da atividade laboral.

Assim, pelo simples fato da remuneração auferida em determinada competência ser inferior ao limite mínimo mensal esse trabalhador, segurado obrigatório, deixará de ser resguardado pelo RGPS, mesmo que, como dito, esteja em pleno exercício de atividade remunerada, o que lhe impõe a condição de segurado obrigatório.

É o que se infere da previsão regulamentar contida no art. 19-E do Regulamento da Previdência Social, para qual, para fins de aquisição e manutenção da qualidade de segurado, de carência, de tempo de contribuição e de cálculo do salário de benefício, somente serão consideradas as competências cujo salário de contribuição seja igual ou superior ao limite mínimo mensal do salário de contribuição.

De se recordar que, em nível de gravidade, a perda da qualidade de segurado gera a caducidade dos direitos de proteção previdenciária e ocorrerá no dia seguinte ao do término do prazo fixado no Plano de Custeio da Seguridade Social para recolhimento da contribuição referente ao mês imediatamente posterior ao do final dos prazos de graça.

Logo, a norma acaba por restringir o alcance da previdência social ao excluir do seu manto protetivo trabalhadores que exercem atividade remunerada e, portanto, segurados obrigatórios do RGPS, tão somente pelo fato da sua remuneração ser inferior a um piso estabelecido, limitando a concretização do postulado da universalidade de cobertura e atendimento.

Além de restringir o alcance do seguro social, a norma concretiza tal limitação por intermédio da exclusão de parte do estrato mais vulnerável da sociedade, em outras palavras, a norma retira do manto protetivo da previdência social justamente aqueles que dela mais necessitam ou podem necessitar, pois são os trabalhadores que por inúmeros motivos não conseguem auferir em determinada competência o mínimo legalmente estabelecido que deveriam ser prioridade do sistema de seguro social, mesmo em cenários de restrições financeiras, em prestígio à distributividade.

Para além de alvejar o postulado da universalidade de cobertura e do atendimento, a nova concepção tende a enfraquecer a noção de equidade na participação do custeio, ao exigir de um estrato social detentor, em regra, de uma capacidade contributiva mais reduzida, uma participação no custeio do sistema de seguro social proporcionalmente superior ao dos seus pares.

O financiamento da previdência social é incumbência de toda sociedade, direta ou indiretamente, e também do Poder Público, por meio de recursos orçamentários. Todavia, a participação nesse custeio não é e não deve ser uniforme. É preciso existir uma correlação direta entre a participação no custeio e a capacidade contributiva de cada integrante, de modo que aqueles que reúnem melhores condições financeiras contribuam proporcionalmente mais do que aqueles menos privilegiados, inobstante estes sejam os destinatários primordiais dos benefícios e serviços da previdência social, conforme impõe o princípio da distributividade.

Ocorre que com a nova concepção essa lógica fica desprestigiada, porquanto para um trabalhador que não auferiu em determinada competência o valor mínimo estabelecido, para fins de usufruir do RGPS, não bastará contribuir sobre o montante auferido, mas sim sobre o mínimo legalmente estabelecido, superior à sua remuneração. Por outro lado, um segurado que tenha suplantado tal limitação, e, portanto, titular de uma condição financeira privilegiada em comparação com o trabalhador anterior, contribuirá apenas sobre a renda auferida naquela competência, o que implica em uma contribuição proporcionalmente inferior à do primeiro trabalhador, colidindo com a noção de equidade na participação do custeio[9].

De mais a mais, essa nova exigência, como já tangenciamos acima, enfraquece o postulado constitucional da distributividade na prestação dos benefícios e serviços, na medida em que ao exigir de um estrato social – trabalhadores que não auferiram um mínimo exigido para fins de usufruir da proteção do RGPS – uma contribuição proporcionalmente superior aos demais integrantes do sistema previdenciário e significativamente alta em relação ao montante auferido em determinada competência, acaba por excluí-lo do manto protetivo da previdência social, justamente o público alvo mais essencial da previdência social, aquele que deve ser priorizado diante de uma conjuntura de recursos financeiros finitos e insuficientes para atender a todos e a todas as contingencias sociais.

Por fim, pertinente lançarmos luzes na ausência de uma efetiva dedicação na divulgação e conscientização do novo instituto, especialmente quando focamos os seus principais destinatários, os trabalhadores de baixa renda, que, por deficiências estruturais da nossa República, em especial na formação educacional, costumam ser leigos, muitas vezes desconhecendo direitos mais básicos garantidos pelo nosso ordenamento jurídico, e, logicamente, não compreendem as consequências e imposições da nova regra, em outras palavras, desconhecem que mesmo empregado podem estar desamparados pelo RGPS e tampouco sabem que há instrumentos postos à sua disposição para fins de alcançar o patamar exigido para gozo da proteção previdenciária.

O ponto ganha relevo, quando o Regulamento da Previdência Social impõe uma data limite para a complementação, sem acréscimos legais, da

9. A título de exemplo, se em uma determinada competência um segurado empregado auferir remuneração de R$ 500, 00 ele contribuirá para o RGPS com R$ 90,90 – 7,5% do salário mínimo (R$ 1.212,00) – o que corresponde a aproximadamente 18% da remuneração auferia naquela competência. Por seu turno, um empregado que tenha auferido em uma determinada competência o montante de R$ 3.000,00, contribuirá com R$ 360,00 – 12% de R$ 3.000,00 – ou seja com 12% da remuneração auferida naquela competência. Assim, para pleno gozo da proteção social, o segurado com menor capacidade contributiva terá uma participação proporcionalmente maior do que o segurado com maior capacidade contributiva, em descompasso com o princípio constitucional da equidade na participação do custeio.

contribuição realizada abaixo do patamar mínimo do salário de contribuição exigido. Assim, o desconhecimento da norma pelos trabalhadores invariavelmente implicará na perda do prazo estipulado para a complementação sem acréscimo dos encargos legais, porquanto o trabalhador somente tomará conhecimento, seja da desconsideração dos seus períodos de trabalho e contribuição, ainda que inferiores ao mínimo estabelecido, seja da possibilidade de complementação, anos depois, quando estiver próximo de se aposentar. Ocorre que nesse momento a complementação com acréscimos legais poderá inviabilizar a própria complementação, especialmente porque, como já dissemos, são os trabalhadores de baixa renda os grandes afetados da nova regra, os quais não terão condições financeiras de suportar o ônus das complementações, inviabilizando o próprio exercício do direito.

Malgrado as críticas apresentadas, é preciso colocar em perspectiva, como já antecipamos no início do presente estudo, que o sistema de previdência pátrio vem passando por uma sequência de reformulações visando equacionar a sempre tensionada relação entre a proteção social e a sua saúde financeira, cada dia mais tensionada pelo constante envelhecimento da população, de modo que uma análise idílica do instituto, sem considerar a realidade que forja a conjuntura no qual inserido, se mostra, no mínimo, ingênua, razão pela qual imperioso nos debruçarmos sobre tal relação.

## 3. A RELAÇÃO DO RECOLHIMENTO COMPLEMENTAR DA CONTRIBUIÇÃO PREVIDENCIÁRIA COM O EQUILÍBRIO FINANCEIRO E ATUARIAL, CONTRIBUTIVIDADE E SISTEMA DE PROTEÇÃO DO SEGURO SOCIAL

O segurado somente terá reconhecida como tempo de contribuição ao RGPS a competência mensal cuja correlata contribuição previdenciária seja em montante igual ou superior à contribuição mínima mensal exigida para sua categoria, assegurado o agrupamento de contribuições. Não é demais repisar essa afirmativa que é a determinação constante do § 14 do art. 195, da Constituição Federal, incluído pela Emenda Constitucional n. 103, de 2019.

Trata-se, como visto alhures, de novidade importante trazida pelo constituinte derivado no seio do ordenamento jurídico previdenciário, com reflexos tanto no plano do financiamento previdenciário como no plano da proteção previdenciária.

Podemos enxergar a arquitetura jurídica do RGPS sob dois grandes planos ou eixos estruturantes e interdependentes, o eixo do financiamento e o eixo da proteção social.

O eixo do financiamento corresponde à estrutura de custeio do regime, com a previsão das suas fontes de recursos financeiros segundo determinam as regras e princípios insculpidos nas normas jurídicas de custeio previdenciário. Aqui se revelam presentes as relações jurídicas de financiamento do RGPS.

Por sua vez o eixo da proteção social previdenciária alberga o núcleo fundamental de tutela do seguro social, consistente na proteção especial destinada aos trabalhadores, por meio da concessão de prestações previdenciárias, diante da ocorrência de eventos cobertos pelo regime que, de modo geral, possam impactar a capacidade laborativa e a subsistência do segurado e seus dependentes. Aqui se relevam as relações jurídicas de benefícios e serviços do RGPS.

Em relação a este eixo da proteção previdenciária a contribuição mínima de que ora se cuida aparece num sentido mais restritivo ao acesso às prestações previdenciárias, posto que pode implicar na exigência de contribuições facultativas complementares sob pena de efeitos preclusivos na aquisição e manutenção da qualidade de segurado, bem como na satisfação de outras exigências intrínsecas ao gozo dos benefícios que levem em conta o tempo de contribuição, a exemplo da carência e tempo mínimo contributivo para as aposentadorias programadas.

Tais restrições foram analisadas no tópico anterior sob o prisma da hermenêutica dos riscos jurídicos de potencial vulneração da garantia da proteção social previdenciária, na medida em que a exigência de contribuição mínima na hipótese em que exigir a complementação facultativa pode ser interpretada como limitadora da universalidade de cobertura e do atendimento, bem como evidenciar distanciamento do corolário da equidade na participação do custeio e enfraquecimento da distributividade na prestação dos benefícios e serviços da previdência social.

Doravante, propomo-nos a investigar a contribuição mínima mensal exigida constitucionalmente, e o correlato instituto da contribuição complementar, com foco no plano das normas de financiamento que se propõe à garantia da saúde financeira do regime previdenciário.

É exatamente no plano do custeio ou financiamento do RGPS que vamos encontrar as razões jurídicas que levaram o constituinte derivado, por meio da Emenda Constitucional nº 103, de 2019, a instituir a exigência de parâmetro mínimo de contribuição para o segurado do RGPS.

Antes de investigar tais fundamentos é importante trazer algumas breves considerações acerca da estrutura de financiamento do RGPS.

O financiamento do RGPS é imantado pelos princípios constitucionais que orientam a seguridade social, previstos nos arts. 194 e 195, da Constituição Federal, ressaltando-se: a equidade na forma de participação no custeio; a diversidade da base de financiamento, identificando-se, em rubricas contábeis específicas para cada área, as receitas e as despesas vinculadas a ações de saúde, previdência e assistência social, preservado o caráter contributivo da previdência social; e da contrapartida que exige sempre prévia fonte de custeio total para as prestações de seguridade social, dado que nenhum benefício ou serviço poderá ser criado, majorado ou estendido sem a correspondente fonte de custeio total.

De forma mais específica, no campo do financiamento do RGPS, aplicam-se também as exigências constitucionais previstas no art. 201, do texto constitucional, consubstanciadas no princípio da contributividade, adjetivada num espectro de solidariedade contributiva, e no princípio do equilíbrio financeiro e atuarial do sistema previdenciário.

Atendendo a tais pressupostos o art. 195, da Constituição Federal, estabelece as fontes de custeio de toda a seguridade e, por conseguinte, da previdência social, determinando que será financiada por toda a sociedade, de forma direta e indireta, nos termos da lei, mediante recursos provenientes dos orçamentos da União, dos Estados, do Distrito Federal e dos Municípios, e das contribuições sociais que menciona.

Afora as receitas públicas decorrentes dos orçamentos públicos vertidas para o sistema previdenciário, de forma ordinária ou para suprir déficits, a base de financiamento conta com sua vertente de destaque, que são as contribuições sociais. Estas são fontes tributárias, decorrentes do exercício do poder de tributar da União no campo das contribuições sociais, tendo por base das materialidades econômicas previstas no art. 195, do texto maior. (COIMBRA, 1997).

Em específico para o campo da previdência social destaca-se como carro-chefe de seu financiamento as contribuições previdenciárias, tanto as empresariais quanto a dos trabalhadores segurados destinatários da proteção do RGPS.

O art. 195, I, da Constituição Federal, trata das contribuições sociais do empregador, da empresa e da entidade a ela equiparada na forma da lei. A redação desse dispositivo foi alterada pela Emenda Constitucional nº 20/1998 para ampliar a abrangência da sujeição passiva do tributo. A redação original previa apenas os empregadores como contribuintes, de modo que referida Emenda, elasteceu o rol dos sujeitos passivos da relação jurídica de custeio da seguridade social, pois o intento não era abrigar apenas a figura do empregador, segundo sua definição para fins do direito do trabalho, mas abarcar o maior âmbito possível dos agentes econômicos, firme no princípio da solidariedade e do risco social que assumem.

Desse modo, a reforma constitucional determinou a inclusão da empresa e da entidade a ela equiparada na forma da lei, ao lado do empregador, no elenco dos contribuintes da seguridade social. Conclui-se que é amplo o raio de incidência das contribuições sociais sob a ótica dos agentes econômicos abrangidos pelas obrigações tributárias de financiamento da seguridade social.

Nesse contexto, a Constituição Federal traz previsão das materialidades econômicas sob as quais recaem as contribuições sociais da seguridade social, que serão incidentes sobre folha de pagamentos, receita ou faturamento, lucro, além das contribuições incidentes sobre importação de bens e serviços e concurso de prognóstico. As primeiras são as típicas contribuições previdenciárias empresariais ou "patronais", de natureza tributária. (ATALIBA, 2004).

Por exigência constitucional e atendimento ao princípio da contributividade, os trabalhadores e demais segurados da previdência social também são chamados a serem contribuintes da seguridade social em relação às suas remunerações, segundo determina o inciso II, do art. 195, da Constituição Federal. Este é, pois, o pressuposto para que o trabalhador adquira e mantenha a qualidade de segurado e receba a tutela previdenciária, firme na exigência de contributividade, posto que somente estará protegido pelo seguro social aquele que contribuir para o sistema.

A natureza previdenciária das contribuições dos trabalhadores decorre do fato de que são vertidas especificamente para sustentar o RGPS de que cuida o art. 201, da Constituição Federal, organizada sob a forma de regime geral, de caráter contributivo e de filiação obrigatória, estabelecido sob as bases de um sistema de repartição[10], observados critérios que preservem o equilíbrio financeiro e atuarial. Aparece aqui como vetor imanente do sistema a regra da contributividade, reforçada por diversas emendas constitucionais. (CASTRO, 2020).

Sendo espécie previdenciária, apenas os trabalhadores que são segurados obrigatórios do RGPS estão submetidos à relação jurídica tributária de financiamento do sistema, sem prejuízo de contribuintes facultativos que se inscreverem e filiarem ao citado regime como segurado facultativo na ausência de exercício de atividade laborativa que o enquadre como segurado obrigatório.

A especificação dos trabalhadores que são segurados obrigatórios do RGPS, e, por conseguinte são contribuintes obrigatórios do sistema, encontra tratamento de base nos arts. 12 a 14 da Lei nº 8.212 de 1991. Os trabalhadores são agrupados em categorias de segurados/contribuintes pela citada legislação, contemplando os empregados, avulsos, empregados domésticos, contribuintes/segurados individuais, contribuintes/segurados especiais e os facultativos[11].

10. Os regimes previdenciários contributivos são classificados em sistema de repartição caso as contribuições sociais vertam para um fundo global que sustenta a concessão dos benefícios previdenciários, o qual repousando no ideal de solidariedade, revela que os trabalhadores ativos contribuem para pagamento dos inativos e assim sucessivamente no tempo, com participação financeira obrigatória das empresas e do Estado e garantia de lastro dos déficits pelo Poder Público. Outro sistema é o de capitalização, por meio do qual as contribuições são cotizadas individualmente de modo que sejam suficientes para cobrir as necessidades dos integrantes do regime previdenciário, sendo que a participação estatal é mínima e a das empresas obedece a regra de cada sistema, a exemplo da previdência complementar no Brasil. (COIMBRA, 1997, p. 233-240).

11. As disposições legais vigentes que definem os integrantes de cada categoria dos trabalhadores contribuintes obrigatórios da seguridade social encontram-se no art. 12 da Lei 8.212/91,

Os trabalhadores segurados obrigatórios do RGPS ao exercerem as respectivas atividades laborativas onerosas fazem nascer a obrigação jurídica tributária, tendo a respectiva contribuição social calculada sobre o valor de suas remunerações.

Os segurados especiais e os produtores rurais pessoas físicas, contribuem sobre a receita da comercialização de sua produção (arts. 25 e 25-A da Lei 8.212/91). Os facultativos contribuem sobre o valor declarado, obedecido como piso o salário-mínimo nacional.

Em termos gerais, portanto, a base de cálculo da contribuição dos trabalhadores é composta pela totalidade de sua remuneração, designada por salário-de-contribuição, sobre o qual recaem as alíquotas previstas em lei, com as modificações trazidas pelo art. 28 da Emenda Constitucional nº 103, de 2019.

O salário de contribuição é composto de todas as parcelas remuneratórias do trabalhador, obedecidas as regras do art. 28 da Lei 8.212, de 1991 e as exceções estampadas no seu § 9º, a exemplo das verbas indenizatórias.

Segundo referido dispositivo legal, o limite mínimo do salário de contribuição é o piso salarial, legal ou normativo, da categoria, e inexistindo este, corresponde ao salário-mínimo nacional mensal. Essa disposição deve ser lida conforme as alterações perpetradas pela Emenda Constitucional nº 103, de 2019.

O limite máximo, que é o chamado teto do RGPS, é o valor especificado em ato normativo do Poder Executivo Federal anualmente, que corresponde também ao teto dos pagamentos dos benefícios previdenciários concedidos.

De regra geral, conforme visto acima, o segurado que exerce atividade laborativa e seja qualificado como segurado obrigatório do RGPS, também ostenta a qualidade de contribuinte obrigatório do sistema por meio de uma relação de exigência tributária da contribuição previdenciária.

---

não reproduzido neste trabalho pela extensão do dispositivo e por ser despiciendo à finalidade da pesquisa.

Com a inclusão do § 14 do art. 195, da Constituição Federal, pela Emenda Constitucional nº 103, de 2019, todavia, não basta o recolhimento da contribuição previdenciária em qualquer base para fins de contagem do tempo de contribuição para os fins da tutela do seguro social, posto que há exigência de uma contribuição mínima.

A disposição do § 14 do art. 195, da Constituição Federal, deve ser lida em conjunto com a disposição do art. 29, da Emenda Constitucional nº 103, de 2019, o qual determina que até que entre em vigor lei que disponha sobre referido dispositivo do texto constitucional, o segurado que, no somatório de remunerações auferidas no período de 1 (um) mês, receber remuneração inferior ao limite mínimo mensal do salário de contribuição poderá complementar a sua contribuição, de forma a alcançar o limite mínimo exigido.

Além da complementação, o segurado poderá utilizar o valor da contribuição que exceder o limite mínimo de contribuição de uma competência em outra ou mesmo agrupar contribuições inferiores ao limite mínimo de diferentes competências, para aproveitamento em contribuições mínimas mensais. Esses ajustes de complementação ou agrupamento de contribuições somente poderão ser feitos ao longo do mesmo ano civil.

Veja-se, pois, que para fins de dar concretude à exigência de contribuição mínima mensal, o constituinte derivado, em disposição transitória no corpo da emenda em lume, abre a possibilidade de complementação ou agrupamento de contribuições.

A complementação de contribuições é facultativa, de modo que o recolhimento complementar não se qualifica como contribuição previdenciária de natureza tributária, posto que ausente a compulsoriedade jurídica.

De todo modo, inobstante facultativo, a ausência do complemento nas competências em que a base de contribuição previdenciária obrigatória seja menor que o mínimo exigido pode levar o segurado ao nível de desproteção do seguro social como visto no tópico anterior.

Sob o prisma da relação de custeio ou financiamento previdenciário, objeto desta análise, ao lado do vergastado princípio da contributividade, parece que o constituinte levou como razão constitucional da exigência de contribuição mínima a imposição do equilíbrio financeiro e atuarial do sistema previdenciário.

A busca pelo equilíbrio financeiro leva em conta o equilíbrio na equação entre receitas e despesas próprias, de um lado, figurando toda a arrecadação de recursos financeiros com as contribuições previdenciárias, tanto dos agentes econômicos, quanto dos segurados, como fonte genuína de financiamento do seguro social e, de outro lado, o montante das despesas com o pagamento das prestações previdenciárias, como aposentadorias, pensões, auxílios, dentre outros, em determinado exercício financeiro.

O conceito de equilíbrio atuarial, por sua vez, tem por foco o custo dos benefícios por cada participante ou segurado do regime, levando em conta o período contributivo, tempo de contribuição, montante das contribuições, montante dos benefícios percebidos, tempo de percepção dos benefícios, dentre outras variáveis.

Dessa feita, parece que a exigência de contribuição mínima do segurado tem por base satisfazer esses dois vetores de equilíbrio das contas do RGPS. Um dos elementos que reforça tal conclusão, em sentido mais específico do equilíbrio atuarial, seria o paralelo no campo do custeio previdenciário com o eixo de proteção previdenciária que contém disposição de tutela em patamar mínimo de valor para os benefícios que substituem a remuneração do trabalhador.

Nesse sentido, o § 2º, do art. 201, da Constituição Federal, com redação dada pela Emenda Constitucional nº 20, de 1998, determina nenhum benefício que substitua o salário de contribuição ou o rendimento do trabalho do segurado terá valor mensal inferior ao salário-mínimo.

Dessa forma há, de modo geral, um piso e um teto para o montante dos benefícios previdenciários, na relação de tutela do seguro social. A exigência de contribuição mensal mínima, em alinhamento, traz, em paralelo, o piso no campo da relação de financiamento previdenciário. O teto como base de contribuição não é novidade da última reforma da previdência.

Por fim, vale mencionar que ao lado da exigência de contributividade do sistema previdenciário e da imposição do equilíbrio financeiro e atuarial do seguro social, a solidariedade contributiva os complementa, que se expressa no financiamento do sistema por toda sociedade.

Pode-se entender que:

> a solidariedade do sistema previdenciário obriga contribuintes a verterem parte de seu patrimônio para o sustento do regime protetivo, mesmo que nunca tenham a oportunidade de usufruir dos benefícios e serviços

> oferecidos. É o que ocorre com o aposentado do RGPS que retorna ao trabalho, contribuindo da mesma forma que qualquer segurado, sem ter, entretanto, direito aos mesmos benefícios. (KERTZMAN, 2006, p. 24).

Nesse contexto, uma implicação jurídica do modelo contributivo apresenta-se como relevante. Trata-se da impossibilidade de repetição dos valores de contribuição previdenciária recolhidos pelo segurado obrigatório em valor inferior à contribuição mínima e que não serão contabilizados como tempo de contribuição para fins previdenciários, se não forem objeto de complementação ou agregação nos termos da Emenda Constitucional nº 103, de 2019.

Pode-se afirmar que a contribuição de um segurado não implica na formação de uma reserva matemática própria ou exclusiva dele, mas sim implica na sua contabilização no fundo previdenciário destinada à manutenção de toda rede protetiva (IBRAHIM, 2015).

## 4. CONSIDERAÇÕES FINAIS

Podemos chegar à conclusão de que o instituto da contribuição mínima previdenciária e seu correlato instrumento de recolhimento complementar, trazidos pela Emenda Constitucional nº 103, de 2019, parecem encontrar justificativa constitucional quando se debruça sob o campo do financiamento do regime previdenciário, especialmente sob suas raízes da contributividade, do equilíbrio financeiro e atuarial e da solidariedade contributiva.

De todo modo, o instituto não parece indene de riscos jurídicos no campo da relação de proteção previdenciária, que pode levar à manifestação do Poder Judiciário ou mesmo revisão pelo próprio constituinte derivado, dadas as implicações sob o prisma dos princípios constitucionais de proteção do seguro social relacionados à universalidade de cobertura e do atendimento, da equidade na forma de participação do custeio e na distributividade na prestação dos benefícios e serviços.

## REFERÊNCIAS

AMADO, Frederico. *Curso de direito e processo previdenciário*. 11. ed. Salvador: Juspodivm, 2019.

ANSILIERO, G.; COSTANZI, R. N.; FERNANDES, A. Z. *O princípio constitucional de equilíbrio financeiro e atuarial no regime geral de previdência social:* tendências recentes e o caso da regra 85/95 progressiva: texto para discussão 2395. Rio de Janeiro: IPEA, 2018.

ATALIBA, Geraldo. *Hipótese de incidência tributária.* 6. ed. São Paulo: Malheiros, 2004.

BANCO MUNDIAL. *Averting the old age crisis*: policies to protect the old and promote growth: policy research report. Washington, D.C.: The World Bank: Oxford University Press, 1994. v. 3.

BOBBIO, N. *Teoria da norma jurídica.* Tradução de Fernando Pavan Baptista, Ariani Bueno Sudatti. São Paulo: Edipro, 2007.

BRASIL. Câmara dos Deputados. *Proposta de Emenda à Constituição nº 6, de 20 de fevereiro de 2019.* Modifica o sistema de previdência social, estabelece regras de transição e disposições transitórias, e dá outras providências. Brasília, DF: Câmara dos Deputados, [2019]. Disponível em: https://www.camara.leg.br/proposicoesWeb/fichadetramitacao?idProposicao=2119881. Acesso em: 6 dez. 2022.

BRASIL. Câmara dos Deputados. *Proposta de Emenda à Constituição nº 287, de 5 de dezembro de 2016.* Altera os arts. 37, 40, 109, 149, 167, 195, 201 e 203 da Constituição, para dispor sobre a seguridade social, estabelece regras de transição e dá outras providências. Brasília, DF: Câmara dos Deputados, [2016]. Disponível em: https://www.camara.leg.br/proposicoesWeb/fichadetramitacao?idProposicao=2192459. Acesso em: 6 dez. 2022.

BRASIL. *Consolidação das Leis do Trabalho.* Brasília, DF: Presidência da República, [1943]. Disponível em: https://www.planalto.gov.br/ccivil_03/decreto-lei/del5452.htm. Acesso em: 6 dez. 2022.

BRASIL. [Constituição (1988)]. *Constituição da República Federativa do Brasil de 1988.* Brasília, DF: Presidência da República, [2022]. Disponível em: https://www.planalto.gov.br/ccivil_03/constituicao/constituicao.htm. Acesso em: 6 dez. 2022.

BRASIL. [Constituição (1988)]. *Emenda Constitucional nº 103, de 12 de novembro de 2019.* Altera o sistema de previdência social e estabelece regras de transição e disposições transitórias. Brasília, DF: Presidência da República, [2019]. Disponível em: https://www.planalto.gov.br/ccivil_03/constituicao/emendas/emc/emc103.htm. Acesso em: 6 dez. 2022.

BRASIL. *Decreto nº 3.048, de 6 de maio de 1999*. Aprova o Regulamento da Previdência Social, e dá outras providências. Brasília, DF: Presidência da República [1999]. Disponível em: https://www.planalto.gov.br/ccivil_03/decreto/d3048.htm. Acesso em: 8 dez. 2022.

BRASIL. *Decreto nº 10.410, de 30 de junho de 2020*. Altera o Regulamento da Previdência Social, aprovado pelo Decreto nº 3.048, de 6 de maio de 1999. Brasília, DF: Presidência da República [2020]. Disponível em: https://www.planalto.gov.br/ccivil_03/_ato2019-2022/2020/decreto/d10410.htm. Acesso em: 8 dez. 2022.

BRASIL. Instituto Nacional do Seguro Social. *Portaria INSS nº 230, de 20 de março de 2020*. Dispõe sobre a complementação da contribuição do segurado que, no somatório de remunerações auferidas no período de 1 (um) mês, a partir de novembro de 2019, recebe remuneração inferior ao limite mínimo mensal do salário de contribuição. Brasília, DF: Ministério do Trabalho e Previdência [2020]. Disponível em: https://www.gov.br/inss/pt-br/centrais-de-conteudo/legislacao/portarias/2020. Acesso em: 8 dez. 2022.

BRASIL. *Lei nº 8.212, de 24 de julho de 1991*. Dispõe sobre a organização da Seguridade Social, institui Plano de Custeio, e dá outras providências. Brasília, DF: Presidência da República, [1991a]. Disponível em: http://www.planalto.gov.br/ccivil_03/leis/l8212cons.htm. Acesso em: 7 dez. 2022.

BRASIL. *Lei nº 8.213, de 24 de julho de 1991*. Dispõe sobre os Planos de Benefícios da Previdência Social e dá outras providências. Brasília, DF: Presidência da República, [1991b]. Disponível em: https://www.planalto.gov.br/ccivil_03/leis/l8213cons.htm. Acesso em: 7 dez. 2022.

BRASIL. *Lei nº 13.467, de 13 de julho de 2017*. Altera a Consolidação das Leis do Trabalho (CLT), aprovada pelo Decreto-Lei nº 5.452, de 1º de maio de 1943, e as Leis n º 6.019, de 3 de janeiro de 1974, 8.036, de 11 de maio de 1990, e 8.212, de 24 de julho de 1991, a fim de adequar a legislação às novas relações de trabalho. Brasília, DF: Presidência da República [2017]. Disponível em https://www.planalto.gov.br/ccivil_03/_Ato2015-2018/2017/Lei/L13467.htm#art1. Acesso em: 12 dez. 2022.

BRASIL. Supremo Tribunal Federal. *Recurso Extraordinário 626489/SE*. Direito Previdenciário. Regime Geral de Previdência Social (RGPS). Revisão do ato de concessão de benefício. Decadência. Recorrente: Instituto Nacional do Seguro Social – INSS. Recorrido: Maria das Dores Oliveira Martins. Relator: Min. Roberto Barroso, 16 de outubro de 2013. Disponível em: https://jurisprudencia.stf.jus.br/pages/search/sjur277412/false. Acesso em: 7 dez. 2022.

CARLOTTI, D. P. *Hermenêutica jurídica:* entre a interpretação de textos e a avaliação de práticas sociais. São Paulo: Dialética, 2021.

CASTRO, Carlos Alberto Pereira de; LAZZARI, João Batista. *Manual de direito previdenciário.* Rio de Janeiro: Forense, 2020.

COIMBRA, J. R. Feijó. *Direito previdenciário brasileiro.* 7. ed. Rio de Janeiro: Edições Trabalhistas, 1997.

EBBINGHAUS, B. *The varieties of pension governance:* pension privatization in Europe. Oxford: Oxford University Press, c2011. v. 15.

ESPING-ANDERSEN, G. O futuro do welfare state na nova ordem mundial. *Lua Nova:* Revista de Cultura e Política, São Paulo, n. 35, p. 73–111, 1995. Disponível em: https://doi.org/10.1590/S0102-64451995000100004. Acesso em: 8 dez. 2022.

FERNANDES, R. *et al.* Reforma da previdência: sustentabilidade e justiça atuarial. *Estudos econômicos,* São Paulo, v. 49, n. 3, p. 423–463, jul./set. 2019. Disponível em: https://doi.org/10.1590/0101-41614931mabg. Acesso em: 8 dez. 2022.

IBRAHIM, F. Z. *A previdência social como direito fundamental.* Niteroi: Impetus, 2010.

IBRAHIM, F. Z. *A previdência social no estado contemporâneo:* fundamentos, financiamento e regulação. Niteroi: Impetus, 2011.

IBRAHIM, F. Z. *Curso de direito previdenciário.* 20. ed. Rio de Janeiro: Impetus, 2015.

KELSEN, H. *Teoria pura do direito.*Tradução de João Baptista Machado. 6. ed. São Paulo: Martins Fontes, 1998.

KERTZMAN, Ivan. *Curso prático de direito previdenciário.* 2. ed. Salvador: Juspodivm, 2006.

MARTINEZ, W. N. *Princípios de direito previdenciário.* 6. ed. São Paulo: LTR, 2015.

MARTINS, L. F. L. *A regulação da previdência complementar fechada sob a perspectiva da economia comportamental e a adesao utomática como proposta para a mitigação de vieses cognitivos.* 2015. Dissertação (Mestrado em Direito) – Escola de Direito do Rio de Janeiro, Fundação Getulio Vargas, Rio de Janeiro, 2015.

OCDE. *Pensions at a glance 2019:* OECD and G20 indicators. Paris: OECD Publishing, 2019.

PASSANEZI, P. M. S. *A evolução das instituições segundo Douglass North:* uma visão crítica com aplicação para o caso da previdência social no Brasil. 2002. Tese

(Doutorado em Administração) – Escola de Administração de Empresas de São Paulo, Fundação Getulio Vargas, São Paulo, 2002.

PÓVOAS, M. S. S. *Previdência privada:* filosofia, fundamentos técnicos, conceituação jurídica. 2. ed. Quartier Latin: São Paulo, 2007.

REALE, M. *Filosofia do direito.* 19. ed. São Paulo: Saraiva, 2002. *E-book.*

REDI, M. F. de M. *Fundamentos da regulação da previdência privada no Brasil.* 2004. Tese (Doutorado em Direito) – Faculdade de Direito, Universidade de São Paulo, São Paulo, 2004.

ROCHA, Daniel Machado da. *Comentários à lei de benefícios da previdência social.* 17. ed. São Paulo: Atlas, 2019.

TEORIA geral e filosofia do direito. *In*: CAMPILONGO, C. F.; GONZAGA, A. A.; FREIRE, A. L. (coord.). *Enciclopédia Jurídica da PUCSP*. São Paulo: PUCSP, 2017. t. 1. Disponível em: enciclopediajuridica.pucsp.br/tomo/1. Acesso em: 8 dez. 2022.

WEBER, M. *Economia e sociedade*: fundamentos da sociologia compreensiva. Tradução de Regis Barbosa, Karen Elsabe Barbosa. 4. ed. Brasília, DF: Ed. UnB, 2012. v. 2.

10

# A PROPORCIONALIDADE NA FIXAÇÃO IMPERATIVA DAS REGRAS DE TRANSIÇÃO COMO CONDIÇÃO À HARMONIOSA MANUTENÇÃO DO PACTO ENTRE GERAÇÕES

*Miguel Horvath Júnior* [1]

*Marcus Vinicius Rodrigues Lima*[2]

**SUMÁRIO:** Introdução – 1. Breve histórico acerca das reformas previdenciárias – 2. A salvaguarda das regras de transição contextualizadas nas reformas previdenciárias – 3. O necessário imperativo das regras de

---

1. Doutor em Direito Previdenciário pela Pontifícia Universidade Católica de São Paulo. Mestre em Direito das Relações Sociais pela Pontifícia Universidade Católica de São Paulo. Coordenador e professor no Núcleo de Direito Previdenciário da Pontifícia Universidade Católica de São Paulo. Procurador Federal – AGU. Membro da Academia Brasileira de Seguridade Social – ABDSS (cadeira nº 25).

2. Doutor em Direito Previdenciário pela Pontifícia Universidade Católica de São Paulo. Mestre em Direito pela Faculdade Autônoma de Direito de São Paulo. Defensor Público Federal.

transição – 4. A natureza jurídica da segurança e das regras de transição – 5. A proporcionalidade das regras de transição como essência do equilíbrio sistêmico – 6. A busca da harmonização do pacto entre gerações – 7. Considerações finais – Referências.

## INTRODUÇÃO

A relevância temática da abordagem acerca da essencialidade das regras de transição como imperativo sistêmico indispensável à sucessão no tempo de leis e normas, que tratem do mesmo objeto anteriormente regulado, abarca com propriedade os estudos afetos à doutrina do direito intertemporal ou direito transitório.

Nesse contexto, é possível extrair desdobramentos da análise das consequências temporais e dos efeitos decorrentes de tais questões na perspectiva dos direitos e expectativas[3] geradas sobre: o direito transitório, a teoria sistêmica dos direitos adquiridos ou mesmo a teoria da retroatividade da lei.

Assim, o sistema jurídico absorve e interage com dogmas jurídicos criados como instrumentos de presunção da existência de ficções, verdadeiros campos axiológicos, que auxiliam o intérprete a lidar e solucionar, por intermédio da hermenêutica jurídica, o conflito de leis no tempo.

Como desdobramento desse pensamento, torna-se também necessário alicerçar expectativas e direitos que promovam a ligação entre lapsos temporais, pois apesar do direito vigente ser constituído por forças afetas ao poder ideológico passíveis de transformação e mudanças de paradigmas, a consequente alteração legislativa deve proporcionalmente

3. Em relação ao direito é a mera possibilidade de vantagem que poderá, ou não, vir, pelo que bem se distingue do direito atual, adquirido, que já é existente. E não uma esperança de futura aquisição, em que se funda a expectativa. Desse modo, nem mesmo com o direito futuro se confunde, seja este deferido ou não deferido. Nesse sentido: "Na expectativa não há direito nem mesmo futuro; há simples possibilidade de futura aquisição de direito. É o estado ou a situação de quem espera (esperança) adquirir alguma coisa". (SILVA, 1975, p. 661).

preservar as relações jurídicas até então construídas e estabelecidas com base no ordenamento jurídico posto.

Por conseguinte, a desenvolver o campo da eficácia das normas de direito intertemporal, o imperativo das regras de transição também se apresenta como elemento fundamental da equação constitucional, cujo produto reflete a definição das normas, da qual a vigência está condicionada ao espaço e tempo de sua validade, além da definição de dogmas como verdadeiros calibradores do sistema jurídico.

A traduzir os resultados da necessária existência de regras de transição na sobreposição de normas jurídicas que gerem a supressão de relações jurídicas e direitos, o que se percebe é a necessidade de se resguardar expectativas afetas a situações intertemporais também denominados de fatos pendentes (*facta pendentia*).

Essa lógica jurídica amparada em dogma de direito transitório, quando efetivada a partir das regras de transição, busca tutelar adequadamente aquelas situações que estavam em curso de constituição ou extinção. Em outras palavras, a previsão das regras de transição quando efetivadas à luz de novos normativos e interpretações que imponham diferentes deveres ou condicionamentos de direito, devem necessariamente serem aplicadas com as qualidades previstas nos arts. 23 e 24, da lei de introdução às normas de direito brasileiro, nos termos do Decreto-Lei nº 4.657/42, inserido pela Lei 13.655, de 25 de abril de 2018.

Estabelecidas as premissas introdutórias do imperativo das regras de transição e a necessária qualificação que legitime a adequada subsunção normativa de situações jurídicas intertemporais, de tal forma que a eficácia das normas então vigente seja instrumentalizada a partir de mecanismos afetos a proporcionalidade, equidade e eficiência, busca-se fundamentar também a inafastável aplicação do princípio da proteção e promoção da confiança principalmente em relação as sucessivas reformas previdenciárias.

Nesse contexto, é no paradigma das intercaladas emendas constitucionais propulsoras de reformas previdenciárias que se torna possível extrair a potencialidade do referido princípio ao buscar tutelar, para além da proteção de dogmas jurídicos, efetiva justiça prospectiva e intergeracional, umbilicalmente ligada à defesa do conteúdo de regras de transição, contra a supressão e o esvaziamento da confiança na regulação de situações pendentes em razão da sobreposição de reformas.

Assim sendo, torna-se inafastável esmiuçar as normas de transição elencadas nas emendas constitucionais nº 20/98, nº 41/03 e nº 103/19 e inferir, diferentemente da imutabilidade sistêmica, o imperativo da adequada e proporcional manutenção das legítimas expectativas geradas a partir das relações jurídicas previdenciárias de trato sucessivo.

Nesse cenário, o que se propõe é criar um raciocínio jurídico que promova a indissociável imbricação entre a qualificada existência de regras de transição alçadas a mecanismos protetivos derivados da tutela do direito intertemporal e a salvaguarda do legítimo direito previdenciário *expectado*, que impacta diretamente na credibilidade, na higidez e harmonia do próprio sistema jurídico, ao ponto de reverter a gradativa crise de representatividade e resguardar o pacto entre gerações.

## 1. BREVE HISTÓRICO ACERCA DAS REFORMAS PREVIDENCIÁRIAS

A reforma da previdência social reflete a mudança no ambiente interno e externo no tocante à responsabilidade do Estado na efetivação da proteção social. Desse processo, torna-se possível extrair uma causalidade circular consubstanciada em alterações de etapas e mecanismos provocadores de nova parametrização dos sistemas de proteção social.

Assim, as alterações promovidas no ambiente dos regimes próprios são direcionadas rumo à equiparação das regras aplicáveis ao regime geral de previdência social como regra geral, sem se atentar as diferenças no tocante às condições de trabalho e de renda e as variadas camadas de pessoas protegidas dentro dos regimes próprios de acordo com a data de sua vinculação aos sistemas previdenciários.

Revelado o cerne da crítica sistêmica e a pretensão da ideologia reformadora, não podemos olvidar e preponderar os fundamentos, valores e princípios básicos da Constituição Federal de 1988 (CRFB/88), independentemente, da Constituição estar num contexto de transição do Estado de Bem Estar Social (EBES), pois vem sendo reformada para se adequar ao modelo de Estado Neoliberal.

Portanto, extrai-se da Carta de 1988 o compromisso com um Estado Democrático de Direito; o compromisso com uma concepção humanística e social materializada na adoção do modelo de EBES e adoção dos valores sociais do trabalho e o compromisso com a concepção constitucional de direitos fundamentais da pessoa humana com adoção da dignidade da pessoa humana.

Interessante notarmos que a partir da EC 41 e 42/2003 há um forte movimento no sentido da equalização entre a proteção social previdenciária efetivada nos regimes básicos previdenciários[4]. Os sistemas de proteção social estão sendo questionados e reformados periodicamente sob o fundamento da necessária adequação da dívida pública gerando dificuldade para a efetivação de um planejamento de vida a médio e longo prazos pelos beneficiários do sistema por conta de sucessivas alterações constitucionais.

Reformar o sistema de proteção social não é condenável, pelo contrário, é necessário em face do dinamismo em que a sociedade está inserida, porém, o que se deve sempre observar nos movimentos de reforma é a busca pela preservação do cerne do modelo de proteção social que, no Brasil, pelo sistema de seguridade social, procura inevitavelmente garantir a justiça e o bem-estar social.

Muito embora a questão da existência atual do déficit da previdência social carregue certa polêmica em razão de divergências de critérios de apuração, em aspectos como a inclusão da previdência social no contexto maior da seguridade social e suas fontes de financiamento, inclusão ou exclusão dos valores referentes à DRU (Desvinculação das Receitas da União), a efetividade na cobrança da dívida ativa previdenciária e a desoneração da folha de pagamento há certo consenso sobre o problema da sustentabilidade dos sistemas de previdência social em médio e longo prazo haja vista problemas de ordem demográfica, especialmente atrelados ao envelhecimento da população brasileira e o aumento da expectativa de vida do brasileiro.

---

4. O Regime Geral e os Regimes Próprios são conhecidos como regimes básicos porque visam efetivar a proteção previdenciária dentro da linha denominada tutela de base como direito fundamental social. Os regimes básicos têm natureza institucional e são regidos por normas de direito público.

Acerca do envelhecimento populacional o importante é conhecer a realidade demográfica para que se possa fazer as alterações e ajustamentos seguindo os parâmetros demográficos. Interessante pontuarmos que no Brasil estamos diante do chamado "duplo envelhecimento", representado pelo envelhecimento demográfico no topo resultante do quantitativo de idosos na população total e pelo envelhecimento demográfico na base representado pela diminuição da proporção de jovens na população total, em decorrência da forte queda da taxa de natalidade (que afeta mais os regimes que adotam financiamento por repartição.

Tendo em vista que os nossos sistemas de previdência (RGPS e RPPS) são predominantemente de repartição simples, ou seja, baseados em um regime de solidariedade, no qual a população economicamente ativa financia as prestações devidas aos inativos e demais beneficiários do sistema, a diminuição da taxa de natalidade e o aumento da expectativa de vida (ou de sobrevida) da população inevitavelmente concorrerão para uma crise de sustentabilidade no futuro. A redução da base de contribuição (diminuição da quantidade de trabalhadores que servirá de suporte para os futuros inativos) e o aumento do tempo de recebimento dos benefícios (considerando o incremento da expectativa de vida) resultarão em dificuldades para a manutenção do equilíbrio financeiro do sistema.

Nesse contexto, visando mitigar a discussão sobre a insuficiência de recursos do sistema de seguridade social o princípio da diversidade da base de financiamento previsto no art. 194, parágrafo único, inciso VI, da CRFB/88, sofreu alteração para que se determine a identificação em rubricas contábeis específicas para cada área, as receitas e as despesas vinculadas a ações de saúde, previdência e assistência social, preservado o caráter contributivo da previdência social.

No sentido de otimizar os recursos visando o atingimento do equilíbrio financeiro e atuarial foram estabelecidas novas regras de cumulação de benefícios e pensão com aspecto quantitativo efetivado de forma específica.

Em relação aos regimes próprios, boa parte das situações preocupantes restaram solucionadas seja pelas medidas adotadas na EC nº 103/19 seja em relação às medidas adotadas na EC nº 20 e em especial na EC nº 41/03. O grande problema reside no estoque de servidores públicos que ingressaram nos quadros de carreira antes da EC nº 41/2003 e que não adeririam ao regime de previdência complementar do servidor público. Como em relação a estes remanesce o direito da integralidade e paridade, a EC nº 103/19 exigiu um realinhamento e extingui todas as regras de transição anteriores, estabelecendo novas regras de transição que alongam o acesso às aposentadorias voluntárias.

Durante a tramitação da PEC nº 06/19, que resultou na EC nº 103/19, acentuou-se a culpabilização do servidor público. Sendo certo que de maneira direta e central serão atingidos os servidores públicos, talvez com o aplauso de boa parte da sociedade, mas em segundo plano de maneira indireta será atingida toda a sociedade que verá a diminuição na qualidade dos serviços públicos, uma vez que a qualidade dos serviços públicos passa pela valorização (social, econômica) dos servidores públicos.

## 2. A SALVAGUARDA DAS REGRAS DE TRANSIÇÃO CONTEXTUALIZADAS NAS REFORMAS PREVIDENCIÁRIAS

Com a ressalva metodológica de propor uma análise da sucessão de reformas da previdência evidenciadas pelas Emendas Constitucionais nº 20/98, nº 41/03 e nº 103/19, abarcando a delimitação do recorte proposto no presente artigo, afeto aos impactos da sobreposição de regras de transição, necessário se faz, de forma descritiva, elencar e contextualizar o campo fático da abordagem proposta.

Projetada a delimitação e o recorte indicados, destaca-se o teor do artigo 9º da Emenda Constitucional nº 20 (BRASIL, 1998), que previu adequadamente a proteção dos direitos expectados, ao instituir período adicional de 20% do tempo de contribuição que, na data da publicação da referida norma, restaria incompleto para atingir o limite de tempo de 35 anos de contribuição para homens e 30 para as mulheres, conforme:

> Art. 9º – Observado o disposto no art. 4º desta Emenda e ressalvado o direito de opção a aposentadoria pelas normas por ela estabelecidas para o regime geral de previdência social, é assegurado o direito à aposentadoria ao segurado que se tenha filiado ao regime geral de previdência social, até a data de publicação desta Emenda, quando, cumulativamente, atender aos seguintes requisitos: (Revogado pela Emenda Constitucional nº 103, de 2019)

> I – contar com cinqüenta e três anos de idade, se homem, e quarenta e oito anos de idade, se mulher; (Revogado pela Emenda Constitucional nº 103, de 2019)
>
> II – contar tempo de contribuição igual, no mínimo, à soma de: (Revogado pela Emenda Constitucional nº 103, de 2019)
>
> a) trinta e cinco anos, se homem, e trinta anos, se mulher; e
>
> b) um período adicional de contribuição equivalente a vinte por cento do tempo que, na data da publicação desta Emenda, faltaria para atingir o limite de tempo constante da alínea anterior. (Revogado pela Emenda Constitucional nº 103, de 2019).

Assim, é possível visualizar a instituição de regras de transição que ao prever, a título de salvaguarda de direitos previdenciários expectados, o acréscimo de 20% do tempo de contribuição ajustados segundo os critérios estabelecidos no artigo 9º da Emenda Constitucional nº 20/98, tutela, além da segurança jurídica, verdadeira segurança social mediante absorção da proporcionalidade na fixação do denominado pedágio.

Ainda como desdobramento do imperativo das regras de transição como mecanismo indispensável do efetivo direito intertemporal, é possível apontar o artigo 2º, da Emenda Constitucional nº 41 (BRASIL, 2003), que promoveu a salvaguarda dos direitos previdenciários expectados, no âmbito de incidência do regime próprio de previdência dos servidores públicos, conforme:

> Art. 2º Observado o disposto no art. 4º da Emenda Constitucional nº 20, de 15 de dezembro de 1998, é assegurado o direito de opção pela aposentadoria voluntária com proventos calculados de acordo com o art. 40, §§ 3º e 17, da Constituição Federal, àquele que tenha ingressado regularmente em cargo efetivo na Administração Pública direta, autárquica e fundacional, até a data de publicação daquela Emenda, quando o servidor, cumulativamente:
>
> I – tiver cinqüenta e três anos de idade, se homem, e quarenta e oito anos de idade, se mulher;
>
> II – tiver cinco anos de efetivo exercício no cargo em que se der a aposentadoria;
>
> III – contar tempo de contribuição igual, no mínimo, à soma de:
>
> a) trinta e cinco anos, se homem, e trinta anos, se mulher; e

> b) um período adicional de contribuição equivalente a vinte por cento do tempo que, na data de publicação daquela Emenda, faltaria para atingir o limite de tempo constante da alínea a deste inciso.

Dessa forma, foi estabelecido também para os servidores públicos a proporcionalidade na fixação do adicional de tempo de contribuição, de acordo com o previsto no art. 2º, inciso III, alinha b, da Emenda constitucional nº 41 (BRASIL, 2003), como efetivo mecanismo da proteção das situações jurídicas configuradoras de legítimas expectativas de direito previdenciário dos servidores públicos, inclusive com isonômico percentual de majoração em relação ao regime geral de previdência social.

Assim, o Estado no relacionamento com os cidadãos cria compromissos públicos das mais variadas espécies inclusive com aquelas pessoas que se vinculam ao Estado via concurso público fazendo criar expectativas legítimas quanto ao seu cumprimento. Conquanto o sistema jurídico seja aberto, há de se respeitar um mínimo em relação ao que fora compromissado. Uma vez que a confiança é um ato básico da vida social e a ausência de confiança geraria uma espécie de pânico social (LUHMANN, 2005, p. 5).

O respeito ao princípio da confiança revela um legítimo Estado de Direito que garante a estabilidade das expectativas geradas em face de mudanças necessárias ao longo do tempo. Porém, tais modificações não devem desconsiderar as consequências dos atos individuais sob um contexto passado, até então autorizado. A sistematização do princípio da confiança coube a Hartmur Maurer (2006, p. 325) que destaca as situações e configurações em que o princípio da confiança deve ser aceito, a saber:

> Proteção à confiança deve ser então aceita, quando 1. o beneficiado confiou na existência do ato administrativo, 2. sua confiança é digna de proteção e 3. seu interesse de proteção perante o interesse público prepondera no restabelecimento da legalidade. A dignidade da proteção da confiança deve ser negada, (a) quando o beneficiado deixou o ato administrativo cair em desuso ou o obteve por outro meio desleal, (b) quando ele conhecia a antijuridicidade ou devesse conhecê-la ou (c) quando a antijuridicidade situa-se em seu âmbito de responsabilidade (por exemplo, porque ele deu declarações errôneas, em que é insignificante se nisso lhe toca uma culpa ou não). Ademais, em regra, proteção à confiança somente é concedida, quando o beneficiado 'atuou' sua confiança, ao ele tomar medidas ou disposições correspondentes (BVerwGE 24, 294, 296;

> comparar, porém, também – ainda duvidadora – BverwGE 48, 87,93). A ponderação conduz, em atos administrativos com efeito de duração, regularmente a isto, que o ato administrativo, sem dúvida, pode ser retratado ex nunc, mas não ex tunc. Mas também excepcionalmente pode uma retratação ex nunc ser inadmissível, ou seja, então, quando o beneficiado, em confiança na existência do ato administrativo, alterou suas condições de vida incisiva e duradouramente e não mais corrigível (...). Uma diferenciação correspondente entra em consideração junto a atos administrativos que, sem dúvida, têm como objeto uma prestação única, mas até agora somente em parte estão executados (retratação parcial, comparar BVerwGE 10, 308). Em decisões mais recentes, finalmente, ainda é direcionado a isto, se a retratação para o beneficiado é exigível (comparar BVerwGE 40, 147, 149).

Formuladas tais considerações, pertinente contextualizar o artigo 17 da Emenda Constitucional nº 103 (BRASIL, 2019), que promovendo a sobreposição normativa de regras de transição, revogou o artigo 9º da Emenda Constitucional nº 20/98 (BRASIL, 1998), bem como o artigo 2º da Emenda Constitucional nº 41 (BRASIL, 2003) gerando desproporção e desequilíbrio na fixação de novas regras de transição ao desconsiderar os direitos anteriormente regulados e expectados, conforme:

> Art. 17. Ao segurado filiado ao Regime Geral de Previdência Social até a data de entrada em vigor desta Emenda Constitucional e que na referida data contar com mais de 28 (vinte e oito) anos de contribuição, se mulher, e 33 (trinta e três) anos de contribuição, se homem, fica assegurado o direito à aposentadoria quando preencher, cumulativamente, os seguintes requisitos:
>
> I – 30 (trinta) anos de contribuição, se mulher, e 35 (trinta e cinco) anos de contribuição, se homem; e
>
> II – cumprimento de período adicional correspondente a 50% (cinquenta por cento) do tempo que, na data de entrada em vigor desta Emenda Constitucional, faltaria para atingir 30 (trinta) anos de contribuição, se mulher, e 35 (trinta e cinco) anos de contribuição, se homem.
>
> Parágrafo único. O benefício concedido nos termos deste artigo terá seu valor apurado de acordo com a média aritmética simples dos salários de contribuição e das remunerações calculada na forma da lei, multiplicada pelo fator previdenciário, calculado na forma do disposto nos §§ 7º a 9º do art. 29 da Lei nº 8.213, de 24 de julho de 1991.

Nesse contexto, inevitável inferir a desproporcionalidade e falta de razoabilidade na sobreposição normativa que imprime ao segurado do regime geral de previdência exigência "que trabalhe e contribua uma vez e meia (ou 150%) a mais daquele tempo que teria que trabalhar em comparação com o sistema anterior, ou seja, mais que o dobro que deveria trabalhar e contribuir" (CAMPOS, 2020, p. 114); e a tornar ainda mais palatável a argumentação da irrazoabilidade e da quebra da confiança, os efeitos sobre o regime próprio de previdência social exigem que o servidor "deva continuar ativo e contribuindo por cinco vezes mais o tempo do que aquele que teria que laborar se vigente a norma anterior" (CAMPOS, 2020, 114).

## 3. O NECESSÁRIO IMPERATIVO DAS REGRAS DE TRANSIÇÃO

A projeção da segurança jurídica não impõe a imutabilidade das garantias sociais, pois o sistema jurídico impulsionado pelos fatores reais de poder ou mesmo pela força do poder ideológico, ao demandar mudanças, exige novas estruturas normativas, respeitados os mínimos existenciais que pela argumentação da lógica jurídica podem ser racionalmente direcionados à obrigatória previsão das regras de transição.

Nessa perspectiva, o processo de reformas constitucionais, que envolvam a modificação de direitos e interpretações acerca dos direitos sociais[5] fundamentais[6], não se encontra acéfalo de garantias que assegurem pro-

5. José Afonso da Silva conceitua direitos sociais como: "dimensão dos direitos fundamentais do homem, são prestações positivas, enunciadas em normas constitucionais, que possibilitam melhores condições de vida dos mais fracos, direitos que tendem a realizar a igualização de situações sociais desiguais. São, portanto, direitos que se conexionam com o direito de igualdade. Valem como pressuposto do gozo dos direitos individuais na medida em que criam condições materiais mais propícias ao aferimento da igualdade real, o que, por sua vez, proporcional condição mais compatível com o exercício efetivo da liberdade". (SILVA, 1993, p. 258).

6. Os direitos sociais fundamentais são direitos de prestação em seu sentido estrito, ou seja, são direitos positivos gerais a ações fáticas do Estado. No plano da fundamentação filosófica os

teção aos direitos adquiridos e dos direitos previdenciários expectados, principalmente para efetivação da justiça social.

A partir dessa construção argumentativa, as regras de transição, projetado sobre o valor segurança, podem ser materialmente direcionadas para dispositivos normativos que: observem o caráter contributivo e o impacto nas regras de acesso e cálculo das prestações previdenciárias notadamente das aposentadorias voluntárias; estabeleçam mecanismos de proteção da relação de trabalho como por exemplo estímulo para oferta de empregos para população de trabalhadores com mais de 47 anos (políticas sociais de inclusão e educação laboral); estabeleçam melhorias efetivas no sistema de saúde da população em geral e no meio ambiente laboral; e essencialmente respeitem o valor da dignidade da pessoa.

O que se destaca no campo do imperativo das regras de transição pode ser traduzido como uma mentalidade ou potência cognitiva que exige, como desdobramento da segurança jurídica, uma justiça prospectiva que confira aos segurados e dependentes a devida "credibilidade e a eficiência que se atribui a um sistema previdenciário" (CAMPOS, 2020, p. 103), de tal modo que as legítimas expectativas em relação ao seguro sejam potencialmente realizáveis no momento da concretização dos riscos sociais.

Assim, o sistema jurídico brasileiro, ao interagir com a sucessão de leis no tempo, institui como dogma e direito fundamental a salvaguarda de "situações jurídicas" frente a regra geral da identificação da lei vigente e a correspondente produção dos efeitos (*ex tunc*), nos termos do artigo 5º, inciso XXXVI, da CRFB/88: "A lei não prejudicará o direito adquirido, o ato jurídico e a coisa julgada".

Ao identificar e delimitar com precisão a existência de fatos pendentes (*facta pendentia*), como objeto de um direito à transição previdenciária,

---

direitos sociais fundamentais são direitos humanos cujo caráter ideal (validade moral) são fortalecidos mediante sua positivação (validade jurídica). Com o reconhecimento dos direitos de segunda geração, o direito assume uma dimensão positiva não como forma de aceitar a intervenção do Estado na liberdade individual, mas como meio de proporcionar uma participação do bem-estar social. Com esta nova formatação de Estado, o direito à seguridade social passa a ser direito público subjetivo, pois uma vez não concedidas as prestações de seguridade social, o indivíduo pode requerê-las, exercitando o direito de ação.

torna-se inevitável recorrer à doutrina de Paul Roubier, e a identificação da atuação da lei sobre fatos nascidos no passado e que se prolongam para etapa posterior a da revogação da lei nova, inclusive com efeitos *ex nunc*, que afastam a retroatividade:

> A base fundamental da ciência dos conflitos de leis ao longo do tempo, é a distinção entre o efeito retroativo e o efeito imediato da lei. Parece um dado muito simples: o efeito retroativo é a aplicação no passado; o efeito imediato, a aplicação no presente; não parece muito difícil definir e distinguir esses dois momentos de duração. Se a lei pretende aplicar-se a fatos consumados (*facta praeterita*), é retroativo; se afirma aplicar situações em andamento (*facta pendetia*), será necessário estabelecer uma separação entre as partes posteriores, para o qual a nova lei, se for aplicada, nunca terá mais que um efeito imediato[7]. (ROUBIER, 1929, p. 371)

O desenvolvimento de um raciocínio jurídico que viabilize a existência de um imperativo das regras de transição encontra lastro no *obter dictum* de decisões do Supremo Tribunal Federal (STF), quando do julgamento da Ação Direita de Inconstitucionalidade (ADI) nº 3.104, que mesmo ao fixar a *ratio decidendi* de que não há direito adquirido, tido como "direito da pessoa à estabilidade em suas relações jurídicas" (ROCHA, 2004, p. 168), a regime jurídico, aponta para "a necessidade quase que imperativa de cláusula de transição" e a premente reflexão "sobre a insuficiência da teoria do direito adquirido, tal como adotamos, tendo em vista critérios de justiça material" (STF, ADI 3.104, p. 173)[8].

---

7. No original: "*La base fondamentale de la science des conflits de lois dans le temps, c'est la distinction de l'effet rétroactif et de l'effet immédiat de la loi. Cela paraît une donnée très simple : l'effet rétroactif, c'est l'application dans le passé ; l'effet immédiat, l'application dans le présent ; il ne paraît pas très malaisé de définir et de distinguer ces deux moments de la durée. Si la loi prétend s'appliquer à des faits accomplis (facta praeterita), elle est rétroactive; si elle prétend s'appliquer des situations en cours (facta pendentia), il faudra établir une séparation entre les parties postérieures, pour lesquelles la loi nouvelle, si elle doit s'appliquer, n'aura jamais qu'un effet immédiat*". (ROUBIER, 1929, p. 371).

8. A destacar importante trecho reflexivo acerca das considerações formuladas pelo Ministro Gilmar Mendes e Carlos Britto, quando do julgamento da ADI nº 3.104/DF: "outra é a situação para aquele que está em fim de carreira e, eventualmente, esperando cumprir os últimos dias, quando se dá a mudança do regime, eventualmente, acrescentando dez novos anos. Daí ter

## 4. A NATUREZA JURÍDICA DA SEGURANÇA E DAS REGRAS DE TRANSIÇÃO

O raciocínio jurídico até então estabelecido caminha pela lógica de reconhecer a necessidade sistêmica de, diante das sobreposições normativas, assegurar a segurança jurídica nas relações já consolidadas e nas situações jurídicas pendentes, como forma de se obter pacificação social e credibilidade na efetiva proteção dos direitos fundamentais e sociais pelo Estado (SARLET, 2015, p. 452)[9].

Ao se estabelecer uma preponderância da proteção como dever e finalidade do Estado projeta-se a segurança jurídica como específico *standard* suficiente e capaz de irradiar comportamentos protetivos das legitimas expectativas construídas e geradas, principalmente a partir das relações jurídicas previdenciárias, cujo processo aquisitivo se protrai no tempo e é inevitavelmente impactado pelas constantes reformas.

Assim, a segurança jurídica absorve um novo *status* quando seus efeitos afetam as relações jurídicas entre o Estado e os cidadãos, de tal forma que "a confiança é, pois, mais que o apelo à segurança da lei, é também mais que a boa-fé, embora a supunha; é credito social, é expectativa, legítima da ativa proteção da personalidade humana" (COSTA, 2004, p. 116); e como tal, integra o imperativo sistêmico da existência qualificada das regras de transição como produto resultante de um "estado de confiança" (KEYNES, 1936, p. 148), indispensável à obtenção da justiça social.

---

o Ministro Carlos Britto chamado a atenção para a **necessidade quase que imperativa de cláusula de transição**. Aqui no contexto, tivemos uma situação diversa, **a própria cláusula de transição já está a sofrer mudança**, porque estamos a falar de período muito longo. De modo, Senhora Presidente, com essas considerações, permitiria fazer registro da necessidade de **começarmos a refletir sobre a insuficiência da teoria do direito adquirido, tal como adotamos, tendo em vista critérios de justiça material**". (grifo nosso). (BRASIL, 2007).

9. A corroborar a umbilical interseção da efetiva proteção da dignidade e o desenvolvimento de uma credibilidade sistêmica: "Com efeito, a dignidade não restará suficientemente respeitada em todo lugar onde as pessoas estejam sendo atingidas por um nível de instabilidade jurídica que não estejam mais em condições de, com o mínimo de segurança e tranquilidade, confiar nas instituições sociais e estatais (incluindo o Direito) e numa certa estabilidade das suas próprias posições jurídicas". (SARLET, 2005, p. 452).

Aprofundando a análise do princípio da confiança e reportando a origem germânica do seu desenvolvimento, pertinente mencionar o posicionamento de Humberto Ávila, acerca da distinção dos princípios da confiança e da segurança:

> O princípio da proteção da confiança *(Vertrauensschutzprincip, principe de protection de la confiance légitime, principle of protection of legitimate expectations)* é diferenciado do princípio da segurança jurídica pelos seguintes critérios: (a) âmbito normativo – enquanto o princípio da segurança jurídica diz respeito ao ordenamento jurídico como um todo, focando o âmbito macrojurídico, o princípio da confiança legítima relaciona-se com um aspecto normativo do ordenamento jurídico, enfatizando um âmbito microjurídico; (b) âmbito pessoal – enquanto o princípio da segurança jurídica representa uma norma objetiva, não necessariamente vinculada a um sujeito específico, o princípio da confiança legítima protege o interesse de uma pessoa específica; (c) nível de concretização – enquanto o princípio da segurança jurídica refere-se, primordialmente, ao plano abstrato, o princípio da confiança legítima pressupõe o nível concreto de aplicação; (d) amplitude subjetiva de proteção – enquanto o princípio da segurança jurídica serve de instrumento de proteção de interesses coletivos, o princípio da proteção da segurança jurídica é neutro com relação ao interesse dos cidadãos, podendo tanto ser usado em seu favor quanto em seu desfavor, o princípio da proteção da confiança só é utilizado com a finalidade de proteger os interesses daqueles que se sentem prejudicados pelo exercício passado de liberdade juridicamente orientada (ÀVILA, 2012, p. 368-369).

Como fruto dessa irradiação do valor segurança jurídica, não por outra razão, a lei de introdução às normas de direito brasileiro previu nos artigos 23 e 24, do Decreto-Lei nº 4.657/42 (BRASIL, 1942)[10], modifi-

10. Art. 23 da LINDB: A decisão administrativa, controladora ou judicial que estabelecer interpretação ou orientação nova sobre norma de conteúdo indeterminado, impondo novo dever ou novo condicionamento de direito, deverá prever regime de transição quando indispensável para que o novo dever ou condicionamento de direito seja cumprido de modo proporcional, equânime e eficiente e sem prejuízo aos interesses gerais; e art. 24 da LINDB: A revisão, nas esferas administrativa, controladora ou judicial, quanto à validade de ato, contrato, ajuste, processo ou norma administrativa cuja produção já se houver completado levará em conta as orientações gerais da época, sendo vedado que, com base em mudança posterior de orientação geral, se declarem inválidas situações plenamente constituídas. Parágrafo único.

cado pela Lei 13.655 de 25 de abril de 2018, o imperativo das regras de transição e a possibilidade da modulação dos efeitos das leis vigentes.

Nos mesmos termos, relativamente aos artigos 23 e 24 da lei de introdução às normas de direito brasileiro, pertinente abordagem de Tereza Arruda Alvim (2018) ao identificar os institutos de adequação temporal das decisões e leis a partir da possibilidade da modulação dos seus próprios efeitos, conforme:

> [...] nos artigos 23 e 24, a nova lei diz algo de extrema relevância e quanto à alteração de posição da jurisprudência. O artigo 23 estabelece que a decisão, a respeito do tem X, que adota orientação diferente daquela que vinha sendo adotada pelas decisões anteriores do mesmo órgão, deve conter, em si mesma, regime de transição quanto à incidência dos efeitos que dela decorrem quando isso for indispensável para concretização do princípio da confiança e da segurança jurídica. [...] O artigo 24, por sua vez, tem o alcance que, a nosso ver, deve ser efetivamente atribuído ao instituto da modulação. Diz que, quando o Judiciário revê certo ato, contrato, ajuste etc., que tenha se completado à luz de "orientações gerais da época", para se verificar da sua validade, devem-se levar em conta, como parâmetro, exatamente as orientações urgentes à época da ocorrência do ato, do contato etc., e não aquelas decorrentes de mudança de posicionamento posterior. No parágrafo único desse mesmo dispositivo, consta que estas "orientações gerais" compreendem a "jurisprudência judicial". Parece-nos, portanto, que este dispositivo significa que, aquele que agiu reiteradamente com base em orientação pacificada dos tribunais, a respeito do sentido de certa norma jurídica, quando tem seus atos avaliados pelo Judiciário, quanto à sua validade, faz jus a que seja julgado à luz dos parâmetros existentes à época em que a conduta se realizou, ainda que a orientação deste mesmo tribunal tenha sido alterada.

Nesse contexto, a considerar o regramento acima apresentado como derivado da positivação que somatiza reflexões doutrinárias e sistêmicas, é possível classificar as regras de transição como um "poder-dever" criado como regime de proteção dentro do direito intertemporal, que reflete um

---

Consideram-se orientações gerais as interpretações e especificações contidas em atos públicos de caráter geral ou em jurisprudência judicial ou administrativa majoritária, e ainda as adotadas por prática administrativa reiterada e de amplo conhecimento público. (Incluído pela Lei nº 13.655, de 2018). (grifo nosso). (BRASIL, 1942).

padrão interpretativo cuja aplicabilidade incide sobre as relações jurídicas derivadas de uma complexa realidade, regulada por uma hipertrofia normativa, conforme destaca José Eduardo Faria (2010, p. 47):

> Outra limitação estrutural do direito positivo e de suas instituições judiciais diz respeito à discrepância entre seu perfil arquitetônico e a crescente complexidade do mundo contemporâneo. Suas normas tradicionalmente padronizadoras, com sequências lógicas e binárias, editadas com base nos princípios da impessoalidade, da generalidade, da abstração e do rigor semântico e organizadas sob a forma de um sistema fechado, coerente e postulado como isento de lacunas e antinomias, são singelas demais tanto para apreender quanto para dar conta de uma pluralidade de situações sociais, econômicas, políticas e culturais cada vez mais funcionalmente diferenciadas.

Ainda como desdobramento que vincula a existência de regras de transição para efetivação do valor afeto à segurança, o sistema jurídico prevê dispositivos processuais que resguardam aspectos do direito intertemporal, na previsão da modulação dos efeitos e das consequências jurídicas resultantes da alteração de entendimentos, "evitando surpresas, mudanças drásticas, cavalos-de-pau hermenêuticos" (NETO, 2018, p. 107).

Portanto, a necessária existência das regras de transição, assim como dos dispositivos normativos previstos no art. 525, § 12 e § 13, do CPC (BRASIL, 2015)[11]; art. 927, § 3º, do CPC (BRASIL, 2015)[12] e no art. 27

11. Art. 525 do CPC: Transcorrido o prazo previsto no art. 523 sem o pagamento voluntário, inicia-se o prazo de 15 (quinze) dias para que o executado, independentemente de penhora ou nova intimação, apresente, nos próprios autos, sua impugnação. § 12. Para efeito do disposto no inciso III do § 1º deste artigo, **considera-se também inexigível a obrigação** reconhecida em título executivo judicial fundado em lei ou ato normativo considerado inconstitucional pelo Supremo Tribunal Federal, ou fundado em aplicação ou interpretação da lei ou do ato normativo tido pelo Supremo Tribunal Federal como incompatível com a Constituição Federal, em controle de constitucionalidade concentrado ou difuso. (grifo nosso). (BRASIL, 2015).

12. Art. 525. Transcorrido o prazo previsto no art. 523 sem o pagamento voluntário, inicia-se o prazo de 15 (quinze) dias para que o executado, independentemente de penhora ou nova intimação, apresente, nos próprios autos, sua impugnação. § 13. No caso do § 12, os efeitos

da Lei 9.868/99 (BRASIL, 1999)[13], ao instituírem a possibilidade da modulação dos efeitos com estabelecimento de condicionante temporal para vigência de lei nova em face de relações jurídicas pendente, integram um microssistema de direito intertemporal que busca salvaguardar a segurança jurídica como valor que irradia efeitos, inclusive para a proteção e a promoção da confiança em um sistema jurídico que respeite os direitos previdenciários expectados.

## 5. A PROPORCIONALIDADE DAS REGRAS DE TRANSIÇÃO COMO ESSÊNCIA DO EQUILÍBRIO SISTÊMICO

É exatamente na preservação da existência de regras de transição e avançando no conteúdo dessas regras, quando existentes, na sua proporcionalidade é que reside a concretude da otimização sistêmica, almejada pelos princípios da boa-fé objetiva e da proteção e promoção da confiança, como mecanismos instrumentais a delimitar a essência da credibilidade do segurado, extraída da efetiva proteção das suas próprias relações jurídicas de trato sucessivo.

Assim, não se torna possível a existência de regras de transição cujo conteúdo imponha gravames maiores ao segurado, que almeja a realização de suas legitimas expectativas, em relação às novas regras impostas na reforma efetivada, pois as regras de transição existentes devem absorver a proporcionalidade e um campo axiológico mínimo que viabilize ao hermeneuta uma interpretação favorável às expectativas realizáveis.

O respeito ao exercício de direitos minimamente configuradores das liberdades foi bem traduzido por Marshall, ao desenvolver um novo

da decisão do Supremo Tribunal **Federal poderão ser modulados no tempo, em atenção à segurança jurídica**. (grifo nosso). (BRASIL, 2015).

13. Art. 27. Ao declarar a inconstitucionalidade de lei ou ato normativo, e tendo em vista razões de segurança jurídica ou de excepcional interesse social, **poderá** o Supremo Tribunal Federal, por maioria de dois terços de seus membros, **restringir os efeitos** daquela declaração **ou decidir que ela só tenha eficácia a partir de** seu trânsito em julgado ou de outro momento que venha a ser fixado. (BRASIL, 1999).

conceito de cidadania que traduzisse a efetivação de uma participação cidadã, aliando direitos civis (as liberdades individuais), direitos políticos e direitos sociais, estes últimos "tudo o que vai desde o direito a um mínimo de bem-estar econômico e segurança, ao direito de participar, por completo, na herança social e levar a vida de um ser civilizado de acordo com os padrões que prevalecem na sociedade" (MARSHAL, 1967, p. 63).

A corroborar o desenvolvimento do raciocínio jurídico que delimite a existência de padrões interpretativos mínimos que sirvam de bússola protetiva do valor segurança jurídica; e a proporcionalidade do imperativo das regras de transição, de tal modo que sua existência e essência não sejam instrumentalmente esvaziadas, pertinente o embasamento formulado por Victor Souza (2018, 263, p. 280), conforme:

> Há, portanto, que se estabelecer parâmetros interpretativos mínimos, que servirão como norte ao agente estatal, a fim de avaliar se sua conduta, ainda que justificada na autotutela e no interesse público em anular atos estatais, revisitá-los ou limitá-los, extrapolou limites e desrespeitou a segurança jurídica, especialmente a confiança do indivíduo e da sociedade no próprio Estado.[...] Essas regras de transição, por sua vez, precisam estar conectadas com a realidade que até então vigia, e não faz sentido que sejam regras de transição piores que as normas novas, já mais severas que as normas antigas, pois, dessa forma, estará sendo ofendida a proporcionalidade exigida para o regime de transição, conforme art. 23 da LINDB.

Ao se efetivar a proteção do aspecto social da segurança jurídica, a partir da tutela dos direitos gerados e expectados pelas relações jurídicas de trato sucessivo vinculadas ao sistema jurídico previdenciário, em última análise, é que se realiza verdadeira consolidação do Estado Democrático de Direito, consubstanciado na efetivação da justiça social, prevista no artigo 3º, I, da Constituição da República Federativa do Brasil (CRFB/88).

Por conseguinte, ganha relevo o efeito *cliquet* ou princípio da vedação ao retrocesso social aplicado à dinâmica da sobreposição normativa, que esvazia o conteúdo essencial dos direitos fundamentais, inviabilizando a efetividade da proteção aos legítimos direitos expectados, que por consequência inauguram uma "interferência na equidade intergeracional no âmbito previdenciário" (MEDICI; HORVATH JR, 2021, 102), ao se inviabilizar o mínimo de proteção social efetivado pela previsão razoável das regras de transição.

## 6. A BUSCA DA HARMONIZAÇÃO DO PACTO ENTRE GERAÇÕES

O equilíbrio sistêmico almejado pela realização proporcional do imperativo das regras de transição possui ainda um objetivo mediato, que encontra identidade com a harmonia e credibilidade do próprio sistema previdenciário brasileiro, premissa inafastável de um contínuo e duradouro pacto entre as gerações.

Nessa lógica, a efetiva proteção e promoção da confiança na tutela das situações jurídicas pendentes e iminentes, efetivadas pelas regras de transição, é também garantia da essência de um sistema de seguridade social, pautado no princípio da solidariedade, nos termos do art. 3º, inciso I, da CRFB/88 (BRASIL, 1988)[14], ao estabelecer os objetivos fundamentais da República Federativa do Brasil.

Pertinente, nessa abordagem, a doutrina de Miguel Horvath Júnior (2022, p. 65) acerca do princípio da solidariedade:

> Solidariedade social significa a contribuição do universo dos protegidos em benefício da minoria. Precisamos eliminar a ideia de que os benefícios previdenciários só são concedidos a quem está em situação de impossibilidade de obtenção de recursos para sustento pessoal e de sua família, pois isso não corresponde à totalidade das situações. O sistema protetivo visa amparar necessidades sociais que acarretem a perda ou a diminuição dos recursos, bem como situações que provoquem o aumento de gastos. No momento da contribuição, é a sociedade quem contribui; no momento da percepção da prestação, é o indivíduo quem usufrui. Daí vem o pacto de gerações ou princípio da solidariedade entre gerações. Os não necessitados de hoje, contribuintes, serão os necessitados de amanhã, custeados por novos necessitados que surjam.

14. Artigo 3º, inciso I, da CRFB/88: "Constituem objetivos fundamentais da República Federativa do Brasil: I – construir uma sociedade livre, justa e solidária". (BRASIL, 1988).

Consolidada a realização dos comandos cooperativos essenciais para configuração do princípio da solidariedade, respeitar a normatização das proporcionais regras de transição é premissa inafastável para realização preambular de uma sociedade fraterna, sem a qual restaria configurado ruído sistêmico suficiente a gerar convicção da injustiça da reforma intergeracional aplicada. A corroborar a delimitação conceitual da almejada sociedade fraterna ganha destaque:

> Sociedade fraterna é, então, a Sociedade que tem como bem social o sentido da existência do humano. É o tipo de Sociedade construída por pessoas humanas estimuladas a perceber o sentido da própria existência e, porque percebem o sentido da própria existência, adotam modos de vida que dão sentido a existência do humano e sua continuidade no tempo e espaço da biosfera. Logo, a Sociedade fraterna é uma Sociedade com vistas para o futuro, uma expressão equivalente a Sociedade do humano, na qual o humano é o sentido relacional de pensar e agir da pessoa humana. Esta é a Sociedade a ser considerada pelo constitucionalismo brasileiro para atender o mandamento constitucional (SILVA, BRANDÃO, 2015, p. 151.).

Em outras palavras, independentemente dos ajustes políticos e econômicos motivadores das reformas previdenciárias implementadas, o duplo aspecto do valor segurança jurídica, na perspectiva das promessas e nas mínimas garantias sobre os direitos expectados, defendido por Alex Gosseries (2015, p. 208) devem sempre ser observados, conforme:

> O argumento dos direitos adquiridos assenta sobre, pelo menos duas premissas. A primeira – factual – diz que a promessa feita aos reformados era a de prestações com um nível garantido antecipadamente [...]. Contudo, a segunda premissa – desta vez normativa – consiste em afirmar que, em princípio qualquer promessa tem que ser cumprida e que, seja como for, as circunstâncias próprias do caso das pensões não permitem que se derrogue esse princípio.

O que se percebe é que respeitar incondicionalmente o imperativo das regras de transição, sem sobressaltos hermenêuticos ou sobreposições normativas que esvaziem o conteúdo essencial dos direitos previdenciários expectados, encontra singularidade com o mínimo existencial que reflita a basilar credibilidade de que os segurados e os dependentes encontrem efetiva tutela dos riscos sociais eventualmente realizáveis e mais, ter fé de que vale a pena continuar contribuindo para o próprio sistema.

O desdobramento do pensamento silogístico proposto permite concluir que as regras de transição devem ser criadas de forma a evitar um contínuo estado de surpresa e de modificação o que impediria qualquer tipo de planejamento de vida ou condicionante de um estado de pacificação social, indispensável como "regra de fechamento sistêmico", conforme posicionamento de Antônio do Passo Cabral (2013, p. 535):

> Sempre que se concluir pela necessidade da mudança, deve-se procurar atenuar o impacto da modificação. Nesse contexto, imperioso é indagar a respeito de mecanismos compensatórios para a superação da estabilidade, que funcionarão como regra de fechamento sistêmico para o formato da segurança-continuidade. Técnica compensatória interessante, que permite a mudança do ato processual e combate os efeitos deletérios que a alteração pudesse trazer, corresponde à edição de regras de transição. O estabelecimento de regras de transição vem sendo, na última década, referido como uma grande característica do Estado contemporâneo. No quadro das atuais atribuições estatais, a mudança e a adaptação de posições jurídicas passaram a ser aspectos essenciais. Todavia, ao mesmo tempo, deve-se garantir segurança jurídica, e é a procura pelo ponto ótimo entre mudança e estabilidade que justifica a formulação de regras transicionais. Conhecidas na prática legislativa, as regras de transição começam a ser estudadas no campo das decisões da jurisdição constitucional e administrativa, e pensamos que possam ser aplicadas à atividade jurisdicional em geral e, portanto, ao processo civil.

Conquanto o sistema jurídico seja aberto e sujeito a calibrações alguns limites devem ser observados no momento de sua alteração ou recalibração devendo ser aplicado o princípio da confiança. A eliminação das regras de transição no ambiente dos Regimes Próprios de Previdência Social implica ferimento ao princípio da segurança jurídica e da confiança. Segundo Vitor Souza (2018, p. 279, 280):

> Nenhum agente estatal pode adotar interpretação ou impor novas condições ao exercício de um direito que sejam mais gravosas aos indivíduos e que não prevejam regras de transição para alguma alteração substancial de seus entendimentos, sob pena de ofensa à confiança que o cidadão depositava no entendimento até então vigente. [...] ao legislador não é permitido inovar o ordenamento com graves e relevantes endurecimentos de requisitos legais para a concessão de benefícios previdenciários, sem a previsão de qualquer regra de transição adequada, exatamente como estava pretendendo fazer com trabalhadores celetistas (especialmente no que atine à nova forma de cálculo pretendida ) e servidores públicos que

> estavam em vias de se aposentar, nos termos da legislação em vigor, com o direito à integralidade e à paridade sem idade mínima lata, ou coma nova fórmula de cálculo de aposentadorias e pensões ( que é muito pior que a atual e se aplicará imediatamente, a partir de eventual e futura Emenda Constitucional , sem qualquer regra de transição

Dessa forma, é possível sustentar que garantir a efetiva proporcionalidade das regras de transição reflete aspecto da dignidade humana (NUNES JÚNIOR, 2009, p. 112)[15] cuja fração delimitada no inegociável mínimo existencial, traz harmonia ao sistema jurídico e para tanto, exige do Estado conduta proativa na tutela dos aspectos do direito intertemporal, que assegure proteção aos direitos previdenciários expectados.

## 7. CONSIDERAÇÕES FINAIS

Pensar o sistema jurídico previdenciário pelo enfoque da complexidade das relações jurídicas constituídas, pendentes e iminentes exige do Estado a utilização de mecanismos adequados a salvaguarda de direitos adquiridos e das situações jurídicas expectadas, de forma a preponderar o valor justiça em detrimento do formalismo do *tempus regit actus*.

A considerar a premissa do poder-dever do Estado no desenvolvimento de um campo axiológico mínimo de salvaguarda dos direitos previdenciários expectados, sustenta-se o imperativo da necessária existência de regras de transição como condição da obtenção de um resultado social que traga equilíbrio e harmonia ao próprio sistema previdenciário.

Sustentar a tutela das legítimas expectativas geradas a partir de relações previdenciárias de trato sucessivo vai ao encontro da efetivação do

15. Nesse sentido: "Como valor absoluto, a noção da dignidade há de interagir o núcleo irredutível de qualquer direito predisposto à proteção do ser humano. Desse modo, a noção de dignidade não pode ficar adstrita à de autodeterminação, pois, por ser valor absoluto, que não deve ser mitigado frente a outros interesses, a dignidade deve ser preservada também por ação positiva, quer frente ao Estado, quer frente ao Estado, quer frente a particularidades". (NUNES JÚNIOR, 2009, p. 112).

valor segurança jurídica, fortalece a credibilidade de uma justiça intergeracional e gera uma mentalidade da existência de uma efetiva proteção e promoção da confiança, sem que sejam caracterizados atos contraditórios pelo Estado (*venire contra factum proprium*)[16].

Portanto, garantir a referida proteção pode representar um ponto de alavancagem[17] para o fortalecimento do sistema previdenciário, com a confiança e a segurança de que integrar e participar das relações jurídicas previdenciárias é sinônimo de efetiva cobertura dos riscos sociais, ainda que expectados. E com tal mentalidade gerar um círculo virtuoso que reverbere o fortalecimento do próprio sistema, pautado no aumento da base arrecadatória e na proporcional diminuição da informalidade e do assistencialismo.

## REFERÊNCIAS

ALVIM, Tereza Arruda. Um olhar sobre a modulação a partir da Lei 13.655/2018. *Consultor Jurídico*, São Paulo, ano 25, 2 maio 2018. Disponível em: https://www.conjur.com.br/2018-mai-02/teresa-arruda-alvim-modulacao-olhar-partir-lei-13655. Acesso em: 24 nov. 2022.

ÁVILA, Humberto. *Segurança jurídica*: entre permanência, mudança e realização no direito tributário. 2. ed. São Paulo: Malheiros, 2012.

BRASIL. [Constituição (1988)]. *Constituição da República Federativa do Brasil*. Brasília, DF: Presidência da República, [2020]. Disponível em: https://legislacao.presidencia.gov.br/atos/?tipo=CON&numero=&ano=1988&ato=b79QTWE1EeFpWTb1a. Acesso em: 25 nov. 2022.

16. Pertinente mencionar trecho destacado do seguinte precedente: "Ressalta-se que a ninguém é dado criar e valer-se de situação enganosa, quando lhe for conveniente e vantajoso, e posteriormente voltar-se contra ela quando não mais lhe convier, objetivando que seu direito prevaleça sobre o de quem confiou na expectativa gerada, ante o princípio do *nemo potis venire contra factum proprium*". STJ, 4ª Turma, REsp 1.154.737/MT, Rel. Min. Luís Felipe Salomão, julgado em 21/10/2010, Dje 07/02/2011.

17. O pensamento sistêmico também mostra que pequenas atitudes bem focalizadas podem produzir melhorias significativas e duradouras, desde que atuem no lugar certo. Os pensadores sistêmicos referem-se a esse princípio como "alavancagem". (SENGE, 2019, p. 121).

BRASIL. [Constituição (1988)]. *Emenda Constitucional nº 20, de 15 de dezembro de 1998.* Modifica o sistema de previdência social, estabelece normas de transição e dá outras providências. Brasília, DF: Presidência da República, [2020]. Disponível em: http://www.planalto.gov.br/ccivil_03/constituicao/emendas/emc/emc20.htm. Acesso em: 19 nov. 2022.

BRASIL. [Constituição (1988)]. *Emenda Constitucional nº 41, de 19 de dezembro de 2003.* Modifica os arts. 37, 40, 42, 48, 96, 149 e 201 da Constituição Federal, revoga o inciso IX do § 3 do art. 142 da Constituição Federal e dispositivos da Emenda Constitucional nº 20, de 15 de dezembro de 1998, e dá outras providências. Brasília, DF: Presidência da República, [2020]. Disponível em: http://www.planalto.gov.br/ccivil_03/constituicao/emendas/emc/emc41.htm. Acesso em: 20 nov. 2022.

BRASIL. *Decreto-Lei nº 4.657, de 4 de setembro de 1942.* Lei de Introdução às Normas do Direito Brasileiro. Brasília, DF: Presidência da República, [2010]. Disponível em: http://www.planalto.gov.br/ccivil_03/decreto-lei/del4657compilado.htm. Acesso em: 24 nov. 2022.

BRASIL. *Lei nº 9868, de 10 de novembro de 1999.* Dispõe sobre o processo e julgamento da ação direta de inconstitucionalidade e da ação declaratória de constitucionalidade perante o Supremo Tribunal Federal. Brasília, DF: Presidência da República, [1999]. Disponível em: https://www.planalto.gov.br/ccivil_03/leis/l9868.htm#:~:text=LEI%20No%209.868%2C%20DE%2010%20DE%20NOVEMBRO%20DE%201999.&text=Disp%C3%B5e%20sobre%20o%20processo%20e,perante%20o%20Supremo%20Tribunal%20Federal. Acesso em: 26 nov. 2022.

BRASIL. *Lei nº 13.105, de 16 de março de 2015.* Código de Processo Civil. Brasília, DF: Presidência da República, [2020]. Disponível em: https://www.planalto.gov.br/ccivil_03/_ato2015-2018/2015/lei/l13105.htm. Acesso em: 26 nov. 2022.

BRASIL. Supremo Tribunal Federal. *Ação Direta de Inconstitucionalidade nº 3.104-0.* Constitucional. Previdenciário. Art. 2º e expressão "8ª" do art. 10, ambos da Emenda Constitucional nº 41/2003. Aposentadoria. *Tempus regit actum.* Regime jurídico. Direito adquirido: não ocorrência. Relatora: Min. Cármen Lúcia. Requerente: Associação Nacional dos Membros do Ministério Público – CONAMP. Requerido: Congresso Nacional. DJE nº 139. Divulgação: 8 de novembro de 2007. Publicação: 9 de novembro de 2007. Brasília, DF: Supremo Tribunal Federal, [2007]. Disponível em: https://redir.stf.jus.br/paginadorpub/paginador.jsp?docTP=AC&docID=493832. Acesso em: 26 nov. 2022.

CABRAL, Antônio do Passo. *Coisa julgada e preclusões dinâmicas:* entre continuidade, mudança e transição de posições processuais estáveis. Salvador: Juspodivm, 2013.

CAMPOS, Marcelo Barroso Lima Brito de. Superposição de regras de transição nas reformas constitucionais da previdência social brasileira. *Revista de Direitos Sociais, Seguridade e Previdência Social,* Florianópolis, v. 6, n. 1, p. 101-122. jan./jun. 2020.

COSTA, Judith Martins. A ressignificação do princípio da segurança jurídica na relação entre o Estado e os cidadãos: a segurança como crédito de confiança. *Revista CEJ*, Brasília, n. 27, p. 110-120, out./dez. 2004.

FARIA, José Eduardo. *Sociologia jurídica:* direito e conjuntura. 2. ed. São Paulo: Saraiva, 2010.

GOSSERIES, Axel. *Pensar a justiça entre as gerações.* Coimbra: Almedina, 2015.

HORVATH JR., Miguel. *Direito previdenciário.* 13. ed. São Paulo: Rideel, 2022.

HORVATH JR., Miguel. Teorias disruptivas: uma contextualização previdenciária-laboral. *In*: ALMEIDA, Tatiana Conceição Fiore de. *Uma crise além dos direitos sociais.* 1. ed. Campinas, SP: Lacier, 2021. p. 129-133.

KEYNES, J. M. *The general theory of employment, interest and money.* New York: Harcourt, Brace and Company, 1936.

LUHMANN, Nikla. *Confianza.* Barcelona, Espanha: Anthropos, 2005.

MARQUES NETO, Floriano de Azevedo. Artigo 23 da LINDB: o equilíbrio entre mudança e previsibilidade na hermenêutica jurídica. *Revista de Direito Administrativo*, Rio de Janeiro, p. 93-112, nov. 2018. Edição especial.

MARSHALL, T. H. *Cidadania, Classe Social e Status.* Rio de Janeiro: Zahar, 1967.

MAURER, Hartmut. *Direito administrativo geral.* Barueri: Manole, 2006.

NUNES JÚNIOR, Vidal Serrano. *A cidadania social na Constituição de 1988*: estratégias de positivação e exigibilidade judicial dos direitos sociais. São Paulo: Verbatim, 2009.

ROCHA, Cármen Lúcia Antunes (coord). *Constituição e segurança jurídica:* direito adquirido, ato jurídico perfeito e coisa julgada. Belo Horizonte: Fórum, 2004.

ROUBIER, Paul. *Les conflits de lois dans le temps*: (théorie dite de la non-rétroactivité des lois). Paris: Librairie du Recuiel Sirey, 1929.

SARLET, Ingo Wolfgang. *Eficácia dos direitos fundamentais*: uma teoria dos direitos constitucionais na perspectiva constitucional. Porto Alegre: Livraria do Advogado, 2005.

SENGE, Peter. *A quinta disciplina:* a arte e prática da organização que aprende. Tradução de Gabriel Zide Neto. Rio de Janeiro: Best Seller, 2019.

SILVA, De Plácido e. *Vocabulário jurídico*. Rio de Janeiro: Forense, 1975. t. 2.

SILVA, Ildete Regina Vale da; BRANDÃO, Paulo de Tarso. *Constituição e fraternidade*: o valor normativo do preâmbulo da constituição. Curitiba: Juruá, 2015.

SILVA, José Afonso da. *Curso de direito constitucional positivo*. 9. ed. São Paulo: Malheiros, 1993.

SOUZA, Victor. *Proteção e promoção da confiança no direito previdenciário*. Curitiba: Alteridade, 2018.

# 11

# A REFORMA DA PREVIDÊNCIA SOCIAL E OS ELEMENTOS PROBATÓRIOS PARA COMPROVAÇÃO DO EXERCÍCIO DA ATIVIDADE RURAL PELO SEGURADO ESPECIAL: REFLEXOS PROCESSUAIS NA ATUAÇÃO DO ADVOGADO PÚBLICO

*Rodrigo Araújo Ribeiro*[1]

**SUMÁRIO:** Introdução – 1. Segurado especial, exercício de atividade rural e benefícios previdenciários – 2. Comprovação do exercício de atividade rural – 3. Reflexos processuais da reforma previdenciária na atuação do advogado público – 4. Conclusão – Referências.

1. Procurador Federal em Belo Horizonte/MG. Coordenador da EAGUMG (1° Região). Mestre em Direito Tributário pela UFMG e Doutor em Direito Público pela Pontifícia Universidade Católica de Minas Gerais.

## INTRODUÇÃO

A Emenda 103/2019 à Constituição Federal de 1988, de 12 de novembro de 2019[2], inaugurou a maior reforma constitucional dentro do atual sistema previdenciário brasileiro, em especial do seu Regime Geral.

A reforma constitucional não trouxe significativas alterações para o segurado especial do RGPS com previsão infraconstitucional no artigo 12, VII, da Lei 8.212/91[3].

Entretanto, a minirreforma previdenciária trazida pela lei 13.846, de 18 de junho de 2019, alterou e acrescentou vários dispositivos previstos na Lei 8.213/91, notadamente o art. 38 A e B[4], que prevê a manutenção do Sistema de Cadastro dos Segurados Especiais no CNIS – Cadastro Nacional de Informações Sociais.

Buscar-se-á, neste artigo, trazer à baila como esta inovação legislativa alterou a comprovação do exercício de atividade rural para os segurados especiais bem como o seu reflexo processual na atuação do Advogado Público.

Antes, porém, far-se-á necessário tecer um breve panorama em torno do segurado especial, o exercício de sua atividade rural e os benefícios garantidos pela Previdência Social a este segurado.

## 1. SEGURADO ESPECIAL, EXERCÍCIO DE ATIVIDADE RURAL E BENEFÍCIOS PREVIDENCIÁRIOS

A principal classificação dos segurados os divide em segurados obrigatórios e segurados facultativos.

Os segurados obrigatórios, listados no artigo 12, da lei 8.212/91, sendo repetidos no artigo 11, da lei 8.213/91, com regulamentação no

---

2. Disponível em: https://www.planalto.gov.br/ccivil_03/Constituicao/Emendas/Emc/emc103.htm.

3. Disponível em: https://www.planalto.gov.br/ccivil_03/LEIS/L8212cons.htm.

4. Disponível em: https://www.planalto.gov.br/ccivil_03/Leis/L8213cons.htm.

artigo 9º do decreto 3.048/99, são aqueles indivíduos que desempenham uma atividade laboral remunerada, que não esteja abarcada por um Regime Próprio de Previdência Social dos Servidores (RPPS).

Para os segurados obrigatórios, a vinculação com o regime previdenciário é compulsória, independe da vontade e decorre do exercício da atividade laboral remunerada.

Segundo a legislação previdenciária, segurados obrigatórios são os empregados, empregados domésticos, trabalhadores avulsos, contribuinte individual e o segurado especial.

Os segurados especiais são uma espécie do gênero trabalhadores rurais e, como trabalhadores rurais, encontram-se também os empregados rurais, os contribuintes individuais rurais e os avulsos rurais.

A disciplina relativa ao segurado especial está prevista no art. 11, inciso VII, da Lei de Benefícios, lei 8.213/91, com seus detalhamentos nos §§ 6º a 12.

Em resumo, os segurados especiais são os pequenos produtores rurais, os extrativistas, os pescadores que trabalham sozinhos ou com a família, exercendo essa atividade em caráter essencial para sua subsistência.

Os segurados especiais, portanto, são pessoas físicas residentes em imóvel rural ou em aglomerado urbano ou rural próximo do local de trabalho que trabalham individualmente ou em regime de economia familiar, ainda com auxílio eventual de terceiros a título de mútua colaboração.

Neste contexto, podem ainda exercer trabalho urbano intercalado, desde que seja esporádico como, por exemplo, num período de entressafra. A Lei de Benefícios considera esse trabalho urbano possível, desde que seja até 120 (cento e vinte) dias no ano.

Estes indivíduos devem exercer esse trabalho em caráter essencial para sua subsistência, na condição de pequenos produtores rurais, extrativistas ou pescadores artesanais, sendo que pescadores artesanais são aqueles sem embarcação ou embarcação de pequeno porte.

E, quando o trabalho for em regime de economia familiar, isso pode englobar, nesse auxílio mútuo, o cônjuge ou companheiro, o filho ou equiparado maior de 16 anos que trabalhe efetivamente com o grupo familiar, com participação ativa no grupo familiar, sendo estas as pessoas, segundo a lei, que podem compor o regime de economia familiar.

Em uma perspectiva geral, para o segurado especial, a carência mínima exigida para a concessão de algum benefício previdenciário (salário-maternidade, aposentadoria por idade, incapacidade permanente, auxílio-doença) será realizada pela comprovação do exercício da atividade campesina ou pesqueira artesanal para subsistência, no período equivalente ao número de contribuições mensais exigidas, não sendo necessário o efetivo recolhimento de contribuição diante da ficção normativa de filiação automática do segurado especial. (AMADO, 2020, p. 335).

Dentro desta categoria de segurado especial, encontra-se o boia-fria. O boia-fria é um contribuinte individual rural, ou seja, é aquele indivíduo que trabalha por empreitada, por diárias, um trabalhador eventual.

No entanto, o boia-fria é uma categoria vulnerável, mas que a jurisprudência o equipara ao segurado especial. Significa dizer que o boia-fria tem as mesmas "prerrogativas" probatórias e requisitos para concessão de benefícios dos segurados especiais, conforme Tema Repetitivo 554 do STJ[5], onde se discutiu a possibilidade de admissão de prova exclusivamente testemunhal (art. 55, § 3º, da Lei 8.213/1991) para configurar tempo de serviço rural para fins previdenciários no caso do trabalhador denominado "boia-fria".

## 2. COMPROVAÇÃO DO EXERCÍCIO DE ATIVIDADE RURAL

Uma problemática relevante, no tocante aos segurados especiais, é como fazer a prova do trabalho rural desses segurados, já que são, normalmente, "trabalhadores informais".

Tradicionalmente, essa prova se fazia, e ainda se faz, através de um método que é início de prova material corroborado por prova oral, notadamente, por testemunhas, sendo que *"A prova exclusivamente testemunhal não basta à comprovação da atividade rurícola, para efeitos da obtenção de benefício previdenciário"*. (BRASIL. Superior Tribunal de Justiça, 2012).

---

5. Sobre o assunto, verifique-se a jurisprudência do Superior Tribunal de Justiça em: https://processo.stj.jus.br/repetitivos/temas_repetitivos/pesquisa.jsp?novaConsulta=true&tipo_pesquisa=T&cod_tema_inicial=554&cod_tema_final=554.

Neste contexto, conforme decidido no REsp 1.304.479[6], torna-se necessária a prova material de integrante de grupo familiar para caracterização do trabalho rural em período imediatamente anterior ao implemento do requisito etário e em lapso suficiente ao cumprimento da carência.

Confira-se a Ementa sobre o assunto do Superior Tribunal de Justiça:

> RECURSO ESPECIAL. MATÉRIA REPETITIVA. ART. 543-C DO CPC E RESOLUÇÃO STJ 8/2008. RECURSO REPRESENTATIVO DE CONTROVÉRSIA. TRABALHO RURAL. ARTS. 11, VI, E 143 DA LEI 8.213/1991. SEGURADO ESPECIAL. CONFIGURAÇÃO JURÍDICA. TRABALHO URBANO DE INTEGRANTE DO GRUPO FAMILIAR. REPERCUSSÃO. NECESSIDADE DE PROVA MATERIAL EM NOME DO MESMO MEMBRO. EXTENSIBILIDADE PREJUDICADA.
>
> 1. Trata-se de Recurso Especial do INSS com o escopo de desfazer a caracterização da qualidade de segurada especial da recorrida, em razão do trabalho urbano de seu cônjuge, e, com isso, indeferir a aposentadoria prevista no art. 143 da Lei 8.213/1991.
>
> 2. A solução integral da controvérsia, com fundamento suficiente, não evidencia ofensa ao art. 535 do CPC.
>
> 3. O trabalho urbano de um dos membros do grupo familiar não descaracteriza, por si só, os demais integrantes como segurados especiais, devendo ser averiguada a dispensabilidade do trabalho rural para a subsistência do grupo familiar, incumbência esta das instâncias ordinárias (Súmula 7/STJ).
>
> 4. Em exceção à regra geral fixada no item anterior, a extensão de prova material em nome de um integrante do núcleo familiar a outro não é possível quando aquele passa a exercer trabalho incompatível com o labor rurícola, como o de natureza urbana.
>
> 5. No caso concreto, o Tribunal de origem considerou algumas provas em nome do marido da recorrida, que passou a exercer atividade urbana, mas estabeleceu que fora juntada prova material em nome desta em período

6. Sobre o assunto, verifique-se a jurisprudência do Superior Tribunal de Justiça em: https://processo.stj.jus.br/processo/revista/documento/mediado/?componente=ATC&sequencial=25005702&num_registro=201200114831&data=20121219&tipo=5&formato=PDF.

> imediatamente anterior ao implemento do requisito etário e em lapso suficiente ao cumprimento da carência, o que está em conformidade com os parâmetros estabelecidos na presente decisão.
>
> 6. Recurso Especial do INSS não provido. Acórdão submetido ao regime do art. 543-C do CPC e da Resolução 8/2008 do STJ.

Ressalte-se que a prova do trabalho rural do boia-fria vai ser feita da mesma maneira que o segurado especial, ou seja, ele não precisa recolher as contribuições previdenciárias e, para efeito da obtenção de benefício previdenciário, a prova exclusivamente testemunhal não basta à comprovação da atividade rurícola, sendo imprescindível a apresentação de início de prova material.

Confira-se a Ementa sobre o assunto do Superior Tribunal de Justiça no **REsp 1.321.493**[7]:

> RECURSO ESPECIAL. MATÉRIA REPETITIVA. ART. 543-C DO CPC E RESOLUÇÃO STJ 8/2008. RECURSO REPRESENTATIVO DE CONTROVÉRSIA. SEGURADO ESPECIAL. TRABALHO RURAL. INFORMALIDADE. BOIAS-FRIAS. PROVA EXCLUSIVAMENTE TESTEMUNHAL. ART. 55, § 3º, DA LEI 8.213/1991. SÚMULA 149/STJ. IMPOSSIBILIDADE. PROVA MATERIAL QUE NÃO ABRANGE TODO O PERÍODO PRETENDIDO. IDÔNEA E ROBUSTA PROVA TESTEMUNHAL. EXTENSÃO DA EFICÁCIA PROBATÓRIA. NÃO VIOLAÇÃO DA PRECITADA SÚMULA.
>
> 1. Trata-se de Recurso Especial do INSS com o escopo de combater o abrandamento da exigência de produção de prova material, adotado pelo acórdão recorrido, para os denominados trabalhadores rurais boias-frias.
>
> 2. A solução integral da controvérsia, com fundamento suficiente, não caracteriza ofensa ao art. 535 do CPC.
>
> 3. Aplica-se a Súmula 149/STJ ("A prova exclusivamente testemunhal não basta à comprovação da atividade rurícola, para efeitos da obtenção de benefício previdenciário") aos trabalhadores rurais denominados "boias-frias", sendo imprescindível a apresentação de início de prova material.

---

7. Sobre o assunto, verifique-se a jurisprudência do Superior Tribunal de Justiça em: https://processo.stj.jus.br/processo/revista/documento/mediado/?componente=ATC&sequencial=24898653&num_registro=201200891007&data=20121219&tipo=5&formato=PDF.

> 4. Por outro lado, considerando a inerente dificuldade probatória da condição de trabalhador campesino, o STJ sedimentou o entendimento de que a apresentação de prova material somente sobre parte do lapso temporal pretendido não implica violação da Súmula 149/STJ, cuja aplicação é mitigada se a reduzida prova material for complementada por idônea e robusta prova testemunhal.
>
> 5. No caso concreto, o Tribunal a quo, não obstante tenha pressuposto o afastamento da Súmula 149/STJ para os "boias-frias", apontou diminuta prova material e assentou a produção de robusta prova testemunhal para configurar a recorrida como segurada especial, o que está em consonância com os parâmetros aqui fixados.
>
> 6. Recurso Especial do INSS não provido. Acórdão submetido ao regime do art. 543-C do CPC e da Resolução 8/2008 do STJ.

A Lei da minirreforma da Previdência nº 13.846/19, que acrescentou os artigos 38-A e 38-B à Lei de Benefícios, buscou inovar essa forma de comprovar o trabalho dos segurados especiais, tornando mais segura a prova a ser produzida.

Assim, deixou-se de lado essa sistemática tradicional, ou seja, o início de prova material contemporânea aos fatos probandos mais testemunhas, passando-se, então, para a comprovação através da extração dos dados contidos no CNIS – Cadastro Nacional de Informações Sociais.

Pretendeu-se, com essa nova sistemática de prova da atividade dos segurados especiais, a criação de um CNIS dos segurados especiais e reunir todas as informações sobre o trabalho rural destes segurados através de declarações anuais apresentadas e a alimentação de órgãos públicos nas diversas esferas de governos relacionados ao trabalho no campo.

Neste contexto, será possível criar um grande banco de dados alimentados por declaração dos segurados, por órgãos públicos ligados a atividade no campo e, através desse banco de dados, será constatada a atividade rural, sem necessidade de início de prova mais testemunhas, descartando-se a fragilidade daquele método tradicional.

Segundo o artigo 25, § 1º, da EC nº 103, de 12/11/2019, *verbis:*

> Para fins de comprovação de atividade rural exercida até a data de entrada em vigor desta Emenda Constitucional, o prazo de que tratam os §§ 1º e 2º do art. 38-B da Lei nº 8.213, de 24 de julho de 1991, será prorrogado até a data em que o Cadastro Nacional de Informações Sociais (CNIS)

> atingir a cobertura mínima de 50% (cinquenta por cento) dos trabalhadores de que trata o § 8º do art. 195 da Constituição Federal, apurada conforme quantitativo da Pesquisa Nacional por Amostra de Domicílios Contínua (Pnad).

Ressalte-se que a sistemática tradicional ainda é válida até que haja a transição do modelo antigo para o modelo novo mediante a cobertura mínima de cadastro exigida de 50% (cinquenta por cento) dos trabalhadores rurais. Assim, esse modelo tradicional do início de prova material somado as testemunhas ainda vale no tocante a atividade rural desempenhada até que o novo CNIS dos segurados especiais consiga abranger pelo menos metade dos segurados especiais em atividade no país, apurados conforme a pesquisa nacional de amostragem dos domicílios.

Em resumo, até que o CNIS tenha uma abrangência que supere metade da população de trabalhadores rurais do país, a sistemática vai passar a ser segundo a nova sistemática da reforma previdenciária, via a extração de dados contidos em um novo CNIS.

Importante notar que a Lei da minirreforma da Previdência revogou o art. 106, inciso III, da Lei de Benefícios, notadamente na previsão de início de prova material através da declaração do Sindicato de Trabalhadores Rurais, quando homologada pelo INSS[8].

Note-se, portanto, que esta hipótese de início de prova material deixou de existir no nosso ordenamento jurídico, bem como poderá deixar de existir outras provas materiais, o que trará reflexos na atuação processual do Advogado Público, como se verá.

---

8. Art. 106. A comprovação do exercício de atividade rural será feita, complementarmente à autodeclaração de que trata o § 2º e ao cadastro de que trata o § 1º, ambos do art. 38-B desta Lei, por meio de, entre outros: (Redação dada pela Lei nº 13.846, de 2019)

   III – declaração fundamentada de sindicato que represente o trabalhador rural ou, quando for o caso, de sindicato ou colônia de pescadores, desde que homologada pelo Instituto Nacional do Seguro Social – INSS; (Redação dada pela Lei nº 11.718, de 2008)

   (Revogado pela Medida Provisória nº 871, de 2019)

   (Revogado)

   III – (revogado); (Redação dada pela Lei nº 13.846, de 2019).

## 3. REFLEXOS PROCESSUAIS DA REFORMA PREVIDENCIÁRIA NA ATUAÇÃO DO ADVOGADO PÚBLICO

Em decisão proferida no AR 6.081-PR[9], a 1ª Seção do STJ aceitou e julgou precedente a ação rescisória proposta por segurado especial "boia-fria" com base em "documento novo".

Segundo este julgado proferido em 25/05/2021, em se tratando de trabalhadores rurais, deve ser mitigado o rigor conceitual impingido ao "documento novo", pois não se pode desconsiderar as precárias condições de vida que envolvem o universo social dos trabalhadores rurais, conforme Acordão abaixo reproduzido:

> AÇÃO RESCISÓRIA Nº 6.081 – PR (2017/0194581-2) RELATORA: MINISTRA REGINA HELENA COSTA REVISOR: MINISTRO GURGEL DE FARIA AUTOR: CLÉLIA VAZ SIQUEIRA ADVOGADO : MARCELO MARTINS DE SOUZA – PR035732 RÉU : INSTITUTO NACIONAL DO SEGURO SOCIAL EMENTA PROCESSUAL CIVIL. PREVIDENCIÁRIO. AÇÃO RESCISÓRIA. PROVA NOVA. ART. 966, VII, DO CPC/2015. TRABALHADOR RURAL. REGISTRO DE EMPREGADO. CARACTERIZAÇÃO DE INÍCIO DE PROVA MATERIAL. LABOR RURAL CONFIRMADO POR TESTEMUNHO COESO E IDÔNEO. PEDIDO PROCEDENTE.
>
> I – É firme o posicionamento do Supremo Tribunal Federal e desta Corte segundo o qual, para a configuração de erro de fato passível de ensejar a rescisão do julgado, impõe-se que o decisum esteja embasado em fato inexistente ou não considere fato efetivamente ocorrido, aferível por meio das provas constantes dos autos originais, e que sobre ele não tenha havido controvérsia e pronunciamento judicial. II – O documento novo apto a aparelhar a ação rescisória, fundada no art. 485, VII, do CPC/1973 ou 966, VII, do CPC/2015, é aquele que, já existente à época da decisão rescindenda, era ignorado pelo autor ou do qual não pôde fazer uso, capaz de assegurar, por si só, a procedência do pedido. III – Em se tratando de trabalhadores rurais, deve ser mitigado o rigor conceitual impingido ao "documento novo", pois não se pode desconsiderar as precárias condições

9. Disponível em: https://processo.stj.jus.br/processo/revista/documento/mediado/?componente=ATC&sequencial=154832969&num_registro=201701945812&data=20220530&tipo=5&formato=PDF.

> de vida que envolvem o universo social desses trabalhadores. IV – Esta Corte pacificou entendimento, segundo o qual, diante da dificuldade probatória atinente ao exercício de atividade rural pelos chamados trabalhadores "boias-frias", a apresentação de prova material relativa apenas à parte do lapso temporal pretendido, não implica violação ao enunciado da Súmula 149/STJ (Tema 554/STJ). V – Procedência do pedido para, em juízo rescindendo, desconstituir a coisa julgada formada no REsp nº 1.542.212/PR, e, em juízo rescisório, deferir a concessão de aposentadoria rural por idade.

Verifica-se, pelo Acórdão, que diante da dificuldade probatória relativa ao exercício de atividade rural pelos trabalhadores "boias-frias", a apresentação de prova material de parte do lapso temporal pretendido, qual seja, uma ficha de cadastro em nome de trabalhador rural em data anterior ao ajuizamento da ação, não implica violação da Súmula 149/ STJ.

Em resumo, segundo a atual jurisprudência do Superior Tribunal de Justiça, é permitido ao segurado especial apresentar prova material de apenas uma parte do tempo de serviço e se valer de prova testemunhal idônea para comprovar e complementar o restante do tempo.

O rol de documentos hábeis para a comprovação da atividade rural está prevista no artigo 106 da Lei de Benefícios[10]. Trata-se, portanto,

---

10. Art. 106. A comprovação do exercício de atividade rural será feita, complementarmente à autodeclaração de que trata o § 2º e ao cadastro de que trata o § 1º, ambos do art. 38-B desta Lei, por meio de, entre outros: (Redação dada pela Lei nº 13.846, de 2019)

    I – contrato individual de trabalho ou Carteira de Trabalho e Previdência Social; (Redação dada pela Lei nº 11.718, de 2008)

    II – contrato de arrendamento, parceria ou comodato rural; (Redação dada pela Lei nº 11.718, de 2008)

    III – declaração fundamentada de sindicato que represente o trabalhador rural ou, quando for o caso, de sindicato ou colônia de pescadores, desde que homologada pelo Instituto Nacional do Seguro Social – INSS; (Redação dada pela Lei nº 11.718, de 2008)

    (Revogado pela Medida Provisória nº 871, de 2019)

    (Revogado)

    III – (revogado); (Redação dada pela Lei nº 13.846, de 2019)

de rol meramente exemplificativo, não taxativo, sendo admitido outros documentos além dos previstos no dispositivo, conforme já decidido no Resp 1.321.493/PR (Tema 554).

Reprise-se que, com a minirreforma da Previdência Social, foi deixado de lado essa sistemática tradicional, ou seja, o início de prova material contemporânea aos fatos probandos mais testemunhas, passando-se, então, para a comprovação através da extração dos dados contidos no CNIS – Cadastro Nacional de Informações Sociais.

Com a nova sistemática, a ser aplicada até que o novo CNIS dos segurados especiais consiga abranger pelo menos metade dos segurados especiais em atividade no país e apurados conforme a pesquisa nacional

---

IV – comprovante de cadastro do Instituto Nacional de Colonização e Reforma Agrária – INCRA, no caso de produtores em regime de economia familiar; (Redação dada pela Lei nº 11.718, de 2008)

IV – Declaração de Aptidão ao Programa Nacional de Fortalecimento da Agricultura Familiar, de que trata o inciso II do caput do art. 2º da Lei nº 12.188, de 11 de janeiro de 2010, ou por documento que a substitua, emitidas apenas por instituições ou organizações públicas; (Redação dada pela Medida Provisória nº 871, de 2019)

(Revogado)

IV – Declaração de Aptidão ao Programa Nacional de Fortalecimento da Agricultura Familiar, de que trata o inciso II do caput do art. 2º da Lei nº 12.188, de 11 de janeiro de 2010, ou por documento que a substitua; (Redação dada pela Lei nº 13.846, de 2019)

V – bloco de notas do produtor rural; (Redação dada pela Lei nº 11.718, de 2008)

VI – notas fiscais de entrada de mercadorias, de que trata o § 7o do art. 30 da Lei no 8.212, de 24 de julho de 1991, emitidas pela empresa adquirente da produção, com indicação do nome do segurado como vendedor; (Incluído pela Lei nº 11.718, de 2008)

VII – documentos fiscais relativos a entrega de produção rural à cooperativa agrícola, entreposto de pescado ou outros, com indicação do segurado como vendedor ou consignante; (Incluído pela Lei nº 11.718, de 2008)

VIII – comprovantes de recolhimento de contribuição à Previdência Social decorrentes da comercialização da produção; (Incluído pela Lei nº 11.718, de 2008)

IX – cópia da declaração de imposto de renda, com indicação de renda proveniente da comercialização de produção rural; ou (Incluído pela Lei nº 11.718, de 2008)

X – licença de ocupação ou permissão outorgada pelo Incra. (Incluído pela Lei nº 11.718, de 2008).

de amostragem dos domicílios, será trazida à "formalidade" as condições de vida precária desses muitos trabalhadores rurais.

Por seu turno, isto evitará a dificuldade probatória material de toda a efetiva atividade rural que é, muitas vezes, mitigada, reduzida e complementada por prova testemunhal.

Neste contexto, a Autarquia previdenciária terá maior segurança na concessão administrativa do benefício requerido, bem como os Advogados Públicos terão um maior embasamento para a defesa em juízo do INSS e, consequentemente, para eventual proposta de acordo e a concessão do direito ao benefício requerido e constitucionalmente garantido.

Ainda, com o cadastramento gradual dos dados dos trabalhadores rurais pelo CNIS, certamente se evitará o ajuizamento de ações rescisórias com fundamento no art. 966, VII, do CPC/2015, sob a alegação de "prova nova".

Segundo Theodoro Júnior (2016, p. 864), o dispositivo atual do novo CPC consolidou e ampliou a tendência jurisprudencial de prever o cabimento da rescisória não mais com fundamento em "documento novo", mas em "prova nova" que seja capaz, por si só, de reverter o julgamento anterior, podendo ser, neste ponto, qualquer prova, inclusive testemunhal.

Note-se que no julgado AR 3921-SP, a força do convencimento do novo elemento probatório trazido em nome de trabalhador rural, mesmo que emitido em data anterior ao ajuizamento de demanda com pedido de benefício previdenciário, foi utilizada para julgar procedente a ação rescisória, adotando-se, inclusive, a solução *pro misero* para admitir sua análise.

Verifique-se a Ementa do julgado AR 3921-SP[11] aqui reproduzida:

> PROCESSUAL CIVIL E PREVIDENCIÁRIO. AÇÃO RESCISÓRIA. DEPÓSITO PRÉVIO. BENEFICIÁRIO DA JUSTIÇA GRATUITA. DISPENSA. DOCUMENTO NOVO. ADMISSIBILIDADE. ERRO

11. Sobre o assunto, verifique-se a jurisprudência do Superior Tribunal de Justiça em: https://processo.stj.jus.br/processo/revista/documento/mediado/?componente=ATC&sequencial=23385065&num_registro=200800327391&data=20130507&tipo=5&formato=PDF.

DE FATO. OCORRÊNCIA. ATIVIDADE RURAL. INÍCIO DE PROVA MATERIAL. CERTIDÃO DE NASCIMENTO DOS FILHOS. QUALIFICAÇÃO DO MARIDO COMO LAVRADOR. EXTENSÃO A ESPOSA.

1. Os beneficiários da justiça gratuita estão dispensados do depósito prévio de que trata o art. 488, II, do Código de Processo Civil. 2. Ainda que o documento apresentado seja anterior à ação originária, esta Corte, nos casos de trabalhadores rurais, tem adotado solução *pro misero* para admitir sua análise, como novo, na rescisória. 3. O erro de fato a autorizar a procedência da ação, com fundamento no artigo 485, inciso IX, do Código de Processo Civil e orientando-se pela solução *pro misero*, consiste no reconhecimento da desconsideração de prova constante dos autos (AR n. 2.544/MS, Relatora Ministra Maria Thereza de Assis Moura, Revisor Ministro Napoleão Nunes Maia Filho, Terceira Seção, DJe 20/11/2009). 4. Os documentos apresentados constituem início de prova material apto para, juntamente com os testemunhos colhidos no processo originário, comprovar o exercício da atividade rural pelo período da carência. 5. A qualificação do marido, na certidão de nascimento dos filhos, como lavrador estende-se à esposa, conforme precedentes desta Corte a respeito da matéria. 6. Ação rescisória procedente.

## 4. CONCLUSÃO

De todo o exposto, constata-se que a Reforma Previdenciária trouxe alterações significativas para a comprovação da atividade rural, deixando-se de lado a sistemática tradicional, ou seja, o início de prova material contemporânea aos fatos probandos mais testemunhas, passando-se, então, para a comprovação através da extração dos dados contidos no CNIS – Cadastro Nacional de Informações Sociais.

Após a implementação da nova sistemática, ou seja, até que o novo CNIS dos segurados especiais consiga abranger pelo menos metade dos segurados especiais em atividade no país e apurados conforme a pesquisa nacional de amostragem dos domicílios, os Advogados Públicos terão um maior embasamento para a defesa em juízo do INSS e, consequentemente, para eventual proposta de acordo e concessão do direito ao benefício previdenciário requerido e constitucionalmente garantido, sem incorrer no risco da propositura de ações rescisórias sob o fundamento de "prova nova" comprobatória de atividade rural.

## REFERÊNCIAS

AMADO, Frederico. *Direito previdenciário*. 11. ed. Salvador: Juspodivm, 2020.

BRASIL. *Emenda Constitucional nº 103, de 12 de novembro de 2019*. Altera o sistema de previdência social e estabelece regras de transição e disposições transitórias. Brasília, DF: Presidência da República, [2019]. Disponível em: https://www.planalto.gov.br/ccivil_03/Constituicao/Emendas/Emc/emc103.htm. *Acesso em:* 2 set. 2022.

BRASIL. *Lei nº 8.212, de 24 de julho de 1991*. Dispõe sobre a organização da Seguridade Social, institui o Plano de Custeio, e dá outras providências. Brasília, DF: Presidência da República, [1996]. Disponível em: https://www.planalto.gov.br/ccivil_03/LEIS/L8212cons.htm. *Acesso em:* 2 set. 2022.

BRASIL. *Lei nº 8.213, de 24 de julho de 1991*. Dispõe sobre os Planos de Benefícios da Previdência Social e dá outras providências. Brasília, DF: Presidência da República, [1991]. Disponível em: https://www.planalto.gov.br/ccivil_03/Leis/L8213cons.htm. *Acesso em:* 2 set. 2022.

BRASIL. Superior Tribunal de Justiça. *Recurso Especial nº 1.304.479-SP*. Recurso especial. Matéria repetitiva. Art. 543-C do CPC e Resolução STJ 8/2008. Recurso representativo de controvérsia. Trabalho rural. Arts. 11, VI e 143 da Lei 8.213/1991. Segurado especial. Configuração jurídica. Trabalho urbano de integrante do grupo familiar. Repercussão. Necessidade de prova material em nome do mesmo membro. Extensibilidade prejudicada. Relator: Min. Herman Benjamin. Recorrente: Instituto Nacional do Seguro Social – INSS. Recorrido: Maria Bárbara de Souza Domingos. Data do julgamento: 10 de outubro de 2012. Brasília, DF: Superior Tribunal de Justiça, [2012]. Disponível em: https://processo.stj.jus.br/processo/revista/documento/mediado/?componente=ATC&sequencial=25005702&num_registro=201200114831&data=20121219&tipo=5&formato=PDF. Acesso em: 2 set. 2022.

BRASIL. Superior Tribunal de Justiça. *Recurso Especial nº 1.321.493-PR*. Recurso especial. Matéria repetitiva. Art. 543-C do CPC e Resolução STJ 8/2008. Recurso representativo de controvérsia. Trabalho rural. Art. 55, § 3º, da Lei 8.213/1991. Súmula 149/STJ. Impossibilidade. Prova material que não abrange todo o período pretendido. Idônea e robusta prova testemunhal. Extensão da eficácia probatória. Não violação da precitada súmula. Tema repetitivo nº 554 do STJ. Relator: Min. Herman Benjamin. Recorrente: Instituto Nacional do Seguro Social – INSS. Recorrido: Maria Conceição Lopes dos Santos. Data do julgamento:

10 de outubro de 2012. Brasília, DF: Superior Tribunal de Justiça, [2012]. Disponível em: https://processo.stj.jus.br/processo/revista/documento/mediado/?componente=ATC&sequencial=24898653&num_registro=201200891007&data=20121219&tipo=5&formato=PDF. Acesso em: 2 set. 2022.

BRASIL. Superior Tribunal de Justiça. *Recurso Especial nº 1.367.825-RS*. Direito Previdenciário e Processual Civil. Concessão de benefício previdenciário diverso do requerido na inicial. Segunda Turma. Relator: Min. Humberto Martins. AR 3921-SP. Informativo nº 522 do STJ, de 1º de agosto de 2013. Data do julgamento: 18 de abril de 2013. Brasília, DF: Superior Tribunal de Justiça, [2013]. Disponível em: https://processo.stj.jus.br/processo/revista/documento/mediado/?componente=ATC&sequencial=23385065&num_registro=200800327391&data=20130507&tipo=5&formato=PDF. Acesso em: 5 set. 2022.

BRASIL. Superior Tribunal de Justiça. *Recurso Especial nº 1.645.333-SP*. Recurso especial. Execução fiscal. Dissolução irregular da pessoa jurídica executada ou presunção de sua ocorrência. Súmula 435/STJ. Redirecionamento a sócio-gerente ou a administrador. Condição. Exercício da administração da pessoa jurídica executada, no momento de sua dissolução irregular. Inexistência de exercício de administração, quando da ocorrência do fato gerador do tributo inadimplido ou do seu vencimento. Irrelevância. Ramo do direito: Direito Tributário. Relator: Min. Assusete Magalhães. Data do julgamento: 25 de maio de 2022. AR 6.081-PR. Informativo nº 738 do STJ, de 30 de maio de 2022 e Acórdão. Brasília, DF: Superior Tribunal de Justiça, [2022]. Disponível em: https://processo.stj.jus.br/processo/revista/documento/mediado/?componente=ATC&sequencial=154832969&num_registro=201701945812&data=20220530&tipo=5&formato=PDF. Acesso em: 2 set. 2022.

JUNIOR, Humberto Theodoro. *Curso de direito processual civil*. 49. ed. Rio de Janeiro: Forense, 2016. v. 3.

# 12

# A PAULATINA FINANCEIRIZAÇÃO DOS PILARES BÁSICOS DO SISTEMA DE SEGURIDADE SOCIAL NO BRASIL

*Társis Nametala Sarlo Jorge*[1]

**SUMÁRIO:** Introdução – 1. Esquemas de financiamento previdenciário – 1.1. Esquema Bismarckiano – 1.2. Esquemas Bismarckianos e beveridgeanos: a questão da universalidade ou não da abrangência do sistema – 2. O sistema de repartição – 3. A financeirização do capital – 4. A financeirização da seguridade social: 1ª abordagem – 5. A moeda de troca previdenciária: a carência – 6. A financeirização da seguridade social: 2ª abordagem – 7. Conclusão – Referências.

## INTRODUÇÃO

A partir da Carta republicana de 1988, temos testemunhado ondas de reforma do sistema de seguridade social. Sistema esse que vem

1. Especialista e Mestre em Direito, Doutor em Direito pela UERJ – Universidade do Estado do Rio de Janeiro. Integrante da Comissão de Seguridade Social do IAB – Instituto dos Advogados Brasileiros. Coordenador Acadêmico da Área de Previdência Social na Escola da AGU da 2ª Região. Membro do IBDP – Instituto Brasileiro de Direito Previdenciário. Autor de livros em Previdência Social. Palestrante e Professor. Procurador Federal da Advocacia Geral da União.

abandonando o valor *trabalho* enquanto *moeda de troca de pagamento de carência de benefício* para fazer prevalecer o *valor contribuição*, com o mesmo objetivo. A esta mudança denominamos, aqui, de *financeirização* da seguridade social.

Para bem compreender os resultados deste câmbio *trabalho/contribuição*, é preciso compreender alguns institutos de seguridade social, o que passamos a fazer para, ao fim, demonstrar os eventuais resultados desta financeirização do sistema de seguridade brasileiro.

Os institutos que nos propomos ora a estudar são elementos intrínsecos a qualquer arquitetura previdenciária e, portanto, instrumentos indispensáveis para a boa interpretação das normas e princípios do tema.

Insta ainda assinalar que nossa escrita se refere aos pilares básicos da seguridade social no Brasil, a saber o RGPS – regime geral de previdência social; e ao RPPS – regime próprio de previdência social (dos servidores públicos estatutários).

Não trataremos, por evidente, portanto, dos fundos de pensão (de servidores ou de trabalhadores da iniciativa privada) nem das hipóteses de previdência complementar aberta (representada, por assim dizer, pelas conhecidas PGBL – Plano Gerador de Benefício Livre; e VGBL – Vida Gerador de Benefício Livre) visto que se encapuçam de outra lógica geratriz, sendo, aliás, este último (VGBL) considerado muito mais um seguro de vida com cláusula de sobrevidência.

No entanto, para melhor compreensão do tema, é preciso ter em mente a estrutura e alguns conceitos básicos da seguridade social.

## 1. ESQUEMAS DE FINANCIAMENTO PREVIDENCIÁRIO

### 1.1. Esquema Bismarckiano

Os manuais e cursos nacionais de Direito Previdenciário costumam, em sua maioria, ao cuidar do histórico da Previdência Social, citar o seu berço Bismarckiano. No entanto, a grande maioria, assinalando tal origem, deixa de se aprofundar em questões do sistema criado por Otto Von Bismarck cujo conhecimento é relevante. O marco temporal é assinalado como sendo o ano de 1883, com a criação do seguro-doença. Daí seguiram-se outras legislações protetivas, como de acidentes de trabalho, em 1884, seguro de invalidez, em 1889 e o de velhice, também no ano de 1889.

Tais seguros deveriam garantir, em troca das cotizações aos respectivos fundos, uma contraprestação proporcional aos salários (e não aos riscos). Assim, o pagamento dos benefícios estaria delimitado ao valor anteriormente vertido para o fundo pelo trabalhador, bem como delimitada a uma proporção relativa à renda perdida por uma impossibilidade de trabalho temporária – como doença, desemprego – ou permanente – aposentadoria.

Em relação à estrutura administrativa, no modelo alemão, embora contribuições e benefícios sejam administrados por órgãos autônomos, estão sujeitos à supervisão estatal, dentro da qual estão presentes representantes das categorias envolvidas, tendo-se sempre em mente que os atores sociais são responsáveis pela tomada de decisões sobre o financiamento da maior parte destes benefícios, inclusive os que estão ligados à substituição da renda por motivo de doença, mas sempre dentro dos limites estatuídos pelo Estado, com observância ao princípio do equilíbrio financeiro e sem recorrer a empréstimos.

Impende notar que a autonomia decisória deixada nas mãos dos atores sociais varia de acordo com a natureza do risco coberto. A guisa de ilustração, no que concerne ao benefício por doença, havia uma variedade de fundos que, até pelo menos o ano de 2007, tinham ampla liberdade para definir seu próprio equilíbrio financeiro.

Quanto aos seguros por acidente de trabalho, foram financiados unicamente por cotizações patronais para cobrir as respectivas despesas. Já no que concerne às aposentadorias, sua gestão foi centralizada pelo Estado, que tomou para si as principais decisões de natureza financeira, uma vez que este tipo de benefício envolve compromissos de longo prazo que atravessam gerações.

## 1.2. Esquemas Bismarckianos e Beveridgeanos: a questão da universalidade ou não da abrangência do sistema

Esta rede legislativa engendrada por Bismarck teve o mérito de tornar obrigatória a antes facultativa filiação dos trabalhadores às entidades de socorres mútuos e às sociedades seguradoras, a depender da hipótese. Assim, à época, garantia-se uma renda substitutiva de até 2.000 marcos alemães por ano.

É ainda interessante notar que o regime de financiamento do modelo era, ao reverso do que alguns pensam, o de capitalização – que contava, por outro lado, com duas fontes contributivas: dos prestadores e dos tomadores de serviço. Cuidava-se também de um sistema não universalista, visto que restrito a determinadas categorias de trabalhadores.

A própria Constituição alemã de 1919 consagrou tal modelo, enquanto que em outros países, como México, a constitucionalização da matéria ocorreu em 1917.

No início da década de quarenta do século XX, mais precisamente em 1942, veio à lume na Inglaterra o conhecido *relatório Beveridge.* Muitos autores, inclusive, olvidam, em regra, a grande participação que o denominado *relatório Beveridge* de 1942 teve para o desenvolvimento das concepções previdenciárias, sendo inclusive, em parte, adotado no atual modelo Brasileiro de seguridade social.

Tal formatação traz uma profunda diferença para com o sistema alemão, qual seja, tende a ser universalista. Isto porque, diversamente da rede criada por Bismarck, as contribuições previdenciárias eram, na concepção inglesa, custeadas por tributos em geral, além daquelas vertidas por prestadores e tomadores de serviço. Foi implantado na Inglaterra em 1946. Importante ainda ressaltar que Beveridge trabalhou com ganhos de escala aplicados à eficiência da gestão administrativa da rede de proteção previdenciária. Com efeito, ele estipulou a unificação administrativa do sistema previdenciário, com o fito de reduzir os custos de administração. Outro aspecto pouco conhecido do sistema Beveridgeano é o de que, em regra, está o mesmo associado aos esquemas de contribuições definidas. Mas isto será objeto de análise em outro tópico.

Estas as duas principais vertentes de modelagem previdenciária mais conhecidas. Precisa-se ressaltar, outrossim, que na atualidade dificilmente se encontrará um modelo neste ou naquele país, puramente bismarckiano ou puramente beveridgeano. O que é possível é observar traços de um e, ou de outro nas legislações nacionais. Tal mimetismo é bem percebido na doutrina estrangeira – muito mais do que na nacional. Descreve-se, destarte, o *desenvolvimento de uma lógica beveridgeana nos sistemas nacionais do tipo bismarckianos*[2]. (PELLET; SKZRYERBAK, 2017).

Acerca da concepção do sistema Beveridgeano e sua comparação com o sistema Bismarckiano, quanto à transferência intrageracional de classes acompanhe-se o trecho que se segue:

> Juntamente com a típica redistribuição entre gerações, i. e., dos jovens para os mais velhos, os sistemas PAYG podem envolver redistribuição dentro da mesma geração entre classes diversas, ou seja, dos ricos para os pobres. Os sistemas de seguridade social europeus diferem entre si

---

2. O autor assim descreve: *vários estados europeus (Áustria, Benelux, Portugal, Espanha, Itália) adotaram sistemas de proteção social próximos ao modelo bismarckiano (...) As autoridades públicas intervêm cada vez mais fortemente, seja para financiar benefícios de solidariedade para pessoas permanentemente excluídas do mundo do trabalho (por exemplo, aposentadorias por invalidez) ou cujos recursos não são ou são suficientes para lidar com necessidades essenciais (rede de segurança), para garantir o equilíbrio financeiro do seguro social, aumentando as contribuições, reduzindo os benefícios ou fornecendo subsídios orçamentários ou, finalmente, subsidiando esquemas complementares. Consequentemente, a legitimidade dos parceiros sociais nas organizações de segurança social (social-democracia) é enfraquecida.* Mais adiante, realça o fenômeno anunciado: *Foram criados mecanismos de solidariedade financeira entre esquemas ocupacionais para levar em conta as tendências demográficas. Por exemplo, os regimes de empregados industriais e comerciais contribuem para o equilíbrio dos regimes independentes e dos agricultores, cujo número diminuiu consideravelmente desde o pós-guerra. Esses esquemas alcançam uma forma de unificação financeira dos planos, questionando o corporativismo profissional original.* Como se pode observar, a universalização começa a marcar os referidos sistemas, em detrimento da compartimentalização por classes de trabalhadores, marcadamente bismarckiana. O texto no original é o seguinte: (...) *plusieurs États européens (Autriche, Benelux, Portugal, Espagne, Italie) ont adopté des systèmes de protection sociale proches du modèle bismarckien. (...) Les collectivités publiques y interviennent de plus en plus fortement, soit pour financer des prestations de solidarité destinées aux personnes exclues durablement du monde du travail (par exemple les pensions d'invalidité) ou dont les ressources ne sont pas ou plus suffisantes pour faire face à des besoins essentiels (filet de sécurité), soit pour garantir l'équilibre financier des assurances sociales, en procédant à des augmentations de cotisations, en réduisant les prestations ou en versant des subventions budgétaires, soit, enfin, en subventionnant fiscalement les régimes complémentaires. De ce fait, la légitimité des partenaires sociaux dans les organismes de sécurité sociale (démocratie sociale) est affaiblie. Des mécanismes de solidarité financière entre régimes professionnels ont été mis en place afin de tenir compte des évolutions démographiques. Par exemple, les régimes des salariés de l'industrie et du commerce contribuent à l'équilibre des régimes des indépendants et des agriculteurs dont le nombre s'est réduit considérablement depuis l'après- guerre. Ces dispositifs réalisent une forme d'unification financière des régimes en remettant ainsi en cause le corporatisme professionnel originel.*

> no que tange ao grau de redistribuição interna (....)[3]. (CONDE-RUIZ; PROFETA, 2003).

É dizer, a adoção de um sistema beveridgeano implicará certamente num maior grau de redistribuição de rendas dentro de uma mesma geração.

Aqui no Brasil, por exemplo, não se pode negar que vige – ao menos em relação aos pilares básicos do RGPS e do RPPS – uma configuração predominantemente beveridgeana, na estrutura da Previdência Social. No entanto, há alguns elementos bismarckianos, já que a universalidade da abrangência não é total. Assim, pode-se afirmar que o sistema previdenciário nacional opera sobre bases mistas, com elementos Bismarckianos e Beveridgeanos.

Sem embargo, não se pode negar, como relembra a doutrina que:

> A Previdência Social brasileira nascerá dentro de um contexto autoritário no qual a participação dos trabalhadores será pouco significativa, razão pela qual, nos primeiros anos, terá um perfil segmentado e contencionista, cabendo ao Estado o papel decisivo no que tange ao emprego das reservas financeiras, *constituídas em um regime de capitalização*, e empregadas em obras de infra-estrutura e na edificação da indústria de base. (grifo nosso). (MALLOY, 1986).

A despeito de tal constatação, a universalização – traço básico originário do sistema inglês – ganhou forte impulso. Essa mutação, observada em vários países, inclusive o nosso – é descrita com acerto pela doutrina (DENIS, 1973, p. 13), ao afirmar que tal modificação ocorre mediante os seguintes postulados:

---

3. Confira-se o original integral: *Together with the typical redistribuitiun across generations i.e. from young to old, PAYG social security systems may involve redistribuition within the same generation across different income levels, i. e., form rich to poor. European social security systems differ in their degree of within-cohort redistribuition. Italy, France and Germany have very high replacement rates at all income levels, while the UK and the Dutch systems provide lower replacement rates for higher earners than for lower earners (...) Since contribuitions are typically proportional to earnings, this implies that the former countries are of a "Bismarckian"type (there is a tihgt between contributions and benefits, and thus low intergenerational redistribuition), and the latter are "Beveridgean"(benefits are quite flat and contributions are proportional to earnings, thus intragenerational redistribution is large).*

> (I) a indenização pelos acidentes de trabalho deixa de ser posta como responsabilidade individual do empregador para demandar um sistema de seguro obrigatório;
>
> (II) a concepção salarial dos abonos familiares é progressivamente abandonada;
>
> (III) os seguros sociais se distanciam das regras tradicionais de seguro, pelo que os mecanismos de repartição se substituem geralmente ao sistema de capitalização e é corrigida a proporcionalidade entre a prestação e a renda profissional, pela garantia de um valor mínimo.

## 2. O SISTEMA DE REPARTIÇÃO

É o modelo preponderantemente adotado no Brasil – ao menos nos já mencionados pilares básicos. Para compreender o que queremos deixar claro neste texto, o leitor deverá compreender minimamente o que é o sistema de repartição.

Como já referido, a repartição é um sistema que prestigia a solidariedade e a universalidade, havendo pela primeira vertente (solidariedade) a transferência intergeracional de receitas (ativos x inativos) bem como a intrageracional (mais abastados x menos abastados) no que é coadjuvado pela segunda vertente – a universalidade.

À guisa de ilustração, podemos transcrever a seguinte perícope, no que concerne ao regime de repartição:

> O regime de repartição simples, também denominado regime de caixa, é aquele em que a solidariedade social se demonstra mais evidente, nele está presente o "pacto de gerações", por intermédio do qual a geração ativa custeia o pagamento das prestações devidas aos inativos, ou seja, os valores decorrentes das contribuições vertidas pelos trabalhadores ativos serão carreados para o adimplemento dos benefícios dos indivíduos que, no mesmo momento, encontrem-se, definitiva ou provisoriamente, inativos.
>
> Os atuais contribuintes terão os seus benefícios pagos com os recursos das futuras gerações que vierem a exercer atividade remunerada e, por conseguinte, contribuirão para o sistema de seguridade social[4]. (LIMA, 2004).

4. A lição encontrada na doutrina estrangeira é a mesma (PELLET; SKZRYERBAK, 2017): *Em um sistema de repartição, as contribuições de ativos de trabalho pagas em um determinado*

Isto é dizer que pelo sistema de repartição simples ou simplesmente sistema de repartição, o *volume das quantias arrecadadas em cada período servirá para o custeio das prestações que devidas forem no mesmo período. Esse sistema repousa na idéia de solidariedade entre indivíduos e entre gerações.* (COIMBRA, 1999).

Em outras palavras:

> Um regime que opera por meio de repartição simples prevê, anualmente, a fixação do valor das contribuições que serão destinadas ao custeio dos benefícios de todos os filiados e consiste, ao contrário da capitalização, na utilização imediata das contribuições dos segurados. Vale dizer, as contribuições, seja a cargo dos segurados, seja a cargo dos entes estatais, são imediatamente utilizadas para pagamento dos benefícios atuais dos aposentados e pensionistas. (CARVALHO, 2009)

Ou seja:

> Ninguém contribui para fazer face à sua própria aposentadoria ou à pensão de seus beneficiários, mas sim para todo o sistema. Ou, como no dizer do Professor Paulo Modesto: "O sistema funciona como uma complexa cadeia de financiamento, que enlaça gerações diferentes, segundo o princípio da solidariedade intergeracional. A atual geração em atividade financia os proventos da geração anteriores e guarda a expectativa de ter os seus proventos financiados pelas futuras gerações". (CARVALHO, 2009).

O sistema de repartição é o adotado no Brasil, em relação ao RGPS – regime geral de previdência social, bem como em relação aos chamados

---

*período são usadas para financiar pensões aposentados no mesmo período. O equilíbrio financeiro de tal plano pressupõe que o número de membros contribuintes seja suficiente em relação ao número de aposentados. O cálculo das pensões pode basear-se em três mecanismos diferentes. Os planos de renda dependem da duração do seguro (número de anos de serviço) e do salário de referência do segurado. Eles são baseados em uma meta de substituição de renda.* Ou, conforme o orignal: *Dans un régime en répartition, les cotisations des actifs au travail versées au cours d'une période donnée servent à financer les pensions des retraités sur la même période. L'équilibre financier d'un tel régime suppose que le nombre d'actifs cotisant soit suffisant par rapport au nombre de retraités. Le calcul des pensions peut reposer sur trois mécanismes différents. Les régimes en annuité font dépendre la pension de la durée d'assurance (le nombre d'annuités) et du salaire de référence de l'assuré. Ils reposent sur un objectif de remplacement des revenus.*

regimes próprios, a grosso modo. Especificamente, para o RGPS, o chamado *fundo previdenciário*, ou seja, o montante, tem previsão no art. 250 da Carta da República, bem como teve sua criação por intermédio da Lei Complementar 101 de 2000, em seu art. 68. Esse fundo é gerido pelo INSS – Instituto Nacional do Seguro Social e a integralidade de seus recursos é afetada exclusivamente ao pagamento dos benefícios previdenciários em vigor, conforme está disposto no art. 167, inciso XI, da Constituição

## 3. A FINANCEIRIZAÇÃO DO CAPITAL

Neste momento, portanto, podemos apresentar a questão acerca da financeirização do capital, ainda que de forma resumida, pelas razões expostas mais a frente.

O processo de financeirização do capital já é estudado há tempos. O capitalismo em seu estado inicial provia a acumulação do capital tendo como canal produtivo, ao menos de forma preponderante, o valor *trabalho*. Era por meio da aplicação da *mais valia* ao produto[5] (produto este decorrente da aplicação da força de trabalho humana a um produto anterior, com ou sem o auxílio de máquinas). Este *estilo* está ligado, por exemplo, a históricas fortunas que se formaram, como a do empresário industrial Henry Ford.

Com o tempo, o capital busca outras formas de se acumular – sempre buscando uma dependência cada vez menor do *valor trabalho*. Daí que a acumulação da riqueza paulatinamente vai se dando cada vez mais por meio de *canais financeiros* – ou seja, o capitalismo se financeirizando, isto é, acumulando-se por si mesmo, de forma cada vez mais independente do *trabalho*[6]. (GUIRALDELLI, 2022).

Há, decerto inúmeras críticas a este processo. Por exemplo, o seguinte trecho de Ladislau Dowbor:

5. Na verdade, sempre buscando a maior diferença possível (lucro) entre o custo do trabalho (aí incluídos os encargos sociais e tributários) e o preço do produto.

6. O capitalismo financeirizado também é chamado de *semiocapitalismo*: *semio capitalismo é o nome escolhido por Franco Berardi para a fase do capitalismo financeirizado que passou a vigorar a partir do final dos anos 1970.*

> A concentração de renda e de riqueza no planeta atingiu níveis absolutamente obscenos. A financeirização dos processos econômicos há décadas se alimenta da apropriação dos ganhos de produtividade, essencialmente possibilitados pela revolução tecnológica, de forma radicalmente desequilibrada. (DOWBOR, 2017).

O mesmo autor, logo em seguida, assevera:

> As aplicações financeiras rendem acima de 5%, e frequentemente muito mais. Gerou-se. portanto uma dinâmica de transformação de capital produtivo em patrimônio financeiro: a economia real sugada pela financeirização planetária. (DOWBOR, 2017).

É ainda ele que deixa claro a contraposição entre o *capitalismo não financeiro* e o *capitalismo financeirizado*:

> (...) da dinâmica que mais nos interessa esclarecer no presente trabalho: a complementação entre a forma tradicional de extração da mais-valia numa empresa produtiva – por meio de baixos salários – e processos mais sofisticados, baseados na financeirização, que se tornaram hoje dominantes.
>
> (...)
>
> Todos ouviram falar da financeirização, mas poucos se dão conta da profundidade da deformação generalizada dos processos econômicos, sociais e ambientais, provocada pela migração dos nossos recursos do fomento econômico (por meio de investimentos) para ganhos improdutivos (por meio de aplicações financeiras). (...)

Como o presente texto não se propõe, nem de longe, a fazer uma análise exaustiva do processo de financeirização do capital, tampouco de estuda-lo a fundo, mas apenas demonstrar o fenômeno como degrau para o entendimento da financeirização da própria seguridade social, as transcrições acima são suficientes para o objetivo colimado.

Passemos agora à questão da financeirização da seguridade social.

## 4. A FINANCEIRIZAÇÃO DA SEGURIDADE SOCIAL: 1ª ABORDAGEM

Desde sua fundação – completando um século no presente ano de 2023 – a seguridade social sempre tomou como parâmetro para fins de concessão de benefícios (a chamada carência de cada benefício) o valor *trabalho*. O tempo era medido em anos e, mesmo em *meses de trabalho*. Ou seja, em ciclos predeterminados de ... trabalho. (!). Isto é dizer: períodos de utilização da força vital do ser humano – e, portanto, do seu desgaste – devidamente contabilizados e somados para o fim de se reconhecer o direito a este ou àquele benefício.

E a razão desta sistemática é muito simples: é com o efetivo desgaste da força de trabalho pelo ser humano que ele, vagarosamente, ruma para uma condição biológica que não lhe permitirá mais viver da sua própria força. E, neste momento, a seguridade estará presente para ampará-lo.

Bem por isso que são conhecidos os benefícios concedidos em tempo de trabalho menor (como por exemplo, as chamadas *aposentadorias especiais*). Ora, se o ser humano exerce um trabalho que lhe compromete as faculdades vitais de forma mais agressiva do que outros (trabalhos), na da mais justo do que ele fazer jus ao benefício, aposentadoria, *in casu*, em um tempo *de trabalho*, inferior a outros.

Assim sendo, é – ou pelo menos era, ou deveria ser – com o *trabalho* que o segurado "compra" a sua carência, dia após dia, mês após mês, ano após ano.

Pode-se, evidentemente, objetar que a questão do *dinheiro* sempre foi importante, visto que num sistema de seguridade sadio, além do *trabalho*, seria fundamental a *contribuição*.

Mas não se está a negar isto. Com efeito, inclusive, a pauta da contribuição é importante até mesmo para o cálculo do valor do benefício.

O que queremos demonstrar é que o valor jurídico *contribuição* não pode ser o único parâmetro de um sistema previdenciário, sob pena de se produzir uma financeirização que poderá levar o sistema a alguns absurdos.

Com efeito, a desvalia jurídica do valor trabalho com a sobrevalorização jurídica do valor contribuição enquanto moeda de troca da carência para benefícios tem efeitos que talvez ainda não foram imaginados ou pensados.

Mas o fato é que desde pelo menos a EC 20/98 – ou seja, passados *apenas* 10 anos da edição da Constituição de 1988, os artesãos das emendas constitucionais vêm formatando um mesmo fenômeno: sub ou desvalia do valor jurídico trabalho e supervalorização do valor jurídico capital quando se trata de cuidar da moeda de troca previdenciária que é a carência.

## 5. A MOEDA DE TROCA PREVIDENCIÁRIA: A CARÊNCIA

Já o deixamos dito em linhas anteriores, mas não custa remarcar posição. A carência – que pode ser conceituada como o número de anos necessários para a obtenção de um determinado benefício – é sim a moeda previdenciária.

O leitor poderá observar que no parágrafo acima nos utilizamos da expressão *número de anos necessários para obtenção de um determinado benefício*. Furtamo-nos de esclarecer se são anos de trabalho ou anos de contribuição. E assim o fizemos exatamente porque este é um ponto a ser estudado no próximo item.

## 6. A FINANCEIRIZAÇÃO DA SEGURIDADE SOCIAL: 2ª ABORDAGEM

As alterações levadas a cabo no tecido originário da Carta da República são de grande monta. *E.g.*, o art. 40 da Constituição. Seu inciso II originário mencionava *tempo de serviço*. Seu inciso III, alínea "d", idem. O mesmo se diga de seu parágrafo 3º. Atualmente, no entanto, tais previsões desapareceram, sendo substituídas (direta ou indiretamente) pela expressão: tempo de contribuição.

Trata-se de fenômeno largamente observável em todos os detalhes da arquitetura constitucional.

Em outras palavras, o que ocorre é que o tempo de trabalho sem a respectiva contribuição não tem, como regra, efeitos previdenciários. Não pode ser contabilizado para o preenchimento da carência de nenhum benefício do sistema de seguridade social.

A esse fenômeno não escapou a EC 103 de 2019. Por exemplo, aliás, em dispositivo bem elucidativo, a Carta Magna, no parágrafo 9º do seu art. 40 prediz que:

> § 9º O tempo de contribuição federal, estadual, distrital ou municipal será contado para fins de aposentadoria, observado o disposto nos §§ 9º e 9º-A do art. 201, e o tempo de serviço correspondente será contado para fins de disponibilidade. (Redação dada pela Emenda Constitucional nº 103, de 2019).

Ou seja, por exemplo, no regime de previdência dos servidores públicos, o tempo de contribuição é o único valor possível para fins, por exemplo, do benefício mãe de todo o sistema de seguridade – a aposentadoria. Já o tempo de serviço, será contado apenas para fins de disponibilidade.

No que concerne ao tempo de contribuição, pode-se dizer o mesmo para o regime geral de previdência social (inclusive porque nele não existe a figura da disponibilidade nos termos estampados no RPPS).

Convém ainda anotar que o parágrafo 10 subsequente (inserido pela EC 20, de 15 de dezembro de 1998) estatui que *a lei não poderá estabelecer qualquer forma de contagem de tempo de contribuição fictício.*

E o que seria *tempo de contribuição fictício*(?), devemos perguntar. Seria, de acordo com os doutrinadores, tempo em que não houve contribuição.

Pois bem, então não é descabida a pergunta: se tempo fico é o tempo sem contribuição pode-se contabilizar – nos pilares básicos, evidentemente – tempo contribuído que não foi trabalhado?

É claro que, por outro lado, algumas situações concretas logo se apresentam em torno desta assertiva. O caso, por exemplo – aliás, clássico – do segurado empregado celetista cujo empregador não promoveu o pagamento das contribuições. Por outro lado, temos a situação do segurado contribuinte individual – cujos deveres de recolhimento de contribuições são pessoais – que não verteu seus pagamentos à seguridade social. Este último caso, ademais, bastante significativo. Era responsável por seus próprios recolhimentos. Trabalhou por, diga-se, 30 anos. Não recolheu. Não tem carência para fins de aposentadoria. Não se aposentará.

Mas, remanesce a pergunta: até que ponto a troca de valores jurídicos poderá levar os pilares básicos da previdência? Passarão eles a ser regidos pela mesma lógica dos pilares complementares, como por exemplo, de um PGBL, em que é possível cotizar com altos valores para compensar um tempo menor de contribuição e, ainda assim, obter um benefício de valor razoável?

## 7. CONCLUSÃO

Com um maior detalhamento dos institutos acima estudados, pretendemos que o leitor possa, com mais base e capacidade de análise crítica, lançar-se ao estudo dos possíveis caminhos que a financeirização da seguridade social – em seus pilares básicos – poderá trazer.

## REFERÊNCIAS

AMADO, Frederico. *Curso de direito e processo previdenciário*. 8. ed. Salvador: Juspodivm, 2016. 1671 p.

AMARO, Meiriane Nunes; MENEGUIN, Fernando Boarato. Previdência social no Brasil: o que foi feito e o que falta fazer. *Revista de Informação Legislativa*, v. 40, n. 157, p. 9-37, jan./mar. 2003.

BALERA, Wagner (org.) *Comentários à lei de previdência privada*. São Paulo: Quartier Latin, 2005. 312 p.

BORGES, Mauro Ribeiro. *Previdência funcional*: teoria geral. Curitiba: Juruá, 2006. 368 p.

CARVALHO, Sônia Maria Gonçalves de. A previdência social e seus sistemas de financiamento. *In*: FOLMANN, Melissa; FERRARO, Suzani Andrade (coord.). *Previdência*: entre o direito social e a repercussão econômica no século XXI. Curitiba: Juruá, 2009. 416 p.

COIMBRA, J. R. Feijó. *Direito previdenciário brasileiro*. 10. ed. Rio de Janeiro: Edições Trabalhistas, 1999. 416 p.

CONDE-RUIZ, J. Ignácio; PROFETA, Paola. *What social security*: beveridgean or bismarckian. London: The Pensions Institute, 2003. 38 p.

COPPINI, Mario Alberto; MICCOCI, Marco. Dalla ripartizione alla capitalizzazione. *Revista Sistema Previdenza*: Mensile dell´Instituto Nazionale della Previdenza Sociale, Roma, ano 18, n. 202/203, p. 2-8, luglio 2001.

CORREIA, Marcus Orione Gonçalves (coord.); VILLELA, José Corrêa (org.). *Previdência privada*. São Paulo: LTr, 2004. 460 p.

DENIS, Pierre. *Droit de la securité sociale*. Paris: Précis de la Faculté de Droit de la Université Catholique de Louvain, 1973.

DOWBOR, Ladislau. *A era do capital improdutivo*. São Paulo: Outras palavras e autonomia literária, 2017.

FUNCK, Jean. *Droit de la sécurité social*. Paris: Marcier. 319 p.

GUIRALDELLI, Paulo. *Semiocapitalismo*: a era da desreferencialização. São Paulo: CEFA Editorial, 2022.

GUSHIKEN, Luiz; FERRARI, Augusto Tadeu; FREITAS, Wanderley José. *Previdência complementar e regime próprio*: complexidade e desafios. São Paulo: Câmara Brasileira do Livro, 2002.

IBRAHIM, Fábio Zambitte. *Curso de direito previdenciário*. 19. ed. Rio de Janeiro: Ímpetus, 2014. 976 p.

LIMA, Silvio Wanderley do Nascimento.*Regulação e previdência complementar fechada*. São Paulo: LTr, 2004. 310 p.

MALLOY, James Mallet. *Política de previdência social no Brasil*. Rio de Janeiro: Paz e Terra, 1986. 198 p.

MARTINEZ, Wladimir Novaes. *Comentários à lei básica da previdência complementar*. São Paulo: LTr, 2003. 755 p.

MESA-LAGO, Carmelo. *Las reformas de pensiones en América Latina y su impacto en los principios de la seguridad social*. Publicação das Nações Unidas: Santiago do Chile, 2004.

MORVAN, Patrick. *Droit de la proteccion social*. Paris: Lexis Nexis, 2019. 1208 p.

PELLET, Rémi; SKZRYERBAK, Arnaud. *Droit de la proteccion social*. Paris: Puf, 2017. 532 p.

PENNACHI, Laura; ROSSI, Giorgia Proietti.Previdenza pubblica e previdenza complementare in Italia. *Revista Sistema Previdenza*: Mensile dell´Instituto Nazionale della Previdenza Sociale, Roma, ano 18, n. 201, p. 11-25, magg. 2001.

ROCHA, Daniel Machado da. *O direito fundamental à previdência social*: na perspectiva dos princípios constitucionais diretivos do sistema previdenciário brasileiro. Porto Alegre: Livraria do Advogado, 2004. 219 p.

SANTOS, Jerônimo Jesus dos. *Previdência privada*: lei da previdência complementar comentada. Rio de Janeiro: Ed. Jurídica, 2005. 707 p.

TAFNER, Paulo; NERY, Pedro F. *Reforma da previdência*: por que o Brasil não pode esperar. Rio de Janeiro: Elsevier, 2019. 392 p.

WEINTRAUB, Arthur Bragança de Vasconcellos. *Previdência privada*: doutrina e jurisprudência. São Paulo: Quartier Latin, 2005. 321 p.

EDITORA JusPODIVM
www.editorajuspodivm.com.br

Impresso por:
Docuprint
CNPJ 01.036.332/0001-99

JUS2852